集人文社科之思　刊专业学术之声

集 刊 名：南开日本研究

主办单位：南开大学日本研究院

教育部国别和区域研究基地南开大学日本研究中心

南开日本研究

2024年第1辑（总第30辑）

集刊序列号：PIJ-2022-465

集刊主页：www.jikan.com.cn/ 南开日本研究

集刊投约稿平台：www.iedol.cn

南开大学日本研究院
教育部国别和区域研究基地南开大学日本研究中心
主 办

南開日本研究

2024 年第 1 辑（总第 30 辑）

刘岳兵　主编

社会科学文献出版社
SOCIAL SCIENCES ACADEMIC PRESS (CHINA)

南开日本研究
NANKAI JAPAN STUDIES

2024 年第 1 辑
（总第 30 辑）

目　录

新世纪中国日本研究的回顾与展望

史海钩沉与翻译

日本经济与社会

日本江户时期的专卖论[*]

——基于"管桑之术"的考察

林同威

内容摘要 日本江户时期，随着幕藩统治阶级的财政危机日益严重，古代中国管子、桑弘羊的理财之术作为一种经济指导思想开始被参考借鉴。当时的知识分子基于这一理论与政策框架，设计了一套"日本型"的专卖流通方案。尽管这些专卖论具有一定的"重商"色彩，很大程度上推动了幕藩领主去从事商业活动，但随着商品货币经济的发展，其"抑商"的消极影响日益显现。这一过程凸显了"管桑之术"作为东方的传统思想资源，在经济转型中所扮演的角色与遭遇的困境。

关键词 江户时期 专卖论 管子 桑弘羊

日本江户时期（1603—1868）的幕藩封建统治者在商品货币经济大潮的冲击下，财政危机日益加剧。理财改革成为当时的热门议题，其中古代中国的"管桑之术"开始被学者和官员参考借鉴。所谓"管桑之术"，就是以《管子·轻重》和桑弘羊为代表的，强调开展官营专卖工商业以增加财政收入的政策理论。日本学者参照这一理念，也提出了发展专卖政策的"专卖论"，并将其付诸实施，对日本近代以前的社会经济变革产生了巨大

---

[*] 本文为广西哲学社会科学规划研究课题"江户时期中日农业思想交流及其影响研究"（项目号：23FSL002）、中国博士后科学基金资助项目（项目号：2023M740788）阶段性成果。

影响。国内外学术界对于这类专卖论和政策制度也有所关注，但大多数研究是以某种宏观的概念体系视域展开讨论，分析其"积极"① 和"消极"② 之处，关于专卖政策本身的计划雏形以及与"管桑之术"的关系，却有所忽视。③ 如果不能回溯到这一政策的原型本身展开剖析，就难以把握有关构想的最终实践导向，无法进一步阐明专卖制度为何能以两种截然不同的立场解释。本文将以东方"管桑之术"中的理论政策框架为线索，重新梳理江户时期日本学者、官员的专卖论，解析其主张的性质。

一　日本江户时期对"管桑之术"的鼓吹

专卖政策也被称作禁榷政策，其滥觞于中国春秋时期齐国管仲实行的经济措施。《管子》中提出"利出于一孔，其国无敌"，④ 认为国家采用政治经济手段去掌控社会财富，对于解决财政问题、实现富国强兵有重要意义。管仲在向齐桓公说明如何理财时，说道："唯官山海为可耳。"⑤ 这里指的是国家需要控制山林川泽之利，专营山海资源。汉代的桑弘羊等人继承了这一理念，在汉武帝时期大力推行了对酒、盐、铁等物资的禁榷，并实施"均输""平准"之法，将专卖制度进行了延伸。到了唐宋时期，经

---

① 在"积极进步"的评价视角方面，学者堀江保藏梳理了当时社会上关于专卖制度的意见，并指出这一制度客观上发挥了打破自给自足的封建经济的作用。参见堀江保藏『我国近世の専売制度』日本評論社、1933 年、116—163 頁。杉原四郎等学者将相关思想主张列入"日本重商主义"的框架中进行论述。参见杉原四郎ほか編『日本経済思想史読本』東洋経済新報社、1979 年、12—17 頁。

② 在"消极保守"的评价视角方面，吉永昭等学者强调专卖制度是一种压制农民商品生产的手段。参见吉永昭『近世の専売制度』吉川弘文館、1973 年、15 頁。中国学者严清华在研究中日两国经济现代化思想时指出，"榷估（专卖）政策"作为经济思想教条的政策体现，发挥了传统经济思想教条对封建社会经济形态的间接维护功能。参见严清华《中日现代化经济发展思想比较研究》，湖北人民出版社，1996，第 54—55 页。

③ 仅有个别研究指出了江户学者的经济思想与"管子"一脉的关系。参见塚谷晃弘「佐藤信淵の経済思想と『管子』──『復古法』を中心に」『国学院大学紀要』12、1974 年、133—145 頁。此外还有研究者认为《盐铁论》等商业管理思想在江户日本相对而言不受重视。参见中村尚司「土着・伝統の思想と経済学」『非西欧圏の経済学──土着・伝統的経済思想とその変容』日本経済評論社、2008 年、15 頁。

④ 《管子·国蓄》。

⑤ 《管子·海王》。

济的发展为商品的生产与销售提供了更大的空间，专卖禁榷也得到进一步改良，刘晏、王安石等政治家纷纷著书立说或主持相关事务。从"管桑之术"到王安石变法这一谱系，都主张政府干预经济，通过官营禁榷等方式实现富国的目的。[①]

江户时代的日本人言及"管桑之术"，有一定的思想文化土壤。例如《管子》作为古代典籍之一，由于中国版本的大量传入及日本印本的大量出现，在江户时代形成了广为流布的局面。[②] 但"管桑之术"被当时的日本人作为一种经济政策理念重视，则又有更为深刻的社会经济背景。

自"农兵分离"制度实行以后，武士群体开始离开农村并聚居于大名城下。他们成为过着都市生活的非生产者，投身正在急速发展的都市商品经济的旋涡，钻营于消费生活。[③] 为了获得日常支出，以及轮流来江户参觐的费用，领主和武士需要把他们所获得的租贡禄米送往市场出售，换成货币。武士阶级的收入主要是相对固定的土地租贡，面对日益增加的消费需求，他们逐渐入不敷出，不得不向商人借钱度日。正凭借压倒武士的金钱力量，商人隐然成为社会的一大势力。[④] 由此商人阶级逐渐崛起，使封建身份和等级关系开始出现错乱之征兆。

在如何摆脱财政危机的问题上，当时已经有人意识到，武士阶级要"承认货币经济的发展，在顺应它的基础上实施财政政策"。[⑤] 在经济思想上须突破传统的"贵义贱利"等伦理藩篱，寻求从事商品经济活动的路径。在这一过程中，就有学者对中国古代管仲、桑弘羊等人的理论与方案进行了引述。

这类思想较为系统的论述出现于江户中期，徂徕学派的太宰春台（1680—1747）正是其中的代表。太宰春台强调在当前大环境下，金钱已经成为生活中不可缺少的资源，是社会衡量财富的重要标准，这是难以否认的事实："今之世，即便有米谷布帛，若乏金银，亦难以立足于世。"[⑥]

---

① 叶坦：《富国富民论：立足于宋代的考察》，北京出版社，1991，第 56 页。
② 巩曰国、苏运蕾：《〈管子〉在日本的流布》，《国际汉学》2019 年第 3 期。
③ 山口和雄『日本経済史』筑摩書房、1981 年、88 頁。
④ 本庄栄治郎『日本社会史』改造社、1924 年、223 頁。
⑤ 堀江保蔵『我国近世の専売制度』、148 頁。
⑥ 太宰春台「経済録拾遺」『近世社会経済学説大系　第 6』誠文堂新光社、1935 年、325 頁。

所以当时的经济问题，就是如何赚取金钱的问题。他呼吁为政者要正视经济的大势，主动去殖货兴利，施行商业政策。对此，他指出中国古代管仲、桑弘羊的政策，正是一道良法：

> 富饶金钱之术，无近过市贾之利，诸侯求市价之利，虽非治理国家之上策，但亦为救济时急之一术也。昔管仲治齐国，亦与之相似。汉世之桑弘羊，有谓均输之法，虽其世遭诽，后世之经济家亦多讥之，然便利国家，于民无害，亦不可咎桑弘羊，此明之焦弱侯（焦竑）云也。桑弘羊本乃商人，均输乃卖买之法，彼亦不得已而行之，以救其时也。①

在太宰春台看来，管仲和桑弘羊的政策曾经发挥巨大作用，既能获取利益、充实国用，又于民无害，是在当前形势下的救急之策，值得日本采用推广。他立场鲜明地为这种"商人之法"进行辩护，认为后世之腐儒对这种商业买卖行为的诋毁，实乃不知时势与人情所趋，为腐朽的道德观念所拘泥。

相对于太宰春台将管仲、桑弘羊的专卖政策形容为不得已的"应急之法"，学者海保青陵（1755—1817）在论述商业活动合理化上更为积极。他最主要依据的经典是《周礼》，认为当今之世"须以《周礼》为基准"。② 在海保青陵看来，幕藩领主积极地从事商业活动、推行专卖等政策，是切合《周礼》的表现。在此基础上，他在治理国家的论述中又引用了管子的理念，说："管子亦云：'仓廪实而知礼节。'欲正国人之行仪，不如先富之。所云'衣食足而知荣辱'，欲无罪人恶人，不如先富之。"③ 他进而指出："云富国，乃第一之要务，孔孟管仲所见亦同也。"④ 认为管仲和孔子、孟子等儒家有相同的"富国"目标，因此可以学习《管子》中

---

① 太宰春台「経済録拾遺」『近世社会経済学説大系　第 6』、330 頁。
② 海保青陵「稽古談」『日本の名著　23』中央公論社、1971 年、342 頁。
③ 海保青陵「稽古談」『日本の名著　23』、432 頁。
④ 海保青陵「富貴談」『近世社会経済学説大系　第 2』誠文堂新光社、1939 年、380 頁。

的理财思路。

在具体论述中，海保青陵对西汉桑弘羊的方法尤为推崇，认为是"惊人之计策"，并指出这些政策也来自《周礼》："桑弘羊亦因周礼，设平准均输之法也。"[1] 从经济思想史的视角来看，桑弘羊的"平准均输"就是《管子》理论的延伸。总之，海保青陵所论"管桑之术"的许多理念与策略，就是依托于《周礼》这一经学载体阐述的。

这类立足于人情经济现状，从而呼吁施行商业兴利政策的主张得到了其他人的赞同。例如大阪学者山片蟠桃（1746—1821）在《杂书》部分的论述中说道："虽盐铁论之书乃霸术，然合照事实施行，非如此不可成也……徒用王道，则人情不可服。不可行则应停止。"[2] 对《盐铁论》所记载的桑弘羊的一些方法和政策表示认可。

仙台藩学者畑中太冲（1734—1797）也呼吁为政者大兴殖货生财之策，指出："财乃圣人养民之第一物，故不得不生也。"认为圣人并不反对兴利的行为，后世"厌利"之风乃由孟子之"僻见"始。他在引用《大禹谟》《洪范》等经典论述合理性的同时，也对"管桑之术"有所提及，强调管仲的"轻重"乃"平天下、治国家、为富裕之权柄"。又指出桑弘羊的改革是"出金甚多，而民亦不甚苦，是乃生财货巧术之故"，由此他认为："若任用长于殖货之人，则国用自可足也。"[3]

江户后期的经世家佐藤信渊（1769—1850）也批判了孟子的"厌利"之见，主张为政者应积极开展官营商业政策。面对困扰已久的物价紊乱、士民穷困的问题，他提出了一套国家"统制经济"的构想。[4] 他的计划就是将经济机关悉数置于国家的指挥监督之下，设置专门人员，统率国民经济和各种产业。他强调这类政策是：

伊尹傅说等圣人富国家安天下之民之大法，太公望记此而详于周

---

① 海保青陵「稽古談」『日本の名著　23』、345 頁。

② 山片蟠桃「夢之代」『日本経済叢書　卷25』日本経済叢書刊行会、1916 年、429 頁。

③ 畑中太冲「貨殖論」『日本経済叢書　卷11』日本経済叢書刊行会、1915 年、529—530 頁。

④ 小野武夫『佐藤信淵』潮文閣、1943 年、58 頁。

礼。熟读后可知此乃密合弘济周礼之法。如管仲之乘马、海王、执山轨等诸法，虽其租过密，而以太公之遗传，亦有可校合周官之处。①

尽管佐藤信渊在这里也附会了《周礼》，但更强调一种"政策框架传统"的延续。他进而指出："当今之世若欲图适宜物价，救济士民之窘困，则应如伊尹富商丘、管仲富齐国之法，统会万物而筦商贾，大兴互市交易之利益。"② 这里的伊尹、管仲之法，核心就是官营专卖，也就是"榷货法"，这是其国家统制计划的关键所在。

学者林子平（1738—1793）在研究国家军备时也指出，"兵之大本乃经济国家"，认为管仲就是能"经济国家"的有才之士的代表，应向这类人物学习。他提到"济"这一概念时说道："或米谷价格有异时，使价格回复平常，或若士大夫贫穷，则富裕之，或商贾之利强，则抑其利，夺取权利，或尽地利，又取工商之利而富国。"③ 无论是主张平抑价格，还是通过工商活动改善统治阶级的财政状况，都可以看出"管桑"经济理念的影响。

江户时期的日本学者在寻求改善财政之法的过程中，通过直接或间接地参考中国先秦两汉时期的"管桑之术"，开始突破传统的"重本抑末""不言利"等经济伦理，在关于政策的论述中还强调了商业是攫取财富的主要途径以及国家干预等要素，这与西方 15 世纪出现的"重商主义"有不少相似之处。

二　专卖论的商品流通构想

——以"均输""平准"为框架的考察

日本江户时期的专卖论者在讨论货品的流通环节时，往往对桑弘羊的"均输平准"之法颇为关注。桑弘羊曾说道：

① 佐藤信淵「復古法概言」『佐藤信淵家学全集　中巻』岩波書店、1992 年、325 頁。
② 佐藤信淵「復古法」『佐藤信淵家学全集　中巻』、359 頁。
③ 林子平『海国兵談』図南社、1916 年、243—244 頁。

> 往者，郡国诸侯各以其方物贡输，往来烦杂，物多苦恶，或不偿
> 其费。故郡国置输官以相给运，而便远方之贡，故曰均输。开委府于
> 京师，以笼货物。贱即买，贵则卖。是以县官不失实，商贾无所贸
> 利，故曰平准。①

"均输"是在各地设立运输机构，为中央与各地的运输提供便利，调
剂各地物资分配。"平准"是在京师设立物资储存仓库，由朝廷官吏对市
场上商品进行贱买贵卖。"均输"和"平准"是反映《管子》"轻重"理
念的流通政策。《管子》认为商品价格会受到数量的影响，因此提出了利
用价格波动来管控商品的策略，即在货物过多、价格低时收购囤积，在物
资不足、价格高时供应抛售。"轻重论"是东方传统专卖政策的核心理论
基础。

日本江户时期的专卖论者意识到，当时藩国的人对本地和外地市场的
"轻重"形势认识不足，没有进行恰当应对。由此不仅在流通运输环节耗
费了巨大的成本，在领外市场上也处于被动状态，商品无法以合适的价格
售出，造成了大量的利益损失。就此，他们主要从收购运输和市场买卖运
作两个方面，阐述自己的构想。这些商品流通的计划框架，既是对桑弘羊
"均输""平准"政策的借鉴和改良，也是对《管子》"轻重"理论的日本
化运用。

（一）由官府集中收购，运输贩卖

桑弘羊通过实行"均输"之法，提高了征运过程中的经济效益。日本
江户时期的学者也受其启发，从这一角度去鼓吹由幕藩领主集中收购商
品，然后统一运往他地售卖的益处。太宰春台对此说道：

> 今之经济，乃领主出金钱，悉数收购国之产物货物，其地有欲购
> 者则可卖之，若不然则船载马驮，运往江户、京都、大坂售卖……今

---

① 《盐铁论·本议》。

若由其国主出金，悉数购买其国之土产货物，与民售卖于他所之商
人，或旅行他地贩于行家，辨两者之价，则以稍贵之价格收购，夥多
之货物集于一处，送往如江户、大坂之都会，藏置于府库，于时价贵
时卖出，则较之国民之私卖，其利更多。国民无有旅行之劳，亦无诸
般之费用，较售卖商人得利更多，民众喜之，则其货物皆不隐藏悉数
出纳。①

他指出由官府收购、运输，然后在市场上经营运作，不仅使商品的价
格比农民自己出售时高，农民也可以节省人力和运费，得到更多的利润，
自然会积极地参与其中。

海保青陵也有类似的论述，他把运往领外售卖的商品分为 "大荷" 和
"纳屋物" 两种：

凡荷物，民自己输送一己之物，谓之纳屋物，而米谷等物由其领
主而输送之，则为大荷。御米，御物，乃送至例如大坂之大坂役所之
荷物。而自己输送一己之物，即便是米亦是纳屋物。物品作为纳屋物
输送，便不足以称之为荷物，于问屋来回兜售，最终价格下跌而贱
卖。若为大荷，则有卓越之交易，无有贱卖之道理。②

海保青陵认为民众的产品较之以 "纳屋物" 的方式自行售卖，由领主
集中运输交易、成为 "大荷"，所获得的收益更高。他将这种模式称为
"代物无尽" 之法："荷物，尽量以上之荷（大荷）运输售卖，即是仁心
也。今代物无尽之法，于民有利外之利，民不劳而得额外之钱也。"③ 强调
商品集中运输的政策是可以让民众获得大利的仁政。

在海保青陵看来，与商税相比较，这种为政者获取利益的方法要高明
得多："如直接征税，则谁人皆可见之，故民不愿。而如水之润下，火之

---

① 太宰春台「経済録拾遺」『近世社会経済学説大系　第 6』、328 頁。
② 海保青陵「稽古談」『日本の名著　23』、384—385 頁。
③ 海保青陵「稽古談」『日本の名著　23』、384—385 頁。

炎上，在不觉间攫取，民则全然不能见，是为良策。和民作伴，将自国之产物运往他国，为民而为之，则民无怒之理。"① 这一政策官府给予民众的利益是鲜明的，但攫取利润又不显露踪迹。有学者指出，这种"润下炎上"，类似于《管子》所说的"见予之形，不见夺之理"。②

海保青陵还指出，在大都市设立机构贩卖货物，也是为了从商人处收回商品流通的主导权：

> 物之销售有势。于主于客，其势大不同。以往农民之纳屋物，乃将物品送至问屋，请彼收购。而请彼收购，主导权在于问屋。此则为客势也。如今在屋邸销售，是召集中间商，于此处售卖。中间商乃"请卖之"，故主导权在于我方。即为主势也。而市场则由我方而立。③

他在这里并没有论及统治者掌握物价的情况，只是提到了一个笼统的"主客"形势，更多的是谋求在销售商品时取得议价的主动地位。

在这种导向下，不少藩营专卖论者往往也倾向于由官方机构直接收购商品，尽量限制商人任意买卖的立场。林子平主张学习萨摩藩的做法，获得特产"不经商人之手，由国主直接售卖"。④ 畑中太冲则稍做让步，主张藩统治者只需掌握关键物资的收购贩卖即可："将低价购入米盐铁鱼之四物，物运往他国高价卖出获得金银。"⑤ "米盐铁鱼"以外的其他不重要物品，则可以让商人自由贩卖。

（二）利用领外市场行情的变化展开交易

在销售目的地问题上，专卖论者主张视运输的便利情况和物价行情来选择地点，即根据各地的"轻重"变化情况进行"均输""平准"操作。尽管他们的论述不尽相同，但一般都建议将商品送往领外大都市销售，并

① 海保青陵「稽古談」『日本の名著　23』、464 頁。
② 严清华：《中日现代化经济发展思想比较研究》，第 86 页。
③ 海保青陵「稽古談」『日本の名著　23』、369 頁。
④ 林子平「第二上書」『新編林子平全集　3』第一書房、1979 年、68 頁。
⑤ 畑中太冲「貨殖論」『日本経済叢書　巻11』、529—533 頁。

设置藩国的派出机构和建立仓库，委任专门人员开展经营。

例如，太宰春台的计划就是在江户、大阪等地建立藩产品的专卖机构：

> 货物悉数收购，若可与旁近之国交易，则亦可买卖之。而大部分则送往江户、大坂两地，纳置于府库。选国民中之良贾一人，令其居住于江户、大坂，以此人为藏主，取其他商贾之投标而以贵价售卖。在有禄之士中择清廉者一两人，令监视其事。①

他主张将销售的重心放在领外市场——全国性大城市上，由可信赖的商人负责经营，而官员则在旁监督。

海保青陵喜欢用现实案例来论述有关计划。他以丹波园部藩的政策为例说道："此等有才能之武士，与园部之农民商谈，将烟草之类由园部侯悉数收购，此园部之货物运往京都的屋邸，而后召集中间商，在屋邸售出。"② 园部藩采取就近原则，将货物运往距离较近的京都市场售卖。除此以外，他还提到了仙台藩的"米专卖"政策。仙台藩的米专卖是委任大阪商人学者山片蟠桃进行运作。山片蟠桃将仙台藩的输送米中样品抽查的部分集中起来，并在关东和西国地区歉收的时候，敏锐地把握市场行情，以高价售出，赚取了大量利润。他还发行作为米交易借贷凭证的"米札"，取得了不小的收益。海保青陵称赞这些方法是"妙计"，③ 可见这种依靠商人手腕在领外市场进行经营的方式得到了他的认同。

将以上"均输""平准"理念贯彻到全国性专卖构想框架的学者首推佐藤信渊。他在论述全国经济时指出，当前需要制定一个政策，"遍探索他国之物情，校轻重而迁有无，以收互市之利"。④ 为此，他规划了一个名为"融通府"的机构，去控制全国的市场商业，按照各地的多寡贵贱输送

---

① 太宰春台「経済録拾遺」『近世社会経済学説大系　第6』、328—329 頁。
② 海保青陵「稽古談」『日本の名著　23』、368 頁。
③ 海保青陵「稽古談」『日本の名著　23』、373 頁。
④ 佐藤信淵「経済要略」『佐藤信淵家学全集　中巻』、275 頁。

调配商品，从而实现获取利益、调剂物资、稳定物价的目的。在此框架下，他主张在都邑要津之地设立名为"平准馆"的机构：

> 在诸国诸郡之要津，以及都会大邑中设置平准馆。派往其官署之官人，每日指挥商民等在其近旁开市铺，使草民、树民、矿民、匠民、佣民、舟民、渔民等售卖日用之诸品，且收购其诸村所出之物产，或统会于此平准馆，或集中于当地之交易所售卖。①

虽然这一机构有"平准"之名，但主要强调其统领诸民商业的作用。总而言之，在佐藤信渊的"融通"设计中，既有在全国各地的运输分配，又有在都邑要津之地的买卖交易环节，可以说他将"均输""平准"合二为一，并在其基础上进行了自己的深化改造。

总之，江户时期的学者在论述专卖政策构想时，对"均输""平准"的流通框架进行了拓展，使其更具有商业色彩。

三　抑商视角下的"管桑"专卖论

日本学者虽然继承并极大地发展了"管桑"的经济思想与政策框架，提出了带有重商色彩的主张，但他们也保留了这一理论方案的抑商元素和弊端。这主要体现在以下几个方面。

（一）强调"抑商人"的目的

有研究者指出，《管子》"轻重"系统的抑商贾思想是其市场取利治国理论的必然发展，鲜明地反映了它的君主专制实质。②汉代的桑弘羊等人同样如此，他们也承认其理财是为了"建国用，笼天下盐，铁诸利，以排富商大贾"。③

---

① 佐藤信淵「垂統祕録」『佐藤信淵家学全集　中卷』、427 頁。
② 张建军：《论〈管子·轻重〉抑商贾及其君主专制实质》，《南开学报》2004 年第 3 期。
③ 《盐铁论·轻重第十四》。

况，他强调为政者须出台法令严格取缔："拔荷乃触犯法令之事，故必须要严加惩处。"通过种种方式"不使拔荷之事发生"。①

除了禁止将产品私自贩运出领地，专卖论者为了保护"国产"（由藩国当地产出的商品），也强调必须对领外物品的输入进行严格限制。林子平点明了当时藩国产物低迷，不得不用他地产物，导致藩国金银大量流出的情况："日用品以及食物等多从他所购入，故藩国之金银年年为他地所吸取。此等之事乃甚失政之处也。"② 所以，他建议，除了大力发展藩国产物自用，还要禁用、禁售他国的物品以进行扶持。林子平以纸布为例说道："大制纸布，纸子衣，在藩国中穿着，严禁从他国购入木绵。从藩国流出金钱之大宗货物乃木绵，只要禁止木绵则藩国可保留相当之财富。"③他进而主张：

> 应禁止由他国购入诸商品。药种书物等世上必需而藩国不生产之物为例外。然当时无益之器物食物之类从他国购入，此事城下各处皆禁止。向他国卖出货物与从他国购入货物，此二者乃于国大有损益之事。④

除了一些必需品外，领外其他的商品一概禁止在城町中售卖。这类"国产"扶持政策，不仅要禁止领外竞争品的输入，甚至限制产品生产原材料的流出。

在各地区皆实行专卖制度的环境下，诸藩国纷纷闭锁关口以限制产物进出，一定程度上又呈现了自给自足色彩，这使各地区市场被隔绝，在客观上阻碍了全国统一市场的形成。

（三）承认专卖政策会破坏商品经济的正常运行，损害民众的利益

汉代的桑弘羊等人早已承认盐铁政策存在"吏或不良，禁令不行，故

---

① 海保青陵「稽古談」『日本の名著　23』、392 頁。
② 林子平「第二上書」『新編林子平全集　3』、71 頁。
③ 林子平「第三上書」『新編林子平全集　3』、84 頁。
④ 林子平「第一上書」『新編林子平全集　3』、35 頁。

民烦苦之"的弊端。① 审视江户学者的论述，可以看到他们虽然一再强调专卖是"上下共利"之举，但也无法否认这一政策执行不当就会对下层民众的经济利益造成侵害，导致流弊丛生的局面。

山片蟠桃在主张限制领外产品，以育成"国产"时说道："尽可能忍耐不入，则国产可完成也。"他对此做了一个比喻："是如灸小儿之道理，虽使其一时痛苦不自由，但除其饿冻，忍耐方能成事业。"② 实际上是将扶持"国产"的成本转嫁到其他农民、商人的身上。

太宰春台针对收购环节可能出现的情况提醒道："然有一奸吏，欲以较国民之私卖更贱之价收购。民不悦，则会藏匿货物，潜私持之。如有之，若上不立法令，将之禁止，则会犯罪丛生，领民起骚动。"③ 强调当官府的收购价格过低时，农民便会想方设法绕过管控私下流通商品，这便是纷乱出现的主要原因。

佐藤信渊在点评萨摩藩的政策时，也尖锐地指出此藩国的栌蜡专卖在执行中出现问题，造成了经营亏损和损害农民利益的情况。他批评道：

> 贵国凭气候应合，不劳培养即能成长，结实出蜡亦较他国多。然当国之农民却厌植栌采实之事，是因为虽作栌采实，收购之价格甚低贱，而不偿辛劳。又贵价收购此物而榨蜡之时，大坂之批发价格又特别低贱，动辄为栌蜡局之亏损。大人请仔细熟察此事。贵藩知蜡乃气候应合之地所产，故其品极上，绝非他国之蜡可相比。然贵国大坂售卖之价格，又比他国之恶蜡更为低贱（大坂町人们行奸计，愚弄贵国之役人，年年获大利……）。故他国中纷纷种植此木，费力培养，使其生长，而贵藩之农民却阻挠之，或伐而为薪，或其实成亦不采之，任其腐烂等，此事颇多，应叹息之至也。④

---

① 《盐铁论·复古第六》。
② 山片蟠桃「一致共和對策辨」『近世社会経済叢書 第五巻』改造社、1926 年、302 頁。
③ 太宰春台「経済録拾遺」『近世社会経済学説大系 第 6』、329 頁。
④ 佐藤信淵「薩藩經緯記」『佐藤信淵家学全集 中巻』、697 頁。

　　由于在大阪的萨摩藩官役为奸商所操弄，枦蜡商品被销往无利之处，售价异常低廉，领内的征收价格也非常低下，故农民的积极性大受打击，他们以不采果实、故意损坏等消极方式对抗藩国的专卖征收政策。这实际上对农民的商业生产造成了极大损害。

　　专卖论者在论述中承认，官府在收购与销售环节中过分剥削民众是弊端出现的原因，必须注意或革除。但实际上，藩营专卖若要获取收入，往往需要压低收购价格，抬升商品售价，到最后又只能去压榨领内商民的利益。所以，无论这些专卖论者如何进行改革，最终都难以根除这一弊端。

　　综上所述，江户日本的专卖主张与政策呈现重商与抑商两种截然不同的特征和导向，乃根源于"管桑之术"本身所具有的"双重性质"。

四　结语

　　在专卖论者的大力推动之下，江户日本的幕府和各地方藩国纷纷实施了专卖政策。表 1 显示了江户时期进行单类商品专卖，或设立交易所进行专卖的藩国数量。

表 1　江户时期实施专卖和设立专卖交易所的藩数

时间	1607— 1687 年	1688— 1735 年	1736— 1788 年	1789— 1829 年	1830— 1859 年	1860— 1871 年
全国计	26	28	39	80	98	106
大藩（10 万石以上）	20	19	28	37	35	42
小藩（不足 10 万石）	6	9	11	43	63	64
东日本	12	10	12	29	40	43
西日本	14	18	27	51	58	63

　　资料来源：西川俊作·石部祥子「藩専売制の波及について」『経済研究』36 卷、1967 年 3 号、269 頁。

　　由表 1 可见，实行专卖政策的藩国数量呈现逐渐增加的态势。中央的幕府基本上是依靠商人组织"株仲间"来实施专卖政策。"株仲间"是江户时代的都市工商同业组合，后来通过向幕府上贡献金，取得某些商品收购买卖的垄断特权。在 18 世纪上半叶的享保改革（1716—1744）中，株仲间这一组织被幕府正式承认。依靠这些株仲间开展专卖，幕府不仅能获得不菲的献金收入，还可以对商业进行管控，并稳定市场上的价格。[①] 从某种意义上而言，"管桑之术"这一东方传统理论和制度框架在日本江户时代的社会经济转型过程中扮演重要角色，推动了幕藩统治者越来越多地参与商业经济活动，促进了商品经济的发展。

　　同时，由于"管桑之术"的局限，专卖制度强调了封建政权对特定商品的垄断，限制了商品经济的自由运行，导致市场机制无法有效分配资源。封建统治者往往使用政治权力或者经济垄断地位，对生产者和消费者展开各种盘剥。如此一来，幕藩统治者、特权商人与农民、中下层商人的利益冲突日益凸显。根据统计，江户时期发生针对产物统制政策的"一揆"有106起，针对专卖特权商人的"一揆"有53起。[②] 这样看，商品市场经济越发达，这种专卖制度就越受到冲击，其抑商元素所具有的弊端就越明显。随着日本近代前后的社会经济剧变，江户日本的专卖制度在封建统治力量不断衰弱的情况下难以维持，逐渐崩溃。最终明治政府颁布法令正式终结这一制度，"管桑之术"作为一种传统经济指导理论也走向式微。

（林同威，广西民族大学民族学与社会学学院博士后）

---

① 经济史学家宫本又次指出，株仲间有维持价格公正的调整功能。参见宫本又次『株仲間の研究』有斐閣、1938 年、209 頁。
② 青木虹二『百姓一揆の年次的研究』新生社、1966 年、39 頁。

近代日本的"文化生活"与"文化流行"

——以森本厚吉和"文化生活研究会"为中心

刘 洲

内容摘要 近代"文化"的流行是 20 世纪 20 年代前后在日本社会出现的一个文化现象,是消费社会大众化的表现之一。日本社会文化学者森本厚吉提出了中流阶级"文化生活"的概念;文化生活研究会的学者进一步补充细化了"文化生活"的内容;都市大众则最终推动了"文化"在整个社会的流行。"文化"的流行虽然十分短暂,但是具有重要的意义。它与消费社会大众化过程基本保持一致,展现了社会生活中不同群体的意识和需求,也揭示了近代日本社会急速变化的根源。

关键词 文化生活 文化流行 森本厚吉 文化生活研究会 中流阶级

20 世纪初,随着资本主义的发展,城市人口大量增长,城市的社会阶层也发生了明显的变化,社会文化的基础随之变动。这导致了一个新问题的出现:新阶层的诞生和社会界限的变动引发确立新的身份认同的需求。在对社会需求的研究中,消费"等级"的区别被认为是一个最为有效的确立不同阶级身份认同的标志。① 涌入城市的大量人口带来了前所未有的消

---

① 〔美〕彼得·N. 斯特恩斯:《世界历史上的消费主义》,邓超译,商务印书馆,2015,第40页。

费需求，"新社会阶层"通过种种"区分"①的消费手段来确立自身的阶级形象。这一现象具体到近代日本的历史背景下，恰好对应了大正到昭和时期出现的"文化流行"现象。

当时的社会主义者堺利彦曾批判这种"文化流行"现象，将之称为"民众的迷失运动……不过是从（向他人）伪善的榨取生活转向了（自我）自发的榨取生活罢了"。②从堺利彦开始，大多数研究者都对这种"文化流行"的现象持有一种负面的观感。③

然而"文化流行"语境下被批判的"文化"一词，在同时代的"文化生活"语境下出现时，却往往被视为进步与正面的象征。④"文化生活"是20世纪二三十年代流行于日本的一种生活改良思想，被认为是政府的"生活改善运动"的民间版本。当时不同领域的许多学者和名人都参与其中，对"文化生活"的研究一度成为社会热点，出版了大量的相关著作。在"文化生活"的语境下，"文化"又应该是被崇尚的目标。

"文化流行"与"文化生活"都是近代日本社会生活中文化改革的具体表现，两者其实有根源上的同一性。但许多研究者倾向于采取一种对立

---

① 参见〔法〕皮埃尔·布尔迪厄：《区分：判断力的社会批判》，刘晖译，商务印书馆，2015。

② 堺利彦『米泥棒』講談社、1922 年、98 頁。

③ 柳田国男认为这种"文化"听起来"空洞"（柳田国男「都市と農村」『朝日常識講座：第六卷』朝日新聞社、1929 年、92 頁）；大宅壮一称其为"消费理想的暗号"（『大宅壮一全集：第二卷』蒼洋社、1981 年、110 頁）；竹村民郎认为这一现象"反映了大正时代生活合理化基础之浅"（〔日〕竹村民郎：《大正文化：帝国日本的乌托邦时代》，欧阳晓译，上海三联书店，2015，第 93 页）；桑德在新近的研究中也使用了"滥用""庸俗化""劣质新奇"（〔美〕乔丹·桑德：《近代日本生活空间：太平洋沿岸的文化环流》，焦堃译，清华大学出版社，2019，第 175 页）等词来形容"文化"的流行。

④ 久井英辅认为"文化生活是日本社会大转变的前兆"（久井英輔「『中流階級』をめぐる森本厚吉の思想と実践——その構造と社会背景に関する再検討」日本社会教育学会紀要第 39 輯、2003 年、60 頁）；八木泽壮一指出"文化生活带来了生活的西方化、设施的改善、休闲方式的多样化和女性生活改善意识的觉醒"等变化〔八木沢壮一「『目白文化村』に関する総合的研究：その1. 研究の目的と開発の経過（建築経済・建築生産・住宅問題）」『研究報告集（計画系）』、1986 年、242 頁〕；饭村忍则认为"文化生活运动"推动了"女性在家庭内职责的变化，进而促进了职业妇女的出现"（飯村しのぶ「家政学部から人間生活学部へ、そして現代家政専修へ」『家庭科・家政教育研究』、2017 年第 12 号、5 頁）。

的观点来进行诠释：将"文化生活"视为"纯粹的哲学概念"，而将"文化流行"视为"前者后来堕落而成的陈腐口号"。① 在这种视角下，似乎由社会文化学者森本厚吉②和文化生活研究会推动的"文化生活运动"才是社会进步的正确方向，而"文化流行"只不过是前者的滥用和泛用。从"文化生活"到"文化流行"是一个"不断堕落"的过程。这种理解不但割裂了两者的关系，也将"文化"的转变从整个近代日本社会变迁中剥离出来。

　　森本厚吉和文化生活研究会在"文化"的变动中确实扮演了非常重要的角色。他们推动了社会对"文化生活"的理解，但也模糊了"文化生活"的核心内涵。他们的各种行动为后来"文化"的大众化创造了机会。因此通过对他们的言论和行为进行分析，可以对近代日本社会中的"文化"现象进行更加整体的理解。③

一　森本厚吉与"文化"的引进

　　近代日本社会开始讨论"文化"一词可以追溯到 20 世纪初，在一战前就已经有学者使用"文化生活"一词，但并没有给出严格的定义。一

---

① 〔美〕乔丹·桑德：《近代日本生活空间：太平洋沿岸的文化环流》，第 175 页。
② 森本厚吉（1877—1950），日本社会文化学者、经济学家、教育家，北海道大学教授，东京文化学园的创立者。
③ 日本学者对于"文化生活"的研究成果丰富。有研究者从"文化生活运动"的"生活改造层面"出发，研究该运动对社会生活的影响。如中钵正美「家計調査と生活研究」中钵正美編『生活古典叢書 7　家計調査と生活研究』光生館、1971 年、31—39 頁；原田勝弘「森本厚吉——生活改造運動の使徒」生活研究同人会編『近代日本の生活研究——庶民生活を刻みとめた人々』光世館、1982 年；寺出浩司「森本厚吉と文化普及会」川添登・山岡義典編『日本の企業家と社会文化事業——大正期のフイランソロピー』東洋経済新報社、1987 年；等等。有研究者从"文化生活运动"的"理论"出发，研究"文化生活"的内涵。如中嶌邦「大正期の生活論」和歌森太郎先生還暦記念論文集編集委員会編『明治国家の展開と民衆生活』弘文堂、1975 年；神辺靖光「教育から見た文化生活と文化生活運動」『東京文化短期大学学誌文化生活』第 20 号、1977 年；小橋安紀子「森本厚吉研究（その 1）——森本厚吉における生活思想の形成」『人間研究（日本女子大学教育学会）』第 22 号、1986 年；等等。

战后"文化主义"一词一度取代"文化生活"成为日本学界的通用词。①学者的讨论给予社会文化学者和经济学家森本厚吉启发。他认为虽然日本自明治维新以来已经走上"文明开化"的道路，但是普通民众的生活并没有发生根本性的变化。在日常生活水平的问题上，日本与欧美发达国家之间存在巨大的差距。从日常饮食、体育运动、居住标准等各方面来看，日本民众的生活还算不上"文化的生活"。因此，他希望提出一种科学的生活改良理论，通过制定"文化生活"的标准，指导日本的民众走向"文化的生活"。森本指出："在新时代过着像人一样生活的，从来只有一小部分贵族或者其他特权阶级。而今则必须承认每个国民都有'生活权'。换言之，作为民众过上文化生活，也就是开发现代文化的第一步。"②

1921年森本厚吉出版了《从生存到生活》一书。这是他的第一本对"文化生活"进行理论性、系统性解释的专著。在这本书中他不但重新强调了"文化生活"的概念，还从三个方面进行了具体的解释和限定，即如何界定中流阶级，什么是中流阶级的生活标准，为了实现"文化生活"应该如何进行教育改革。

首先，森本对日本民众进行新的划分。旧式的士农工商体系已经土崩瓦解，新的华族—平民体系又不能充分反映当时日本的实际社会情况。于是，他提出了"中流阶级"③的概念。按照他的构想，"中流阶级"是国民全体的核心，这个阶级一方面可以稳定社会，另一方面也可以作为样本修正上流阶级的奢侈并改善下流阶级的生活。在其他著作中，他亦将这个阶级称为"知识阶级"。他提出"中流阶级"的概念是为了界定"文化生活"理论的服务对象。

其次，在明确了"中流阶级"的概念之后，森本又制定了符合"中流阶级"的生活标准。该标准分为"绝对标准"和"相对标准"两项。"绝

---

① 渡边铁藏的《社会问题批判》、野村隈畔的《向新文化的道路》和《文化主义的研究》、土田杏村的《文化主义原论》以及左右田喜一郎的《文化价值与极限概念》等都是这一时期对"文化主义"进行讨论的研究。

② 森本厚吉『生存より生活へ』文化生活研究会出版部、1921年、2頁。

③ 森本厚吉所论述的"阶级"更符合西方社会学中"阶层"的定义。但由于此问题不是本文主要研究的对象，故全文沿用森本厚吉"阶级"的表述。

对标准"即是生活"必然的欲望"，指的是对食物的需求；"相对标准"则是生活"身份的、快乐的、奢侈的欲望"，指的是在衣服、居住环境及其他方面的消费。森本通过比较日美两国民众的生活消费情况，发现日本民众在社交和家庭生活改善（非食品）等方面的消费远远低于美国民众。因此，他认为"文化生活"应该首先从"生活与社交"方面开始进行改良。

最后，为了促使"中流阶级"自我觉醒，教育的改革也是必要的。森本认为"中流阶级"有必要建立"知识阶级同盟"。[①] 而为了建立这样一个同盟，首先要对当前的教育进行改革。应该尊重"人格教育"，培养出"对社会有用的人"，[②] 而不是只在国家和政府的眼中有价值的人。"新的时代应该放弃军国主义，选择更加健全的国民教育主义。"[③]

在森本的"文化生活"理论中，对"中流阶级"生活标准的构想是核心内容。其研究方法明显受到了当时西方学界广泛流行的"生活费研究法"[④] 和"恩格尔定律"[⑤] 的影响。[⑥] 虽然这种研究方法确实是当时西方先进的学术理论之一，但是森本提出的"文化生活"理论更多只是对前者的"生搬硬套"。例如，对"中流阶级"生活标准的划分实际上是参考了当时西方主要资本主义国家对本国的生活标准划分，这种划分方式其实并不符合日本社会的实际状况。根据内务省社会局 1922 年的《本邦社会事业概要》所述"国民的多数是属于无产阶级的"，[⑦] "中流阶级"在城市中虽然数量不断增加，但是从全国的角度来看始终不过是极小一部分。日本的

---

① 森本厚吉『生存より 生活へ』、119—120 頁。
② 森本厚吉『生存より 生活へ』、228 頁。
③ 森本厚吉『生存より 生活へ』、236 頁。
④ "生活费研究法"在 1926 年陈达的《生活费研究法的讨论》中有详细的介绍。总的来说，是将家庭消费分为若干项（如食品、服装、居住、能源和其他等），通过对不同项目的总费用及比例的统计来对社会某个阶层的生活状况进行研究。
⑤ "恩格尔定律"是 19 世纪德国统计学家恩格尔根据统计资料得出的消费结构规律。简单地说，食物占总消费的比例会随着收入的增加而降低。
⑥ 将两者结合起来对社会进行调查与分析是近代社会学发展的一个趋势。这种研究方法最为著名的是美国春田调查，此外 20 世纪初燕京大学社会学系对北平进行的城市研究也是采取了这种方式。
⑦ 内務省社会局編『本邦社会事業概要』内務省社会局、1922 年（再錄：社会福祉調査研究会編『戦前期社会事業史料集成　第 2 巻』日本図書センター、1985 年）、122 頁。

"中流阶级"与西方社会中通过市民阶级逐渐成长起来的"中产阶级"实际上存在根本性的差异。

森本厚吉的"文化生活"理论实际上存在三个缺陷。首先，该理论仍只是一种"纲领性"的思考，缺乏对具体手段的阐述。其次，"文化生活"是基于西方理论的探索，并没有与日本当时的实际情况相结合。最后，"文化生活"理论中的一部分内容存在逻辑上的缺陷。例如关于"生活费"标准的制定中，森本没有认识到生活水平标准的差异性其实是社会发展的一种反映，他反而将其视为社会发展不同的原因。这种"因果倒置"意味着"文化生活"本身就存在巨大的理论缺陷。

森本厚吉的"文化生活"理论存在诸多问题，这就给了其他学者继续完善理论甚至改变理论的空间。森本的理论提出学者应该组成"知识同盟"，而"文化生活"正是为他们服务的理论。因此，森本厚吉的言论引发了当时许多学者的关注和兴趣，他们积极地参与了"文化生活"理论的进一步完善与修正。

二　文化生活研究会与"文化"的具体化和本土化

森本厚吉为了进一步阐明"文化生活"的问题，于 1920 年创立了"文化生活研究会"，吸引了大量知名学者的加入。而研究会的机关杂志《文化生活》① 成为这些学者对"文化生活"理论进一步解释的重要工具。

① 《文化生活》经历过数次的更名，导致其留存史料分类比较复杂。目前不二出版社已经对《文化生活》的全部资料进行了再版。1920 年 5 月，文化生活研究会开始刊行讲义记录《文化生活研究》。这一刊物持续到 1922 年 6 月。这也是不二出版社的第一套丛书《文化生活研究（1920 年 5 月至 1922 年 6 月）》所对应的史料。1921 年 6 月，文化生活研究会开始发行机关杂志《文化生活》。1922 年 12 月，森本厚吉又在研究会之外设立了文化普及会。文化普及会从 1923 年 5 月开始发行同名的《文化生活》杂志。为了避免混淆，文化生活研究会同月将机关杂志更名为《文化生活的基础》。《文化生活的基础》到 1925 年 1 月又更名为《文化的基础》，并于当年 9 月休刊。文化生活研究会的活动和其机关刊物保持一致，大致持续到 1926 年。文化普及会的《文化生活》则于 1928 年 4 月更名为《经济生活》，一直持续到 1930 年 3 月休刊。不二出版社的第二套丛书《文化生活（1921年 6 月至 1925 年 9 月）》对应的正是文化生活研究会的机关杂志《文化生活》。这一时期也正是文化生活研究会最为重要的一个时期。不二出版社的第三套丛书《文化生活（1923 年 5 月至 1930 年 3 月）》对应的则是文化普及会的机关杂志《文化生活》。

　　1921 年 6 月至 1925 年 9 月是研究会最主要的活动时期，这一时期的机关杂志《文化生活》上刊登了大量学者关于"文化生活"的观点，通过对杂志上文章的分析，可以了解到学者们是如何对森本的理论进行进一步解释的。在这一时期，在《文化生活》杂志上发表文章的作者多达 184 位。① 从身份上看包括文学家（德富芦花、夏目漱石、武者小路实笃、柳原白莲、与谢野晶子）、哲学家（三宅雪岭、和辻哲郎）、基督教牧师（矢部喜好）、生物学家（山内繁雄、松村松年、石川千代松）、发明家（山本忠兴）、音乐家（田边尚雄）、医学家（小酒井光次、杉田直树）和民俗学家（鸟居龙藏）等。这些学者虽然都是当时学术界以及舆论界的知名人物，但是他们的研究领域几乎完全不同，其中《文化生活》杂志的主要撰稿人（发表超过 10 篇文章）大约有 13 位（见表 1）。

表 1　《文化生活》刊载 10 篇以上作品的作者统计

作者	身份	刊载次数（同一刊次多篇文章记为一次）	代表作品
吉野作造	政治学者、思想家	37	我的文化生活观
森本厚吉	经济学者、教育家	29	生活方式的进化——生活进化的研究
永井潜	医学家、生理学家	25	妇女解放与遗传学
田边尚雄	音乐家、文化学者	25	在家就可以欣赏的唱片名曲解说
有岛武郎	作家	23	互相承认立场吧
西村伊作	教育家、建筑家、画家、陶艺家、诗人	21	在生活中渗入宗教
三宅雪玲	哲学家、国粹主义学者、评论家	16	文化生活的出发点
杉田直树	医学家、精神科医生	15	文化与变质
柳宗悦	思想家、美学家、宗教哲学家	14	僧与俗

---

①　存在一个作者多个笔名的情况，例如森本厚吉曾以 K 和同人署名、吉野作造曾以吉野生署名等。这种情况合计为一人进行统计。

续表

作者	身份	刊载次数 （同一刊次多篇 文章记为一次）	代表作品
吉田弦二郎	小说家、随笔作者	14	旅人们的离去
别所梅之助	牧师、宗教诗作者	13	希望眼中能看到真实
山本一清	天文学家	12	天文学的趣味
越智真逸	医学家	11	夫妇学校

资料来源：文化普及会编『文化生活　復刻版』不二出版、1997—1998 年。

　　由此可见，文化生活研究会并不像现代标准意义上专门化的学术共同体，其成员几乎属于完全不同的专业学术领域。虽然可能无法进行有效的学术讨论和学术批评，但是文化生活研究会的社会影响力远超当时任何专门化的学术研究会。这些学者把对"文化"的讨论带到了社会生活的各个领域，极大地提高了"文化生活"的社会影响力。

　　学者们对"文化生活"理论的贡献主要体现在两个方面。第一，学者们使"文化生活"理论得到了一定程度的"具体化"。[1] 学者们将文化生活的具体操作分解到不同的场景并予以指导。医学家永井潜的《优生杂话》、音乐家田边尚雄的《近代人与日本音乐》、天文学家山本一清的《日食观测与相对原理》等作品正是这一类型的代表。学者们事无巨细地介绍了从早上起床到晚上睡觉，"文化生活"应该如何进行，包括如何刷牙、如何使用磨牙粉、如何洗脸、如何坐电车上班、如何吃午餐、如何娱乐、如何洗澡、如何睡觉等。除了日常行为，有些作品中还提到了温泉、海水浴、香水等非日常活动。但是由于描述得过于具体和琐碎，这些作品中的"文化生活"有时候反而更难以实现。

　　第二，学者们使"文化生活"理论得到了一定程度的"本土化"。相较于森本厚吉的经济学出身，文化生活研究会的学者中很多是哲学、文学和政治学出身，他们更能通过自己擅长的专业将西方式的"文化生活"与

---

[1]　这里必须提出的是，森本厚吉后来也认识到自身理论的具体性缺陷，于 1922 年新成立了"文化普及会"。文化普及会的机关刊物《文化生活》更关注普通民众的住房、生活必需品、教育活动、食堂经营等具体问题。

日本传统文化进行连接。例如，学者三宅雪岭指出"文化生活"的出发点是"真善美"，"真善美"又是日本三种神器"镜剑玉"所代表的"智勇仁"的具体表现。① 通过这种方式，三宅将"文化生活"和日本的传统精神进行结合。而另一位学者吉野作造则认为日本传统精神中的"本分论"是为实现"文化生活"首先应该摒弃的东西，"日本当前狭隘的本分论是封建时代的余弊"。② 虽然两位作者文章的观点存在差异，但是将"文化生活"和日本传统精神联系起来的思考方式是一致的。这种"本土化"的解释相较于森本厚吉的理论更容易让日本社会接受和理解。

由此可见，文化生活研究会学者对"文化生活"理论的进一步诠释克服了森本厚吉理论的一部分缺陷。但是与此同时，他们的论述又带来了新的问题。学者从不同专业角度和不同立场的阐述，使"文化生活"本就不精确的含义进一步"模糊化"。

森本的原理论中只涵盖"社交与生活"的一部分内容，但是学者们将其扩展到了生活的所有场景。在他们的论述中，听音乐也是"文化生活"，观测星空也是"文化生活"，而有些行为其实恰恰是森本原理论中反对的"奢侈"行为。此外，有部分学者的观点相互对立。例如，三宅和吉野对日本传统文化所持有的态度并不完全相同。三宅更鼓励从传统中寻找"文化生活"，吉野则更多地提出要摒弃部分传统。这种"冲突式"的理解也使"文化生活"的概念进一步丧失准确性，成为一种"暧昧化"的表达。

综上所述，文化生活研究会的学者们在对"文化"进一步解释的过程中，虽然改善了"具体化"和"本土化"的缺点，却使"文化生活"进一步"模糊化"。当时的宗教图书中甚至都对这一现象十分关注，其称"近来频频听到'文化'一词的流行，似乎不提文化主义或者文化生活就没有什么新东西似的，甚至小学都没有读过的小孩子的口中都经常挂着这些词"；③ "诸君现在谈及猫也好勺子也好，都言必称文化生活。对于文化

---

① 三宅雪嶺「文化生活の出發點」『現代文鈔　上』奈良女子高等師範学校附属高等女学校、1936 年、71—75 頁。

② 吉野作造「謝られた本分論」『私どもの主張』文化生活研究会、1921 年、253 頁。

③ 沼法量編『親鸞聖人の宗教』大谷派本願寺編纂課、1924 年、191 頁。

生活进行讨论的热情日益高涨，但是对于究竟什么是文化生活，每个人似乎都有着不同的理解"。① 这表明一方面"文化生活"确实受到了社会层面的广泛关注，但另一方面社会成员也对"文化生活"的具体内容感到迷茫。

在文化生活研究会的推动下，"文化"一词逐渐渗入了日本都市的社会生活。但是讨论中学者们始终站在中流阶级精英的立场来进行阐述，有意识地忽略了城市中更为广大的都市大众，包括无产阶级的劳动人民和普通的中流阶级，甚至包括一部分新兴的上流阶级。他们在日常生活中可能既不使用留声机也不使用望远镜，既不讨论日本传统精神也不讨论德莫克拉西，但是在城市近代化的大背景下，他们也拥有改善生活的需求和欲望。

在中流阶级的"文化生活"理论始终缺乏"精确内涵"的情况下，更广大的都市大众通过"消费"这一武器，逐渐夺取了"文化"的解释权，将"文化生活"运动的浪潮引向了中流阶级精英未曾预料的方向。

三　文化的"大众化"与"变质"

中流阶级精英学者的言论使"文化"一词迅速在日本都市社会中流行，越来越多的都市大众开始接触到这个"词语"。在消费开始走向大众化的时代，新出现的词语以及概念都能够成为一种新的"消费品"。而在商人的眼中，这些词语本身的含义并不重要，能够通过它们激发更多民众的消费欲望才是这些"词语消费品"的存在意义。

首先在出版界就刮起了一阵"文化生活"风潮。相对于文化生活研究会的出版物而言，当时许多其他出版社也跟风出了一批"文化生活"相关图书。但是实际上这些出版物并不是真正在研究讨论什么是"文化生活"，而只是借用这个名词"搭便车"。例如教辅图书出版机构"教育研究会"在当时出版了一套"文化生活"丛书，包括《文化中心理科教授法》、《文化中心地理新教授法》和《文化中心体操新教授法》等。这套丛书每

---

① 田中義能『神道講演』日本学術研究会、1923 年、336 頁。

本每章都言必称"文化生活"，但其实际内容仍然只是过去的知识辅导，并没有任何关于"文化生活"的内容。这一类出版物在当时十分常见，几乎占据了书店的"半壁江山"。

其次在零售业也开始流行以"文化"为名的商品。"当时廉价物的新产品中许多都以'文化'为前缀，例如文化剃刀、文化饼干和文化锅之类的。"① 除了上述三种商品，大正时期其实还出现了"文化菜刀"（现多称为三德菜刀）、"文化干燥剂"、"文化簸箕"（清扫用具）等各种带有"文化"前缀的新事物。单就这些商品本身而言，大都是过去的传统物品进行了一定程度的改良。例如"文化菜刀"是因为考虑到明治以来日本人开始吃牛肉的需求，从而将传统的专用于切蔬菜瓜果的日式菜刀进行改良，借用西式厨刀的某些设计而制造出的菜肉两用刀。为了体现这种"创新"，商家多会将其命名为"文化"。但是这种简单粗暴的命名方式导致 20 年代后期大部分杂货商品都带上了"文化"的名字。

最后在房地产业也开始流行"文化"一词。"作为文化生活代表物的是郊外小规模的红瓦独栋住宅，也就是那时开始的公寓生活……年轻女性开始憧憬像公司职员、银行职员等按月领薪的文化职业……作为文化生活的代表之一，炉灶被废弃，厨房开始变得近代化。"② 这里的"小规模的红瓦住宅"指的是当时十分流行的"文化住宅"。1922 年 2 月在东京上野召开的"纪念和平东京博览会"上，展出了一种名为"文化村"的新式住宅设计。这种设计主张在城市郊外建立大型住宅区，通过铁路连接到城市中心。这样购买者平时可以在都市中心工作，周末节假日可以全家到郊外享受生活。这种构思满足了因都市越来越拥挤而试图寻求郊外生活的上流阶级的需求。"通过博览会的展示，以郊外红屋顶为象征的文化住宅，一栋栋地在全国大城市的郊外拔地而起……大正时代的文化人憧憬住在郊外有树林静静环绕的文化村，住在有现代客厅的文化住宅里，文化住宅成了文

---

① 加藤秀俊・後藤総一郎・岩崎爾郎等『明治・大正・昭和世相史』社会思想社、1972 年、212 頁。

② 加藤秀俊・後藤総一郎・岩崎爾郎等『明治・大正・昭和世相史』、212 頁。

化人优越地位的象征。"①

这三个现象恰好对应了都市中除了学者以外的"中流阶级"、"下流阶级"和"上流阶级"三类社会团体对"文化生活"的理解，这表明"文化"已经实现了"大众化"。虽然很难说是"文化"借了"消费品"的东风而流行，还是"消费品"挪用了"文化"的含义，但可以确定的是越来越多的社会群体参与到对"文化"和"文化生活"的解释，以文化生活研究会为代表的学者或者中流阶级精英团体很难再单独把持对"文化"的定义权。在这种情况下，"文化"的含义发生了"变质"。在森本厚吉的"原典"中，"文化"是针对中流阶级而言的上层建筑，但是经历了"大众化"之后，"文化"成为整个日本都市民众的"共享物"。从奢侈的住宅到廉价的橡皮都可以是一种"文化品"。"文化"的概念被彻底泛化，这也是许多研究者称之为"堕落而成的陈腐口号"的原因。

面对这样一种现象，森本厚吉首先发出了反击。他做出一种颇为堂吉诃德式的举动：拒绝承认开发商的设计，自行设计了符合其理念的"文化公寓"。就在"文化住宅"出现的同一年，森本厚吉依靠文化普及会的帮助，在东京文京区御茶水附近建造了一栋总共6层的名为"文化公寓"的建筑。② 森本认为传统的日式平房也好，奢侈的文化村也好，都不符合他心中对于"能率"的定义。传统的日式房屋使用期短，必须不断翻新；而新式的文化村又过于奢侈，对"文化生活"的实践本身没有什么帮助，只是延续了过去贵族的传统生活。因此为了提高"能率"，必须对食物、衣服和社交等进行彻底的改革。在这种思想的指导下，森本理想中的"文化公寓"出现了。该公寓不但号称防火、防盗、防震、隔音，还提供热水洗浴、冲水厕所、自动电梯等便利的生活配套工具。此外，楼栋内还设立了公共食堂、宴会室、社交室、收发室、屋顶花园、运动场等公共空间。居住空间则采用全西洋式设计，桌椅、西式橱柜、餐桌、床等一应俱全。森本厚吉还专门为该公寓设计口号"不要奢侈但要所有的快乐"。吉野作造

①　〔日〕竹村民郎：《大正文化：帝国日本的乌托邦时代》，第92页。
②　关于文化公寓的史料多来源于文化普及会自行印制发行的书『文化アパートメントの生活』。现存森本厚吉创立的女子经济专门学校（现名新渡户文化学园）。

对 "文化公寓" 的评价颇高，他指出 "文化公寓" 目前是为中流阶级及以上的阶级服务，但也是为了将来的 "劳动阶级" 的合理生活样式进行的准备研究。[①]

"文化公寓" 的设计无疑确实是符合森本厚吉最初的 "文化生活" 理论的。森本厚吉曾指出 "要减少无意义的消费，为未来创造财富，从利己的消费转向利于社会的消费"。[②] "文化公寓" "拒绝奢侈" 的标语也体现了森本厚吉的这一思想。但社会现实是房地产商的 "文化住宅" 远比森本厚吉的 "文化公寓" 受欢迎。从居住者情况来看，"文化公寓" 的住户多是美国人，日本人并不太接受这种设计。即使是选择了 "文化公寓" 的日本人也觉得 "比起公寓，更像是旅馆"。[③] "文化公寓" 中的居住者也 "多为单身"，[④] 这意味着公寓中的日本人大都只是将其视为中转站，结婚后他们更愿意搬到 "文化住宅" 中居住。在这种对比下，大量豪华的 "文化住宅" 在日本城市的郊区拔地而起，而森本厚吉设计的 "文化公寓" 几乎完全得不到推广，没有房地产商愿意接受森本式的设计。市场对两种 "文化建筑" 的选择也表明了中流阶级精英学者对 "文化" 理解权的丧失。

文化的 "大众化" 和 "变质" 本质上是将 "中流阶级精英学者团体" 把持的 "文化" 解释权稀释分散的过程。在这个过程中 "文化" 被 "商品化" 成一个大众可以简单理解、方便使用的 "标签"。从更宏大的角度来看，在消费品大众化的过程中，都市个体的消费需求越来越多地成为 "文化" 所指代的实际内容。因此，更广泛的都市大众最终决定了 "文化" 的含义，也主导了 "文化生活" 运动的走向。

四　结语

总的来看，"文化" 在近代日本都市社会的传播分为三个阶段。森本

---

① 吉野作造『主張と閑談　第 5 輯（問題と解決）』文化生活研究会、1926 年、188 頁。
② 森本厚吉『新生活研究』文化生活研究会出版部、1922 年、前篇第二章、14 頁。
③ 西山夘三『日本のすまい』勁草書房、1975 年、111 頁。
④ 町田玲子「家事労働の共同化の変遷：関東大震災以後昭和戦前まで（B. 生活科学）」『京都府立大学学術報告　理学・生活科学（36）』京都府立大学、1985 年、69—78 頁。

厚吉在西方社会学理论的影响下，将近代日本社会一直在讨论的"改良"问题提炼为"文化生活"一词；文化生活研究会的学者们进一步扩充完善了"文化生活"的含义与细节；都市大众最终夺取了"文化"的解释权，将之"大众化"。在这个过程中"文化"的含义不断细化，其边界也不断扩大，最终成为一个"流行文化消费品"。不过，"文化"一词的流行其实相当短暂，20世纪20年代后期很快就被"摩登"取代。

"文化"的流行过程与近代日本社会消费大众化的步调是一致的。20世纪初日本消费社会正在形成的过程中，整个消费取向是以上流阶级为导向的。中流阶级在这一时期对上流阶级保持仰慕的态度，其消费文化始终在模仿上流阶级，归根结底这是因为中流阶级在社会整体文化序列上的弱势地位。一战后当中流阶级试图改变模仿上流阶级的消费习惯时，森本厚吉适时地提出了"文化生活"的理论，这一理论很快引起了中流阶级的广泛兴趣。而文化生活研究会的学者们正属于中流阶级的精英团体，他们立刻发现了森本厚吉的"文化生活"理论对于自己所处阶级的重要意义，因此自发地参与对理论的完善过程。然而近代日本消费社会的大众化步伐十分迅速，很快就将都市中的更多阶层也纳入其体系。"文化"也在这个过程中完成了"大众化"，越来越多的社会成员开始使用"文化"的概念。虽然这一过程带来了含义模糊与泛化的缺点，但也使"文化"的影响范围进一步扩大。

虽然"文化"也如同其他的流行文化消费品一样很快就落伍了，但是它的历史地位仍然值得肯定。它是近代日本消费社会大众化最明显的标志之一，深刻地反映了近代日本都市社会中不同群体意识的发展与碰撞。

此外，如果从文化史的角度来看，"文化"的流行其实还留有不少余波。虽然"文化"的热度到1928年左右就消散了，《文化生活》杂志最终也在1930年休刊，但是对"文化"的解释始终持续。1931年的《新生活的设计》中再次谈到了"统制与文化生活"，提出"文化统制要摒弃旧的文化，发扬新的文化"，要从"个人主义"转向"全体主义"。[①] 1938年的

---

① 神崎儲『新生活の設計』興亜文化協会、1931年、146頁。

《战时妇人读本》中又将"文化生活"与"消费主义"等同，喊出了"停止吧文化生活——崇拜西方外来品的生活"的口号。① 而到太平洋战争时期，日本右翼学者更是创造出"文化生活战"的概念。②

通过这些史实可以发现，即使"文化"的流行在社会层面逐渐消沉，"文化"的概念也仍然在不同的语境下被挪用和曲解，不同的社会群体都在按照自己的需求对"文化"进行解释。因此有时"文化"是社会改革的工具，有时"文化"是敌人的意识形态，有时"文化"是战争的武器。从这一角度来看，"文化流行"和"文化生活"就不仅是当时社会存在的表现，也是社会意识的反映。

（刘洲，南开大学日本研究院博士研究生）

---

① 国民精神総動員中央聯盟編『戦時婦人読本』日本青年教育会出版部、1938 年、105 頁。
② 寺田弥吉『日本総力戦の体系　中篇』実業之日本社、1944 年、484 頁。

中日农业合作 50 年的回顾与展望

何　骋

内容摘要　中日农业合作起步于 1972 年的中日邦交正常化，政治互信为两国农业合作开辟了有利的外部环境，推动了中日农业合作不断深化与发展。50 多年来，依托双边、多边框架下多平台、多领域的农业合作，中日农业构建起互惠互利的伙伴关系，尤其在资金、项目、技术等方面取得显著进展。日本对华 ODA 为中国农业发展注入宝贵的资金，有效缓解了中国在农业现代化初期资金供给紧缺的问题，两国农产品贸易依存日趋紧密，日本对华农业直接投资也逐步走向成熟和稳定。中国从日本引进的先进农业技术在全国各地得到推广普及，有力推动了中国的农业现代化进程。当然，中日农业合作也存在一些问题，比如合作机制不稳定、合作层次不够高、资金合作不协调等。面对这些课题，两国今后需要探索如何建立长期合作机制、升级合作模式，共同提升农业国际竞争力。

关键词　日本经济　中日合作　农业合作　日本 ODA

中日邦交正常化是二战之后中日农业合作的新起点。1972 年 9 月 29日，周恩来总理与田中角荣首相共同签署了《中日联合声明》。以此为标志，两国实现邦交正常化，中日关系史揭开新的一页。1978 年 8 月 12 日，《中日和平友好条约》又在北京签订。同年 10 月 22 日，邓小平副总理访问日本，成为二战之后首位访问日本的中国国家领导人。以中日邦交正常化为起点，50 多年来，中日两国在经贸、科技、文化等多个领域开展了兼具深度与广度的全方位交流与合作，建立起高水平的互利互惠关系。其中，中日两国在农业领域的科技交流与经济合作成果尤为显著，值得关注。全面回顾中日邦交正常化 50 多年来的中日农业合作，总结中日农业合作取得的重要成就，厘清当前中日农业合作面临的现实困境，是推动今后中日农业合作深化发展的内在要求，具有一定的现实意义。

一　中日农业合作的基本前提

尽管二战后中日农业交流有着长时间的空白期，但两国农业悠久的交流传统、农业发展水平的互补特征以及两国农业面临的共同课题等，都成为中日农业合作的基本前提。特别是进入 20 世纪 70 年代以后，由于农业现代化水平的差距逐渐拉开，中日两国农业既相似又互补的特征更加鲜明，为中日农业合作奠定坚实基础。而中日邦交正常化之后所形成的政治互信，又使两国农业合作具备基本的政治前提，极大地推动了中日农业合作的深化与发展。

（一）中日农业合作的三大根基

首先，中日农业有着悠久的交往传统。作为一衣带水的邻邦，中日两国拥有长达两千多年的交往历史。在生产力较为落后的古文明时代，农业往来在两国交流中更是发挥了重要作用。例如，有研究指出日本弥生稻作文明时代的开启，很大程度上要归因于中国将江南地区特别是吴越地区的水稻通过海路传入日本。[①] 可以说，日本的农业文明从一开始就刻下了深深的中国印记。进入近代以后，在明治维新"脱亚入欧"的驱动下，日本农业现代化进程明显加速。[②] 二战以后，日本通过进行农地改革、颁布《农业基本法》等系列举措，对传统农业进行深度改造。到 20 世纪 70 年代中期，日本已基本实现农业现代化。从发展脉络上看，中日农业合作经

---

① 王勇：《"水稻之路"与弥生文化》，《浙江社会科学》2002 年第 4 期。
② 高雪莲、奉公：《日本农业技术引进的历程及模式探讨》，《农业经济问题》2012 年第 2 期。

历了明显的由亲到疏的过程，二战以后的中日农业合作更是一度陷入停滞。然而，农业现代化是国家现代化的必由之路。早在 1954 年就已明确提出要实现工业、农业、交通运输业、国防四个现代化的中国，在推进农业现代化建设的进程中，必然要借鉴邻国日本的成功经验。这就注定了中日农业合作不会长期中断，而是将重启并赓续悠久的交往传统。

其次，中日农业深远的历史渊源赋予两国农业天然的相似性。其一，中日两国均拥有悠久的农业发展历史，且都以稻作农业为文明起源。在联合国粮农组织公布的"全球重要农业文化遗产"名录中，中国以 15 个项目入选，位居世界第一，日本则以 11 个项目入选，名列世界第二。[1] 2021 年，中国稻谷播种面积占全年粮食播种面积的 25.4%，[2] 日本水稻播种面积占全年农作物播种面积的 35.5%。[3] 两国均以水稻为主要农产品，水稻在农产品生产投入中占比高。其二，中日两国均面临严峻的耕地面积问题。据中国自然资源部公布的《第三次全国国土调查主要数据公报》，截至 2019 年 12 月 31 日，中国耕地面积为 12786.19 万公顷（19.179 亿亩），占国土面积的 13.31%。[4] 而日本农林水产省统计数据显示，截至 2021 年 7 月 15 日，日本耕地面积为 434.9 万公顷（0.652 亿亩），占国土面积的 11.49%。[5] 以最新人口数据计，目前中国人均耕地面积约 1.35 亩，日本人均耕地面积约 0.52 亩，均远低于世界人均耕地面积（约 3.45 亩）。其三，中日两国均出现严重的农业劳动人口流失现象。第七次全国人口普查数据显示，2010—2020 年十年间，中国农村人口锐减 1.64 亿人。[6] 而考虑

---

① 联合国粮农组织，https://www.fao.org/giahs/giahsaroundtheworld/designated-sites/asia-and-the-pacific/zh/。

② 《国家统计局关于 2021 年粮食产量数据的公告》，2021 年 12 月 6 日，国家统计局，http://www.stats.gov.cn/tjsj/zxfb/202112/t20211206_1825058.html，2021 年 12 月 20 日。

③ 日本農林水産省「作物統計調査・令和 3 年産水陸稲の収穫量」、2021 年 12 月 8 日、https://www.maff.go.jp/j/tokei/kouhyou/sakumotu/sakkyou_kome/attach/pdf/index-42.pdf。

④ 中国自然资源部，http://www.mnr.gov.cn/dt/ywbb/202108/t20210826_2678340.html，2021 年 12 月 1 日。

⑤ 日本農林水産省「作物統計調査・令和 3 年耕地面積」、2021 年 10 月 26 日、https://www.maff.go.jp/j/tokei/kouhyou/sakumotu/menseki/attach/pdf/index-12.pdf。

⑥ 《第七次全国人口普查公报（第七号）》，国家统计局，http://www.stats.gov.cn/tjsj/tjgb/rkpcgb/qgrkpcgb/202106/t20210628_1818826.html，2021 年 12 月 11 日。

到当前中国还有近 5 亿的人户分离人口，实际的农业劳动人口流失更为严重。日本的情况同样不容乐观，截至 2021 年 2 月，日本农业劳动人口约130.2 万人，而 2011 年这一数值超过 170 万人，十年间日本农业劳动力缩水超两成。①

　　最后，中日两国农业因现代化水平差异等因素表现出较强的互补性。具体而言，中国拥有自然资源的比较优势，日本拥有技术资源的比较优势。尽管中日两国均面临人均耕地面积过小的问题，但从总耕地面积看，中国较之于日本所拥有的自然禀赋可谓优越。日本国土面积狭小，耕地面积仅为中国耕地面积的 3.3%。中国东北地区广阔的黑土带对于耕地匮乏的日本而言具有极强的吸引力。统计显示，2021 年中国稻谷全年产量为21284.3 万吨，日本水稻全年产量约 700.7 万吨，中国稻谷产量是日本的近 30 倍。2021 年中国小麦全年产量达 13694.6 万吨，日本小麦全年产量约 107.8 万吨，中国小麦产量是日本的 127 倍多。从农产品生产体量看，中日农业在生产交换方面同样具有强互补性。与此同时，中日两国在农业科技水平方面差距显著。作为率先在亚洲实现现代化的国家，日本在较短时间内完成了农业现代化建设。1976 年，日本拥有农用汽车 124 万辆，平均每辆农用汽车负担的耕地面积为 67 亩，低于联邦德国（104 亩）和美国（918 亩），农业机械化程度已处于世界领先水平。② 而同时期中国农用大中型拖拉机数量不足 50 万台，手扶拖拉机数量不足 100 万台，农业机械化水平还很低。③ 通常用农业科技投资强度（即农业科研投入占农林牧渔业总产值的比重）来衡量一国农业科研的投入水平。20 世纪 80 年代，中国农业科技投资强度在 0.185%—0.238%，90 年代在 0.0748%—0.24%，整体上低于发展中国家 0.5% 的平均水平，显著低于发达国家

① 日本農林水産省「令和 3 年農業構造動態調査結果」、2021 年 8 月 11 日、https://www.maff.go.jp/j/tokei/kouhyou/noukou/attach/pdf/index－1.pdf。
② 徐梅：《日本农业现代化再探讨及启示》，《日本学刊》2018 年第 5 期。
③ 根据国家统计局《1978 年度统计公报》推算，"一九七八年，全国大中型拖拉机达到五十五万七千台，比上年增加九万台；手扶拖拉机达到一百三十七万台，比上年增加二十八万台……"http://www.stats.gov.cn/tjsj/tjgb/ndtjgb/qgndtjgb/200203/t20020331_29991.html。

2% 的平均水平。[①] 2006 年，中国农业科技投资强度首次突破 0.5%，而该年度日本的数值已达到 3.83%，稳居世界发达国家前列。[②]

（二）政治互信为引领的农业合作

中日邦交正常化的顺利实现，终止了中日两国长期以来不正常的"敌对"关系，开启了中日关系的新篇章。以此为起点，中日双方陆续签署了一系列协议、协定。如 1972 年 10 月，签署中日贸易备忘录贸易协定；1974 年 1 月，签署中日贸易协定；1974 年 11 月，签署中日海运协定；1975 年 4 月，成立首届中日贸易混合委员会；1975 年 8 月，签署中日渔业协定。1978 年 8 月，中日签署《中日和平友好条约》，以法律形式将 1972 年《中日联合声明》中的原则确立下来，为两国进一步扩大经济文化交流开辟广阔前景。

中日邦交正常化所形成的友好和睦的中日关系，为中日开展深度交流营造了有利的政治氛围，使中日农业合作具备基本的政治前提。20 世纪 70 年代中后期，日本农业在机械化与标准化建设上取得的突出成就，引起了中国农业生产者的热切关注。学习、引进、应用日本农业先进的生产技术成为一时潮流。1978 年 10 月 20 日，由中国贸促会主办的十二国农业机械展览会在全国农业展览馆开幕。来自日本、澳大利亚、联邦德国、法国、荷兰、英国等 12 个国家（中国未参展）的 320 余家厂商参展，展出各类农业机械和农产品加工设备共 725 台。其中，十二国中唯一的亚洲国家——日本展出的乘坐式八行水稻插秧机给观展人群留下深刻印象。展会期间还举办了 200 多个技术座谈项目，其间，日本农业机械化研究所检查部部长有吉亮向中国农技人员详尽介绍了日本的"农业机械试验技术"。[③] 1978 年 12 月，《人民日报》在相关报道中结合中国国情，对日本农业现代化的经验与教训进行了深刻总结，传递出深化中日农业合作的鲜明信号。

中日邦交正常化所奠定的基本政治互信基础，是中日在包括农业在内

---

① 《财政在农业科技投入中的地位与作用》（2000 年 2 月 28 日），清华大学中国经济研究中心，http://www. ncer. tsinghua. edu. cn/_ _ local/C/B6/93/923DEB7D843AC3B046ECF274C78 _ A301B3B3_38CE7. pdf? e =. pdf，2021 年 12 月 20 日。

② 邢晓柳：《中日农业科技发展比较研究》，《世界农业》2014 年第 7 期。

③ 《照照镜子——北京外国农业机械展览会见闻》，《人民日报》1978 年 12 月 22 日，第 4 版。

的一切领域开展务实合作的强力保障。受中日邦交正常化影响，以促进中日农业交流合作为宗旨的日中农林水产交流协会①（以下简称"日中农交会"）的诸项工作得以高效推进。1979 年，日中农交会与中国农学会正式确立对口交往关系，开始接收中国农学会派遣的农业研修生。以地膜覆盖栽培专家石本正一、水稻专家田中稔为代表的一批又一批日本农业科技专家通过日中农交会渠道到访中国，将日本先进的农业生产技术传授给中国农民。1989 年，时任日中农交会会长八百板正因其为中日农业合作所做出的巨大贡献，被中国农业部授予"国际农业合作奖"。据统计，仅 1979—1999 年，日中农交会向中国派遣各类农业技术人员约 6000 人，接收来自中国国内的研修生将近 1600 人。② 此后十余年间，日中农交会还促成了多项日本政府对华开发援助项目（日本对华 ODA）的实施，有力推动了两国农业技术合作。

二　多平台、多领域的中日农业合作

中日邦交正常化 50 多年来，两国依托双边、多边框架开展了多平台、多领域的农业合作。双边框架下的中日农业合作平台包括中日农业科技交流工作组、中日农业副部级对话以及日本对华 ODA 等。此外，中日两国非政府间的民间农业交流平台（如中国农学会—日中农交会、日中经济协会、日本国际贸易促进协会等中日友好团体）也因其双边性被列入双边框架。多边框架下的中日农业合作依托中日韩合作框架、亚太经济合作组织、联合国粮农组织、东盟与中日韩大米紧急储备机制等进行。

（一）双边框架下的多平台合作

1. 中日农业科技交流工作组。中日两国于 1981 年成立农业科技交流

---

① 1971 年 8 月 28 日成立于东京。前身为日本中国农业农民交流协会，是在周恩来总理的赞许和支持下成立的致力于加强中日农业农民友好关系的民间社会团体。1985 年其作为社团法人得到日本农林水产省认可。

② 中国农学会：《关于日本日中农林水产交流协会的调研》，《学会》2003 年第 6 期。

工作组，工作组由双方政府的农林水产部门各派 7—10 名成员组成。工作组将农林水产科技信息、种子、种苗、种畜的交换作为重要工作，其代表性案例为 1998—1992 年中日双方联合开展的太湖猪研究。[①] 该项合作肇始于 1986 年的中日农业科技交流工作组会议。研究工作分多阶段进行：合作期间日方提供 1 亿日元资金，并派遣 7 位研究专家来华工作；中方以江苏省农业科学院为实施单位，提供试验场与试验用猪，并先后向日方派出 8 名进修生进行技术学习。最终，新品系的"苏钟猪"成功育成，该项合作研究计划圆满完成。2016 年，仅限于科学技术交流的"中日农业科技交流工作组会议"升级为广泛讨论农业问题的局长级"中日农业合作工作组会议"，成为更加宽广的中日农业双边合作新平台。

2. 中日农业副部级对话。中日农业副部长级定期会议从 2004 年起每年举行一次。2010 年 9 月，钓鱼岛海域撞船等事件导致中日关系恶化，中日农业副部长级会议陷入中断。2016 年中日农业副部长级会议重启。2019 年 11 月，中日农业副部级对话第九次会议在京召开，中日双方就围绕"农业科技与智能装备、跨境动物疫病防控、全球重要农业文化遗产"等方面加强合作达成共识。

3. 日本对华 ODA。日本从 1979 年 12 月开始对华实施经济援助。20 世纪 80 年代以来，日本对华 ODA 成为中日关系的重要组成部分。日本对华 ODA 包括日元借款、无偿资金援助、技术援助和利民工程无偿援助等，其金额之大、时间之久，为推动中日农业合作发挥了不可替代的重要作用。

4. 中日民间农业交流平台。有别于上述以政府为主体的农业合作平台，中日民间农业交流平台的参与主体为非政府的民间友好团体。中日邦交正常化以来，新的中日民间友好团体不断涌现。[②] 其中，日中农交会（1971 年）、日中科技交流协会（1977 年）、日中人才交流协会（1985 年）等友好团体，均以实际行动积极推动中日农业合作。

---

① 葛云山：《中日合作研究太湖猪（梅山）纪实》，《猪业科学》2009 年第 7 期。
② 胡澎：《日本民间对华友好团体与中日关系》，《中国中日关系史研究》2012 年第 1 期。

（二）多边框架下的中日农业合作

1. 中日韩合作框架下的中日农业合作。2008 年 12 月，第一次中日韩三国领导人会议在日本福冈召开。中日韩三国领导人签署并发表《三国伙伴关系联合声明》，首次明确了三国伙伴关系的定位，构建起中日韩三边合作框架，为中日农业合作提供有益平台。2012 年 4 月，作为中日韩合作框架下 21 个部长级会议之一的首届中日韩农业部长会议在韩国济州岛召开。中日韩三国农业部长签署并发表《首届中日韩农业部长会议联合公报》，为中日农业合作提供新型多边协调机制。表 1 整理了迄今为止召开的八次三国领导人会议与三届三国农业部长会议的基本情况。从历届会议商谈的具体事项与成果看，农业合作相关议题贯穿始终。

表 1　中日韩合作框架与农业合作

时间	地点	会议类别	具体事项与会议成果
2008 年 12 月	福冈	第一次三国领导人会议	发表《三国伙伴关系联合声明》，首次明确三国伙伴关系定位
2009 年 10 月	北京	第二次三国领导人会议	发表《中日韩可持续发展联合声明》，提到"探讨三国在农业领域的合作机制"
2010 年 5 月	济州岛	第三次三国领导人会议	发表《中日韩加强科技创新合作的联合声明》，提到"加强作物科学研究等方面的科技交流合作"
2011 年 5 月	东京	第四次三国领导人会议	日本特别就农产品限制出口问题寻求中韩谅解
2012 年 4 月	济州岛	第一届三国农业部长会议	发表《首届中日韩农业部长会议联合公报》
2012 年 5 月	北京	第五次三国领导人会议	发表《关于加强农业合作的联合声明》，决定在六大方面加强三国间农业领域合作
2015 年 9 月	东京	第二届三国农业部长会议	签署《应对跨境动物疫病合作备忘录》，指出未来将加强农业及贸易政策的信息沟通，升级农技合作，增加农业投资并促进农业贸易

续表

时间	地点	会议类别	具体事项与会议成果
2015 年 11 月	首尔	第六次三国领导人会议	重申在《2020 中日韩合作展望》中所做承诺，致力实现经济一体化长期目标
2018 年 5 月	东京	第七次三国领导人会议	强调应在农业、生物多样性等领域开展合作
2018 年 11 月	北京	第三届三国农业部长会议	倡议共同探索在第四方市场开展农业农村合作；加强农村产业融合、农产品质量安全、农业科技创新等乡村振兴方面的经验互鉴
2019 年 12 月	成都	第八次三国领导人会议	发表《中日韩合作未来十年展望》，强调在农业、渔业等领域开展合作的重要意义

资料来源：由笔者综合相关报道整理制作。

2. 亚太经济合作组织（APEC）框架下的中日农业合作。自 1991 年中国加入 APEC 以后，中国政府越来越重视与其他经济体在农业相关领域的合作。在 APEC 框架下，依托"中日可持续发展项目"，中日两国开展了包括作物基因资源生产力评估、作物多样性快速选择技术开发等多个课题在内的联合研究。根据检索，截至目前中国在 APEC 框架下与日本的合作项目共计 4 项，其中 2 项由中国发起，2 项由日本发起（详见表 2）。

表 2　APEC 框架下的中日农业合作

立项年	项目名称	发起国	合作国	项目代码
2010 年	构建高效农技转移平台，加强 APEC 粮食与食品安全	中国	日本、泰国	ATC062010A
2014 年	加强农业与粮食全球价值链冷链高级别合作论坛	日本	中国、墨西哥等	ATC012014A
2016 年	亚太地区食品饲料商品霉菌毒素防控能力建设	中国	日本、澳大利亚	ATC012016A
2018 年	利用信息通信技术（ICT）与创新技术减少食物浪费	日本	中国、秘鲁等	PPFS022018

注：项目代码对应的项目分别为农业技术合作工作组（Agricultural Technical Cooperation，ATC），粮食安全政策伙伴关系机制会议（Policy Partnership on Food Security，PPFS）。

资料来源：由笔者检索 APEC 农业合作项目整理制作。

3. 联合国框架下的粮农组织平台。联合国粮食及农业组织（FAO）成立于 1945 年，总部设在意大利罗马，是联合国系统内最早、最大的常设专门机构。自 1978 年中国接受联合国粮农组织援助以来，截至 2011 年 6 月，各类直接或间接援华项目共计 420 多个，项目总金额达到 2.3 亿美元，惠及中国 20 多个省份。[①] 与中国的角色不同，日本作为 FAO 最重要的合作伙伴之一，援助额常年位居世界前列。2018—2019 年，日本向粮农组织提供的自愿捐款总计 6790 万美元，其中 46% 用于亚洲项目。[②] 依托联合国粮农组织平台，中日两国以受援与援助的身份展开了长期农业合作。

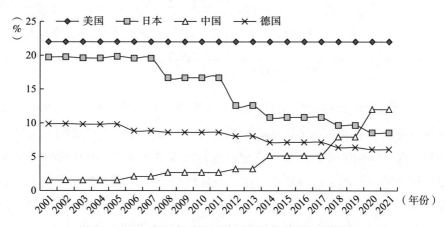

图 1   2001—2021 年联合国粮农组织会费分摊比例情况

资料来源：笔者根据联合国粮农组织大会历届会议文件整理数据制成。

近年来，中国在 FAO 中分摊的会费持续上升，身份由被捐助国向捐助国转变。如图 1 所示，进入 21 世纪以后日本在 FAO 中的会费分摊比例逐渐下降，已由世纪初的 19.7% 调低至 2021 年的 8.6%。与之相对，中国在 FAO 中的会费分摊比例稳定上升，先后于 2018 年、2020 年超越德国和日本，现已成为仅次于美国的 FAO 第二大会费分摊国。[③]

---

①   肖骏、郭晴：《借鉴国际经验的中国与联合国粮农组织合作策略研究》，《世界农业》2014 年第 11 期。

②   Food and Agriculture Organization of the United Nations, "FAO + JAPAN", https://www.fao.org/3/ca7340en/CA7340EN.pdf, 2021 年 11 月 28 日。

③   《会议清单文件》，联合国粮农组织，https://www.fao.org/about/meetings/conference/zh/, 2021 年 12 月 17 日。

4. 东盟与中日韩大米紧急储备（APTERR）机制。2011 年 10 月 7 日，东盟与中日韩各国农林部长签署大米紧急储备协议，并规定协议于 2013 年正式生效。APTERR 机制运行规则大体可以归纳如下：成员国根据本国实际情况在机制下投放大米储备以应对区域自然灾害所引发的大米紧急需求，同时自主决定储备基金的出资额度。APTERR 机制运行的第一个五年期（2013—2018）内，中国是承诺标识大米紧急储备量最多的国家，并与日韩共同构成实际大米紧急储备的主要捐赠方。在 APTERR 机制下，中日两国协力应对区域内粮食紧缺问题，农业合作有效推进。

三　中日农业合作的主要成就

中日邦交正常化 50 多年来，中日两国依托双边、多边框架开展了多平台、多领域的农业合作，构建起互惠互利的伙伴关系，在资金、项目、技术等方面取得显著进展。日本对华 ODA 为中国农业发展注入宝贵的资金，有效缓解了中国农业现代化建设初期资金供给紧缺的问题。有偿低息日元贷款有力支援了中国增加化肥产能的宏大计划，无偿日元资金援助有意倾向涉农项目，为中国农业现代化建设提供了强劲的资金支持。两国农产品贸易依存日趋紧密，日本对华农业直接投资也逐步走向成熟和稳定。通过 JICA 等渠道进行的一系列中日农业技术合作，加快了日本先进农业技术在中国各地的推广普及，显著提升了中国农业整体科技水平，有力推动了中国的农业现代化进程。

（一）日本对华 ODA 农业项目

日本对华 ODA 于 1979 年 12 月正式启动。日本对华 ODA 的启动以中日邦交正常化（1972 年）及中国提出改革开发政策（1978 年）为现实背景，因而其一开始就呈现鲜明的支援中国现代化建设的特征。改革开放初期，中国基础设施建设"百废待兴"，巨大的资金缺口成为制约中国现代化建设的难题。以日元贷款为主同时包括日元无偿资金援助在内的日本对华 ODA 及时有效地填补了这一缺口，为中国改革开放事业提供强劲推力。

1979—2008 年,① 日本对华日元贷款共涉及 367 个项目，合作金额累计达 33164.86 亿日元。② 其中，涉农日元贷款③共计 22 项，合作金额累计 1329.28 亿日元，占日元贷款总额的 4%。尽管涉农日元贷款在全部日元贷款中的占比不高，但这 1300 多亿的日元贷款中超过 1000 亿日元被用于中国各地的化肥厂建设项目，有力支援了当时中国化学工业部增加全国化肥产能的宏大计划，为提高中国的粮食产能提供了充足的资金支持。表 3 列出了日本对华 ODA 实施以来所有的涉农日元贷款项目。

表 3　1979—2008 年日本对华涉农日元贷款项目

项目时间	实施地点	实施单位	项目名称（期数）	项目金额（亿日元）
1990—1992 年	陕西渭南	中国化工部	渭河化肥厂建设（3）	269.26
1990—1993 年	内蒙古呼和浩特	中国化工部	内蒙古化肥厂建设（4）	214.12
1990—1993 年	云南昆明	中国化工部	云南化肥厂建设（3）	140.68
1991—1995 年	广西柳州	中国化工部	鹿寨化肥厂建设（4）	102.73
1991—1993 年	江西九江	中国化工部	九江化肥厂建设（3）	213.57
1993—1994 年	贵州福泉	中国化工部	瓮福化肥厂建设（2）	122.86
1996—1997 年	黑龙江哈尔滨	中国进出口银行	三江平原商品粮基地开发（2）	177.02
1999—2000 年	山东东营	山东省人民政府	黄河三角洲农业综合开发（1）	89.04

资料来源：根据日本外务省公布的历年「ODA 中国援助実績データ」（外務省、https://www.mofa.go.jp/mofaj/gaiko/oda/shiryo/jisseki/kuni/index.html、2021 年 12 月 10 日）整理制作。

1980—2018 年,④ 日本对华无偿资金援助共涉及 1571 个项目,⑤ 合作

---

① 2008 年始，日本停止对华提供新的日元贷款。

② 日本外務省「政府開発援助（ODA）国別データブック 2009・中国」、https://www.mofa.go.jp/mofaj/gaiko/oda/shiryo/kuni/09_databook/pdfs/01－04.pdf、2021 年 12 月 25 日。

③ 这里仅统计与纯农业相关的贷款，林牧渔业以及灌溉防旱抗涝等项目不作统计。同一项目如分多期，按累计期数统计。如，查得"云南化肥厂建设项目"贷款合同件数为 3，则在涉农日元贷款中计作 3 项。

④ 2011 年起日本对华无偿资金援助金额大幅减少。2018 年 10 月 25 日，日本对华 ODA 正式终止。

⑤ 根据日本外务省公布的历年「ODA 中国援助実績データ」数目统计而得。

金额累计达 1576.19 亿日元。[①] 其中，涉农无偿资金援助[②]共计 21 项，合作金额累计 182.22 亿日元，占无偿资金援助总额的 11.56% 。与日元贷款更多地投入城市基建、港口码头、水电设施不同，日本对华无偿资金援助与农业关联度更高。表 4 列出了日本对华 ODA 实施以来所有的涉农无偿资金援助项目。自 1983 年至 2000 年，日本向中国提供了累计 13 期的粮食增产援助，援助总金额约 100 亿日元，惠及中国多个省市。值得一提的是2000 年启动的"中日农业技术研究发展中心器材装备计划"，该项目下日本对华 ODA 为中国农业科学院"中日农业技术研究发展中心"无偿提供了价值 1 亿元人民币的设备。而中日农业技术研究发展中心作为中日农业资金合作的成果，在日后积极推动日本先进农业技术在中国普及，其在宁夏水稻种植区对日本侧条施肥技术的成功推广，又被视为中日农业技术合作的代表案例。[③]

表 4　1980—2018 年日本对华涉农无偿资金援助项目

项目时间	实施地点	项目名称（期数）	项目金额（亿日元）
1983—2000 年	中国多省市	多次粮食增产援助（13）	约 100
1984—1986 年	北京	中国肉类食品综合研究中心器材装备计划（1）	27
1986—1987 年	北京	北京淡水鱼养殖中心器材装备计划（1）	7.8
1987—1989 年	北京	北京蔬菜研究中心器材装备计划（2）	10.67
1988—1989 年	河北秦皇岛	北戴河中央增殖实验站器材装备计划（1）	7.47
1993—1994 年	山西阳泉	山西省蔬菜栽培中心器材装备计划（1）	4.95
1994—1995 年	北京	进出口食品检查研究中心器材装备计划（1）	9.89
2000—2002 年	北京	中日农业技术研究发展中心器材装备计划（1）	14.44

资料来源：根据日本外务省公布的历年「ODA 中国援助实績データ」（外務省、https://www. mofa. go. jp/mofaj/gaiko/oda/shiryo/jisseki/kuni/index. html、2021 年 12 月 26 日）整理制作。

---

① 日本外務省「政府開発援助（ODA）国別データブック 2020・中国」，https://www. mofa. go. jp/mofaj/gaiko/oda/files/100271618. pdf#page = 20、2021 年 11 月 18 日。

② 为与前文保持一致，这里也仅统计与纯农业相关的无偿援助，林牧渔业以及灌溉防旱抗涝等项目不作统计。同一项目如分多期，按累计期数统计。

③ 《中日农业科技合作宁夏谱新篇》（2018 年 10 月 19 日），人民网，http://japan. people. com. cn/n1/2018/1019/c35421 - 30351604. html，2021 年 12 月 5 日。

（二）中日农产品贸易发展

1972 年中日邦交正常化以来，在经贸往来不断扩大的大趋势下，中日经贸关系日益深化，中日双边贸易额持续增长。中日农产品贸易作为中日双边贸易中的重要组成部分，其变动趋势与中日双边贸易额大体一致，但又因其特殊性而略有不同。

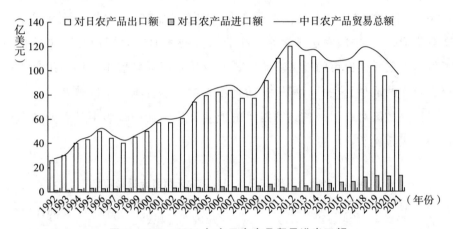

图 2　1992—2021 年中日农产品贸易进出口额

注：2021 年数据为 2021 年 1—10 月数据。

资料来源：综合联合国商品贸易统计数据库与中国海关总署统计月报数据（《统计月报：对部分国家（地区）进/出口商品类章金额表》，中国海关总署，http://www. customs. gov. cn/customs/302249/zfxxgk/2799825/302274/302277/3227050/index. html，2021 年 12 月 20 日。根据惯例，将编码为 HS01 – HS24 的四类产品作为所要统计的农产品）制作。

中日农产品贸易大致可以划分为如下三个发展阶段。第一阶段为 1972—1996 年的起步上升阶段。该阶段中日农产品贸易变动与中日双边贸易变动保持一致。1972 年中日双边贸易额仅为 10.4 亿美元，此时中日农产品贸易合作尚处于起步阶段，贸易金额还很低。1992 年，中日双边贸易额突破 200 亿美元，中日农产品贸易额也超过 20 亿美元。1992—1996 年，中日关系虽有波动但整体良好，中日贸易持续升温，中日农产品贸易保持上升态势。

第二阶段为 1996—2011 年的高速增长阶段。该阶段中日农产品贸易变动与中日双边贸易变动不一致。受亚洲金融危机冲击，1998 年中日双边贸易额略有下滑，但在 1999 年迅速恢复，并自此连续 10 年刷新纪录，于 2011 年创下 3449 亿美元的历史峰值。然而，因日本以"中国威胁论"与"毒水饺事件"之名行贸易保护主义之实，多次对中国农产品实行出口限制，中日农产品贸易额并未连续增长，而是在 2002 年、2008 年分别出现不同程度的下滑。

第三阶段为 2011 年至今的稳定波动阶段。2012 年中日农产品贸易额达到历史峰值 119.77 亿美元，此后逐年下降，2018 年显著回升。2018 年以后，中国对日农产品出口额连年下降，对日农产品进口额持续上升，中日农产品贸易总额呈持续下降趋势，这与中日双边贸易额近两年的下降趋势保持一致。

经过半个多世纪的发展，中日农产品贸易合作呈现以下特点。其一，中日农产品贸易依存关系紧密。2021 年，中国对日农产品出口额占中国农产品出口总额的比重为 12.7%，日本对华农产品出口额占日本农产品出口总额的比重为 18.92%，中日互为对方重要的农产品出口国。其二，日本农产品对中国市场依赖度提高，而中国农产品海外市场趋向多元，对日依赖度有所降低。2011 年日本对华农产品出口额占日本农产品出口总额的 7.94%，2021 年上升至 18.92%，10 年间日本对华农产品出口额在日本农产品总出口额中所占的份额翻番。2011—2021 年，中日农产品贸易额占日本农产品贸易总额的比重由 12.44% 上升至 13.58%，中国越来越成为日本重要的农产品消费市场。与此同时，2011—2021 年，中日农产品贸易额占中国农产品贸易总额的比重逐年下降，由 2011 年的 7.36% 降至 4.06% 的较低值。这表明中国农产品正在打开日本以外的更广的海外市场，中日农产品贸易合作依然紧密，但中国对日依赖度有所降低。表 5 统计了反映 2011—2021 年中日农产品贸易依存状况的相关数据。

表 5　2011—2021 年中日农产品贸易依存状况

年份	2011	2013	2015	2017	2019	2021
对日农产品出口额占中国农产品出口总额的比重	18.28%	16.74%	14.53%	13.60%	13.18%	12.70%

续表

年份	2011	2013	2015	2017	2019	2021
对华农产品出口额占日本农产品出口总额的比重	7.94%	9.22%	11.26%	12.48%	16.85%	18.92%
中日农产品贸易额占中国农产品贸易总额的比重	7.36%	6.32%	5.83%	5.52%	5.10%	4.06%
中日农产品贸易额占日本农产品贸易总额的比重	12.44%	13.29%	13.61%	12.88%	12.89%	13.58%

注：2021 年数据为 2021 年 1—10 月数据。

资料来源：根据中国商务部《中国农产品进出口月度统计报告》（《中国农产品进出口月度统计报告》，中国商务部网站，http://wms.mofcom.gov.cn/article/ztxx/ncpmy/ncpydtj/200603/20060301783733.shtml，2021 年 12 月 25 日）、日本農林水産省「農林水産物輸出入情報」（「農林水産物輸出入情報」日本農林水産省、https://www.maff.go.jp/j/tokei/kouhyou/kokusai/#m1、2021 年 12 月 25 日）整理制作。

（三）中日农业投资合作项目

日本对华农业直接投资是中国农业利用外资的重要来源，也是中日农业资金合作的主要部分。日本对华直接投资起步于 1979 年，且在此后十余年间一直处于小规模发展阶段。因此，直到 1989 年，日本对华农业直接投资才在真正意义上开始起步。根据投资规模的变动趋势，日本对华农业直接投资大体经历了起步（1989—1991 年）、发展（1992—1996 年）、衰退（1997—2001 年）、恢复（2002—2004 年）以及成熟（2005 年至今）五个发展阶段。

起步阶段日本对华农业 FDI 项目共计 43 个，累计投资额达 5780 万美元。发展阶段以邓小平南方谈话为历史契机，日本对华农业 FDI 项目激增至 191 个，遍布农、林、牧、渔、食品加工各行业，累计投资额超 6 亿美元。衰退阶段日本对华农业 FDI 金额大幅减少，主要归因于日本国内经济停滞以及东南亚经济危机的冲击。恢复阶段以中国加入世界贸易组织为历史契机，随着中国贸易自由化进程的加快，日本对华农业 FDI 迅速回温，累计投资额近 3 亿美元。成熟阶段日本重新调整海外农业投资布局，对华农业 FDI 金额逐渐减少。

从投资领域与生产方式看，日本对华农业投资具有明显的资源导向型特征，且主要集中于农副产品加工与食品制造业。^① 近年来有部分日企尝试进入中国农业生产环节，在中国租赁土地进军高端农产品市场，然而经营业绩还很不乐观。

较之于日本，中国对日本农业的投资还相对较少。中国对外农业投资起步于 20 世纪 50 年代，在很长一段时间内投资对象为经济发展较为落后的亚非国家，投资形式则以对外援助为主。2001 年中国加入世界贸易组织后，中国农业对外投资速度明显加快。当前，中国境外农业投资与合作已遍及全球六大洲的 93 个国家和地区，^② 但中国企业对日本农业的投资还较为少见。

一个值得关注的动向是，以中小企业为主力军、以小规模分散投资为主要投资形式的中国境外农业企业正在向日本进军。然而当其面对日本巨头农企是否有足够的竞争力，仍有待进一步观察。

（四）中日农业技术合作发展

在日本对华 ODA 的具体分工中，由日本国际协力机构（JICA）通过 JICA 渠道对中国提供技术援助。2021 年 2 月，JICA 中国事务所发布《JI-CA 在中国的合作事业概况》^③ 报告，全面梳理了 1979 年日本对华 ODA 启动以来通过 JICA 渠道中日两国开展的技术合作情况。据统计，1979—2019年，通过 JICA 渠道开展的中日技术合作项目累计 132 项，开发调查合作项目累计 96 项，基层技术合作项目累计 194 项，派遣志愿者累计 827 人，派遣专家累计 9503 人，接收进修生累计 37884 人。其中，涉农^④中日技术合作项目 11 项，涉农开发调查合作项目 7 项，涉农基层技术合作项目 21 项。将上述项目均列入技术合作范畴，涉农技术合作项目数占技术合作项目总

---

① 乔雯等：《日本对华农业直接投资与中日农产品贸易的关系研究》，《世界经济研究》2008年第 1 期。

② 孙玉琴：《中国农业对外投资与合作历程回顾与思考》，《国际经济合作》2014 年第10 期。

③ 《JICA 在中国的合作事业概况》，JICA 官网，https://www.jica.go.jp/china/chinese/office/others/pr/c8h0vm0000al4mq9 – att/brochure_202102_cn.pdf，2021 年 11 月 8 日。

④ 为与前文保持一致，这里也仅统计与纯农业相关的技术合作，同一项目如分多期，按累计期数统计。

四　中日农业合作的未来展望

2022 年，中日邦交正常化迎来 50 周年。回顾半个世纪以来的中日农业合作，无论是资金、项目还是技术方面，均取得重大进展，成果显著。经济数据与现实案例充分表明，中日农业合作构建起互惠互利的伙伴关系，有力推动了两国经济朝向更高水平、更高质量发展。然而与此同时，走过半个世纪的中日农业合作也存在一些问题，比如合作机制不稳定、合作层次不够高、资金合作不协调等。站在新的历史起点，中日农业合作面临新的历史机遇与挑战。为此，有必要阐明并厘清当前中日农业合作面临的现实课题，进而为推动今后的中日农业合作行稳致远提供可行的参考路径。

（一）当前中日农业合作面对的课题

第一，现有的中日农业合作机制缺乏稳定性与长期性。尽管中日农业合作已建立起相对完备的多边－双边合作框架，但总体上中日两国所依托的各类农业合作机制还很不稳定。日本对华 ODA 终止后，中日农业双边合作机制面临严峻考验。2016 年，中日农业科技交流工作组会议升级为"广泛讨论农业问题"的局长级中日农业合作工作组会议。然而 5 年过去，中日农业合作工作组会议仅召开了 3 次，且自 2018 年起即陷入中断状态。中日农业副部长级会议名义上每年举行 1 次，却因 2010 年中日关系恶化而中断 6 年之久。2016 年该会议重启，恢复正常不到 3 年时间，又因新冠疫情而再度中断。多边合作机制方面，中国加入 APEC 已有 30 年时间，然而中国在 APEC 框架下发起的中日农业合作项目仅有 2 项。中国农业对包括 APEC 框架在内的多边合作机制的运用程度明显不足。

第二，农业科技合作模式较为落后，尖端科技合作项目较少。当前中日农业科技合作主要集中在农业科技应用领域，以"派遣专家—进修学习"为主要形式。尽管这种合作模式能够以较小的时间成本促进农业技术进步，但从长远来看并不能真正缩小中国与世界农业科技领先国之间的差距。科技是第一生产力，在尖端农业科技领域展开基础研究，虽不能在短期内带来可观收益，却能在长期将中国的农业科技水平直接提升一个档次，而这恰恰是中国农业发展的根本出路。现有的中日农业合作项目中，具备高科技特征的仍为少数，具备先导性特征的则要更少。这从侧面印证了当前中日农业科技合作深度不够、内涵不够的事实。

第三，农业人才交流、农业信息共享等方面合作层次较低。农业合作层次有高低之分。所谓高层次的农业合作，必然是农业人才能够充分交流、农业信息能够及时共享的拥有常设专用合作基地的农业合作。然而，现阶段的中日农业合作离这一构想还有较大差距。日本对华 ODA 尚未终止时，通过 JICA 渠道中日农业人才尚且具备相对稳定的交流平台，但自其全面终止之日起这样的平台已不复存在。中日两国现有的农业人才交流，或依托高校学术团体，或依托政府机制会议，虽有平台却无组织，交流"临时化"缺乏延续性。这也直接导致农业信息共享滞后，使农业合作长期停留在较低层次，难以开展深度合作。

第四，日本对华农业投资远超中国对日农业投资，两国农业资金合作极不协调。正如 20 世纪 50 年代中国同非洲开展的农业资金合作一样，日本与中国的农业资金合作也是从援助开始的。日本对华 ODA 实施前 30 年，这种"援助"形式的合作有效弥补了中国农业发展资金的不足，有力地推动了中国经济增长，最终使日本也大为受惠。因而在特定时期内，日本对中国的"援助"式合作具备一定的合理性。然而，随着中日经济实力逆转，这种不协调的资金合作关系已越来越不适应两国经济的长远发展。在投资便利化日益成为国际经济主流的大趋势下，作为世界第一大农产品生产和消费大国的中国，至今未能建立起一批敢于"走出去"开启国际化农业投资的大型农业企业集团，客观上加剧了当前农业资金合作极不协调的困局。

（二）中日农业合作的可行性趋势

第一，在 RCEP 框架下积极推进中日农产品贸易自由化与中日农业投资便利化。《区域全面经济合作伙伴协定》（RCEP）已于 2022 年 1 月 1 日对中日等 10 国正式生效。依托 RCEP 框架，中日两国首次建立起自贸协定关系，中日农业合作关系迎来新的历史机遇。根据协定安排，RCEP 生效后，中国应将从日本进口的清酒（当前关税 40%）、酱油（当前关税 12%）、酱料（当前关税 12%）等农产品的关税逐步降至零。相应地，日本从中国进口的冷冻蔬菜、白酒等农产品也将逐步实现零关税。关税的降低或将进一步扩大日本农产品对华出口，提高中日农产品双边贸易额。此外，根据 RCEP 投资章规则，RCEP 生效后中日将进一步开放农业领域投资。[①] 当前中国对日农业投资规模过小，部分原因是日本经济社会相对封闭排外。RCEP 生效后，中国投资者或将更易进入日本市场，中日农业互相投资不平衡的困局或将得到改善。

第二，建立长期稳定的中日农业双边合作机制，同时配套农业合作部际协调机制。现有的中日农业双边合作机制受外部因素干扰严重，面临随时可能中断的风险。未来中日农业合作可尝试建立全新的双边合作机制，形成相关约束文件，保障合作会议定期召开，最大限度减轻外部因素对合作机制造成的影响。同时，建立并依托由外交、商务、海关、税务等多部门联合的中日农业合作部际协调机制，立足全局对中日农业合作进行统一规划。日本的海外农业合作战略之所以取得成功，很大程度上得益于其所建立的多部门协调机制。为推动海外农业合作，日本以外务省和农林水产省为主导，同时将财务省、经济产业省、日本国际协力机构、日本国际协力银行等多个部门统筹起来，为海外农业合作提供全方位的政策支持。

第三，建立全国统一的农业信息技术研究中心，打造农业合作人才库与信息库。过去的中日农业合作通常由某权威单位牵头，具体事务则交给当地执行部门处理。牵头单位主要负责项目分配，对项目的实际参与者乃至项目具体内容其实不甚了解。而项目的实际参与者虽然对项目的各项事宜有较为精准的把握，却又不具备搜集信息、归纳信息的技术条件。如此一来，海量的农业信息实际上被无意识地浪费。21 世纪是数据的世纪，"提高数字政府建设水平"已被写入《2021 年政府工作报告》中。[②] 未来

---

① 宋志勇、蔡桂全：《RCEP 签署对中日经贸关系的影响》，《东北亚论坛》2021 年第 5 期。
② 《2021 年政府工作报告》，中国政府网，http://www.gov.cn/guowuyuan/zfgzbg.htm，2021 年 12 月 10 日。

的中日农业合作也应响应这一号召，将中日各领域的农业专家建档入库，将中日农业合作项目、中日农业合作基地等重要信息汇编入库，打造全国统一的农业信息技术研究中心，以数字赋能更高层次的农业合作。

第四，深化中日农业科技合作，升级现有的农业科技合作模式，重视农业人才梯队建设。当前，日本参与农业的人口越来越少。随着少子老龄化程度的进一步加深，未来日本劳动力缺口还将进一步扩大。为避免农村地区出现农地无人耕种的惨淡场景，日本正大力发展综合"机器人应用""人工智能""物联网"等先进技术的智慧农业。2019 年，日本首次制定农业领域无人机普及计划，计划到 2022 年将通过无人机喷洒农药的面积从 2 万公顷扩大至 100 万公顷。中国同样面临严峻的人口老龄化问题，但不同于日本的是中国还拥有全世界最完备的人才梯队。据统计，中国目前拥有 1.7 亿多受过高等教育或拥有各种专业技能的人才，预计到 2025 年中国将有 77179 名理工科博士应届毕业生，约为美国的 2 倍。[①] 毫无疑问，这些高学历高精尖的劳动力将成为中国农业科技研发的核心力量。人才资源正在取代人力资源成为中国农业特有的竞争优势。因此，未来中日农业合作应勇于摒弃传统的聚焦于低附加值产品的合作模式，推动合作领域向上升级。

第五，加快实施农业"走出去"战略，培育跨国农业企业集团，提升农业国际竞争力。2018 年，中国国有企业在境外设立农业企业 74 家，投资存量达 82.4 亿美元，占对外农业投资总额的 42.08%，比 2014 年增长了 5.19 倍，农业"走出去"战略扎实推进。然而，从对外农业投资项目平均规模看，中国仅为 220 万美元，相比于日本等发达国家 600 万美元的规模还有很大差距。[②] 在现有的中日农业合作中，中国农业企业长期处于产业链低端，以综合商社为代表的日本大型跨国农企始终牢牢控制着上游

---

① Center for Security and Emerging Technology, Georgetown University, "China is Fast Outpacing U. S. STEM PhD Growth," https://cset. georgetown. edu/wp-content/uploads/China-is-Fast-Out-pacing-U. S. -STEM-PhD-Growth. pdf, 2021 年 12 月 20 日。

② 《大型企业是国际农业合作的主要力量》（2020 年 9 月 7 日），中国农业农村部对外经济合作中心，http://www. fecc. agri. cn/yjzx/yjzx_yjcg/202009/t20200907_360576. html, 2021 年 11 月 21 日。

农产品的流通与销售等环节。在未来的中日农业合作中，中国应着力于农业产业链构建，优化农产品社会化服务体系。以大型跨国农企为载体，强化农业产业的资源配置与全球布局，全面提高中国在国际农业合作中的话语权。

（何骋，南开大学日本研究院博士研究生）

日本历史与文化

试论日本中世社会养老问题[*]

江新兴

内容摘要 日本中世，武士是社会的主宰，但在全国实质上没有形成统一的核心权威。在对待养老问题上，作为统治者的武士阶层以主从关系为核心逐渐形成制度化的保障措施；而庶民阶层则以血缘、地区共同体为基础，采取了以救济性、临时性为特点的措施。在日本中世社会，整体上还没有建立起有一定保障性的养老制度措施，从中能看到继承制度变革及佛教、儒家思想对其深层次的影响。

关键词 日本中世 武士 佛教 儒学 养老

日本历史上武士身份阶层的固化肇始于镰仓幕府的建立，身为统治者的武士及以农民为主的被统制阶层（庶民阶层）的养老情况，随着今天日本养老问题渐成深刻的社会问题，受到重视。20 世纪 90 年代，历史学界对日本中世社会的研究，刺激了诸多学科对老人问题的关注，聚焦于养老问题如继承与养老、女性老年人问题、城市和农村人均寿命的差异等的研究成果陆续出现。① 因日本镰仓、南北朝、室町、战国时代四百年中世社

---

* 本文为国家社科基金项目"从传统向现代社会转型的日本养老嬗变和启示"（项目号：18BSS033）阶段性成果。

① 代表性的成果如西村汎子「日本中世の老人観と老人の扶養——女性を中心として」『白梅学園短期大学紀要』第 36 号、2000 年；久留島典子「日本中世の村と扶養・相続」、飯沼賢司「日本中世の老人の実像」片倉比佐子『日本家族史論集10 教育と扶養』吉川弘文館、2003 年；義江明子「日本社会の扶養と相続——家と村、公と私」奥山恭子など『扶養と相続』早稲田大学出版部、1998 年；新村拓『老いと見取りの社会史』法政大学出版局、1991 年；蔵持重裕『日本中世村落社会史の研究』校倉書房、1994 年。

会的政治、经济、社会结构等与古代律令制和江户时代的幕藩体制有异，
更多的学科参与对中世社会的研究中来。本文通过考察日本中世社会养老
制度、社会救济及互助措施，分析影响养老的因素，从中发掘对当代社会
思考养老问题的借鉴意义。

一　武士阶层的养老

武士集团的特征，是大小武士团都以主从关系为纽带组成。尽管随着
时代的发展，与武士团内部的血缘关系相比，现实的利益关系更受重视，
但主从关系这一根本一直没有改变。臣下世代效忠主君，主君恩给臣下封
地或俸禄，保障他们生活稳定和老有所养。中世的武士阶层从"御家人"
"守护"① 到后来的守护大名、战国大名，都是政治统治的中坚力量。以他
们为代表的武士阶层的养老主要表现在以下方面。

1. 养老从亲权制约向家长承担转变

镰仓时代的武家社会，"家"虽已广泛建立，但其继承原则尚未形成，
父权强大是武士家族关系的特色。武士之家由"总领"统制并代表"一
族""一门"对幕府履行责任。身为"总领"的父亲对诸子行使绝对的权
力。其具体表现为：在继承上可以不按出生顺序，完全按照自己的意愿选
择继承家的总领；如若没有亲生子女，父母可收养子继承。镰仓幕府的基
本法典《御成败式目》（1232）规定：父母将土地领有权转让给女儿后，如
果女儿没有"竭忠孝之节"，父母便可行使收回土地领有权的"反悔（悔
返）权"。② 儿女对父母是否尽孝与继承领地财产是联动关系。另外，子孙
如若对祖父母、父母提起诉讼，要受到严厉处罚（追加法第一百四十三
条）。与公家不同，武家的父母处分子女不受子女年龄大小的限制，就连
断绝与子女的关系等也是如此。这些说明随着武士"家"的成立，亲权的

---

① "御家人"指长期追随源赖朝的家臣和他创业以来表示臣服、与其结成家族式主从关系的
武士。"守护"是镰仓和室町时代的官名，始于 1185 年源赖朝获朝廷许可，任命有实力
的"御家人"在各国负责治安和警备。
② 第十八条只规定承认父母对女儿的"反悔权"，但对儿子的"反悔权"理所当然为其前提。

权威受到重视和维护，在幕府的判例里，与奉公之理相比，孝顺（行孝）之理即亲权优先，[①] 亲权不受幕府和朝廷的干涉。这样，父母倚仗亲权把财产处置权直到死都紧紧握在手上，即便已经年老，其经济地位依然稳定，能按照自己的想法安排晚年生活。同时，武士一家的"总领"有扶养家族成员的义务。南北朝、室町时期是中世武家社会从分割继承向单独继承过渡的时代，随着嫡子单独继承原则的确立，出现了兄弟姐妹接受"总领"扶养的重要变化，竹原小早川家家长重景到盛景七代传承证书的"让状"就反映了这一变迁过程。其传承关系为：重景—重宗—实义—义春—仲义—弘景—盛景，父亲重景将所领土地让给儿子重宗的"让状"中写道："于未来纵重宗虽生数子，守器用之仁可让与一人也。且至子孙以此所领等可让与一人之旨……"这表明从今以后按嫡子单独继承传承，对女子、遗孀等给予"一期分"土地，扶养其终生。以后几代"让状"基本承袭了这些内容。到了盛景这一代，父亲弘景在"让状"中除了将领地让给嫡子盛景外，"于女子共者，相搆可加扶持……"要求嫡子盛景扶养其他男女兄弟姐妹。[②] 除了"让状"外，在武家家训中也有同样的要求。如日本最早的武家家训《极乐寺殿御消息》写道："作为家长要勤于公务，亲睦兄弟……应该扶养一门和亲属……"[③] 从中可以窥见家长有赡养包括老人在内的家族成员的责任义务，也说明养老事宜由一家之主掌管。可推断，武士的"家"在养老中承担了重要的责任。另外，家长承担养老责任的意识逐渐普及。据《今昔物语集》记载，日向国司的书记官在被胁迫销毁国司犯罪证据后遭杀害时说道：孩子（10岁）自然会长大，可赡养多年的年过八旬的老母亲怎么办，想起此事比自己被杀更感到痛苦。[④] 可以看出他作为家长对亲生父母强烈的扶养责任意识，也说明当时父母与儿子同住并接受其扶养的事实。

---

① 飯沼賢司「日本中世の老人の実像」利谷信義等『老いの比較家族史』三省堂、1990年、170頁。
② 後藤みち子「南北朝・室町期の女性の所領相続——単独相続との関係」『日本家族史論集 9 相続と家産』吉川弘文館、2003年、28—29頁。
③ 須知正和『日本の家訓：旧家はなぜ強いか』日本文芸社、1972年、64頁。
④ 『今昔物語集』二十九（第二十六）「日向守殺書生語」。

2. 隐居制度为武士的晚年生活提供了保障

中世武家社会受公家社会盛行的"致仕"退隐制度影响，出现了家长在世时把家长的地位、财产让渡给继承人的隐居行为。镰仓幕府在仁治二年（1241）颁布的《御成败式目追加》中规定："或及老耆，或依病患，以所领所职让与子孙，给身暇令遁世者，普通之法也。"① 遁世，就是隐居。这说明，至少在镰仓中期，武家社会因病或年老将家长权及领地让渡给继承人的做法渐成惯例。至室町时代，武家社会的隐居进一步扩大，如应永九年（1402）武将今川了俊（1325—1402）著《难太平记》中所载："我等尊上意，让故殿隐居，故而为继嗣也。"② 今川了俊本人也在"应永之乱"③ 时因被疑与反乱的武士集团有勾结，被将军足利义满流放，实际上是被强制隐居。在大名领国形成后，随着主从关系重组而直接追求"家"的现实利益，当家长衰老或患病，致其能力衰退时，为了履行对主君的军事以及其他义务，就不可避免地把家督的地位转给精力充沛、年富力强的年青一代。

武士的经济来源除了主君的恩给"知行"领地，还有祖先开发世代相传的土地（"本领"）。按规定，本领的处置不受主君的严格限制，所以即使因故恩给被没收，他们仍然有维持生活的经济基础。与贵族官人致仕隐居后给予生活费用（"隐居料""隐居分"）的做法相比，武士的"隐居分"在数量上似无定制。成书于室町时代后期的《世镜抄》中记载"隐居分"的份额为全部财产的十分之一。家训《长宗我部元亲百条》中规定，父亲的"隐居料"为十分之一，母亲的为二十分之一，如果父母在一起生活的话，可按父亲的比例执行，也可由父子商定。④ 在父子都满意的情况下不拘泥于比例的大小，如战国后期武将吉川广家家法《吉川广家法度》中规定，"隐居分"的数额由父子协商而定。⑤ 据此可知，中世后期随着武士阶层隐居制的扩大，给予隐居者维持养老生活费用的做法已成惯例。通

---

① 石井進等『日本思想史大系 21　中世社会政治思想』岩波書店、1978 年、48 頁。

② 竹田旦『民俗慣行としての隠居の研究』未来社、1964 年、12 頁。

③ 1399 年（应永六年），守护大名大内义弘对将军足利义满在堺举兵反乱，大内兵败战死。

④ 李卓、周志国：《隐居制度论》，《东北亚论坛》2006 年第 5 期。

⑤ 福尾猛市郎『日本家族制度史概説』吉川弘文館、1972 年、143 頁。

常武士隐居时，其家长权和财产的处理权随之丧失，法律承认的"反悔权"被否定，这虽然容易认为父母即老人的地位降低了，但父母直到离世"隐居料"一直掌握在自己手中，保障了老年人晚年生活的经济基础。

这样，镰仓、室町时代的武士阶层，受严格的主从关系的约束，逐渐建立隐居退休制度，其养老、死后的祭祀以及家族成员的生活，通过不断强化的主从制得到了保障。

二 庶民阶层的养老

中世社会，庶民的"家"还处在逐渐形成的过渡阶段。有关中世前期庶民阶层"家"的资料匮乏，但这一时期庄园制社会农民的上层，如担任村长职务的"名主"阶层出现了名为"家"的团体。[1] 自 13 世纪的后半期起，在由农民自治的村落共同体"总村"中，负责运行的核心集会组织是以"家"的代表组成的"座"等，参与包括生产劳动、继承人的选定等多方面事务，成为中世后期农民的"家"出现并发展的基础。15 世纪后，受货币经济和农业技术进步、生产力提高的影响，作为经营体的农民的"家"逐渐形成。[2] 在此过程中，赡养老人的责任逐渐转向由一家之长承担。庶民的日常生活在亲属和村落共同体的保障下维持。与武士的养老逐渐制度化相比，庶民阶层的养老有着不同的状况。

1. 继承权与赡养义务紧密联系在一起

庶民中的有产阶层，握着财产权的一家之主，通过至死控制财产权的方式获得养老保障。这从转让证书中财产转让与对转让人尽孝养老等价交换的内容可窥见一斑。在老年人将财产转让时写的"让状"中，经常有如"某某对我孝顺故将财产转让给他"的文字，如两个外甥孝顺养老，故把财产转让给他们；[3] 侄子对姊子尽孝养老，和堂兄弟们一起分得财产；[4] 外

---

① 藏持重裕『日本中世社会史の研究』校倉書房、1996 年、192 頁。

② 黑川正宏「中世今堀郷の農民構造と延暦寺」『史林』43（5）、1960 年。

③ 『鎌倉遺文』11511 号、文永十年（1273）十二月二十九日賀茂国安山讓状案。

④ 『鎌倉遺文』938 号、建久八年（1197）十月九日福井仲子等連署配分状。

甥和养子尽孝扶养，所以将财产转让给他们。① 另外，庶民阶层子女祭奠
逝去的父母建造坟墓，也与从父母那里继承了财产等权利有关，如有按父
母的遗嘱指定方式办葬礼的事例。② 从尽孝者和被赡养者的关系看，血缘
和非血缘关系二者兼有。元应元年（1319）长门国日置庄八幡宫大宫司源
重房，与不服父母管教、诸事不成功的独生子十郎断绝父子关系，将大宫
司一职让给了对自己孝敬奉养的养子友恒，是比起有血缘关系的独生子，
更希望由有能力的养子继承的事例。③ 可见，在重视忠孝的前提下，对传
承家业能力的要求超越了血缘。此外，当时社会有实际赡养者和财产继承
者不是同一个人的情况，但承担赡养老人义务者会获得一定形式的财产转
让是习俗，④ 如师徒之间，⑤ 还有女佣人为主人养老得到财产的事例。⑥ 在
中世后期，庶民阶层的"家"逐渐形成，家长承担扶养家族成员和老人的
责任，对父母的护理被认为是行孝。丈夫死后通常妻子改嫁再婚，没有照
顾丈夫父母到死的习惯。⑦ "家"作为扶养场所的重要性不断提高。继承、
扶养和看护为一体，不扶养、不看护父母就不被承认继承资格。而看护老
人被认为是主妇的责任始于近代。⑧

　　当然，在动荡不安的中世社会，庶民的"家"在养老上有经济和看护
方面的困难。受佛教思想影响，当时普遍信仰死亡是污秽，贫困之家的人
或者没有亲属的下人等身患重病，就要被放置在家外面的马路边等地死
去。《今昔物语集》中记载，病入膏肓的老年女子，被遗弃在"鸟部野"

---

① 『鎌倉遺文』補遺 1144 号、天福二年（1234）二月十八日大中臣四子田地処分状。
② 水藤真『中世の葬送・墓制——石塔を造立すること』吉川弘文館、1991 年、110 頁。
③ 高橋秀樹『日本中世の家と親族』吉川弘文館、1996 年、245—246 頁。
④ 久留島典子「日本中世の村と扶養・相続」片倉比佐子『日本家族史論集 10　教育と扶
　養』吉川弘文館、2003 年、290 頁。
⑤ 片岡耕平『日本中世の穢と秩序意識』吉川弘文館、2014 年、212 頁。
⑥ 辻垣晃一「孝養から見た鎌倉時代の家族——「家」・惣領制・親族の結合様式を考え
　る」笠谷和比古『公家と武家Ⅳ——官僚制と封建制の比較文明史的考察』思文閣出版、
　2008 年、123 頁。
⑦ 西村汎子「日本中世の老人観と老人の扶養——女性を中心として」『白梅学園短期大学
　紀要』第 36 号、2000 年。
⑧ 江新兴：《析日本近代的社会养老保障制度》，《日本问题研究》2019 年第 3 期。

（送葬之地）。① 这种被称作"野弃"、"速悬"（将病重将死之人送到野外）的葬法，与庶民阶层接受儒学倡导用服丧被除污秽，但又要参加经济生产以维持生计的两难有关。② 但富裕人家会给病人建单独的房屋，由侍女或下人等悉心护理。寺院也会把临近死亡的僧人转移到病房里，配备僧人护理身边诸事。③

2. 村落共同体发挥的养老作用

中世前期，知识和经验丰富的老人被称作"古老"，在村落共同体中受到尊敬并形成了敬老习惯，故有的村落让老年人成为村民的领导。自镰仓时代庄园领主的番头制④，及至室町特别是战国时代，成为村民自主运营村落共同体"惣村"⑤ 代表的名字如"古老""沙太人"等，都被认为是村落敬老习惯传承的表现。⑥ 学者指出，在这些村落中存在"家"以外的赡养方式，即村落共同体对老年人的晚年生活给予一定保障。⑦ 例如，江户初期的村落相关史料记载，隐居后老年人的晚年生活，除了有"隐居分"支撑，村落还对隐居者减免或免除承担村内各种劳役等公共义务。⑧ 从村落发展史连续性的角度看，这些史料对于理解中世村落的养老情况是重要的参考。另据其他史料，除了对老年隐居者，对居住在村落的鳏寡者以及被称为"堂圣""钵开"的下层宗教人员也免除村落的劳役等公共义务，如老年人可以不参加"一揆"等。⑨ 当然，这背后有南北朝时代以后农业生产技术的发展和商品作物增加、农业生产力显著提高、村落经济实

---

① 《今昔物语集》，金伟等译，万卷出版公司，2006，第 1485 页。

② 井原今朝男「中世における触穢と精進法をめぐる天皇と民衆知」『国立歴史民俗博物館研究報告』第 157 集、2010 年。

③ 新村拓『老いと看取りの社会史』法政大学出版局、1991 年、96—98 頁；西村汎子「日本中世の老人観と老人の扶養——女性を中心として」『白梅学園短期大学紀要』第 36 号、2000 年。

④ 镰仓幕府和庄园领主为征收赋役设立的组织，由所属成员轮班担任"番头"。

⑤ 室町时代在农村出现的自治性、根据地缘结合的共同组织，也称"惣中"。

⑥ 清水三男『日本中世の村落』日本評論社、1942 年、181 頁。

⑦ 奥山恭子など『扶養と相続』早稲田大学出版部、1998 年、40—43 頁。

⑧ 飯沼賢司「日本中世の老人の実像」利谷信義等『老いの比較家族史』三省堂、1990 年、175 頁。

⑨ 『大乗院寺社雑事記』、文明 17 年 12 月 11 日条。

力增强的基础。事实上，无依无靠的老年人被村落允许居住，也是有此背景的"总村"对鳏寡老人等弱势群体加以保护的功能发挥的体现。

　　另外，村民间的相互扶持对老年人的晚年生活也有重要意义。除了中世社会普遍允许老弱者捡拾收割后田地里的落穗等的惯例，在发生饥荒和灾害时，村、町等地区共同体实施救助，富裕阶层和有实力的"家"施以救济等，支援了鳏寡老人的晚年生活。① 此外，随着宗教团体的增加和货币经济的发展，在庶民阶层创建了新的救济社会弱者的机制，即与佛教传教活动相关的"讲"，并通过筹集金钱谷物等来救济贫困者。在室町时代，出现了经济上相互扶持的庶民金融团体"赖母子讲"，② 救济受灾的地区和个人，或者因病、受伤不能正常参加生产劳动的人或生活困穷者。③ 除此外，中世的领主和村落，保护构成村落的每一个"家"，来维持年贡收取制度，其客观上也支持了养老。

　　3. 来自统治者和宗教方面的救济措施

　　在奈良和平安时代前期，天皇的诏敕等政治文献和律令等法律文书中经常出现的以高龄老年人为对象或仅限于高龄者的养老政策措施，在镰仓及以后的相关文献中极少出现，④ 而向实际遭受灾害、饥饿病弱群体实施的临时性赈恤成为主要形式。在日本由古代律令社会向镰仓庄园社会过渡的一个世纪，对老人等社会弱者的救济涉及的范围较窄，没有制度化的措施。如《吾妻镜》记载，建仁元年（1201），镰仓幕府执权北条泰时（1183—1242）将借给伊豆饥民的米券烧毁，且赐给斗米酒食。⑤ 宽喜三年（1231），因伊豆和骏河两国民众难以缴纳赋税，幕府特许免除他们的"出举米"⑥ 债务。

---

① 久留島典子「日本中世の村と扶養・相続」片倉比佐子『日本家族史論集 10　教育と扶養』、306 頁。
② 倉持重裕「中世初期の村のこと」『史苑』75（1）、2015 年。
③ 田中輝好「近世以前における障碍者と高齢者福祉に関する政策の考察（事例を中心として）」『武蔵野短期大学研究紀要』第 14 期、2000 年。
④ 江新兴：《日本古代社会的养老政策探析》，《内蒙古师范大学学报》（哲学社会科学版）2022 年第 1 期。
⑤ 『吾妻鏡』十六、正治三年十月六日癸未条。
⑥ "出举"为古代借贷的一种，分公私两类。公出举指春天国司借出官稻，秋天收贷时加五成或者三成的利息返还，目的为劝农、救贫。

《看闻日记》记载，应永二十八年（1421）诸国饥荒，疫病流行，将军足利义持（1386—1428）命大名在五条河滩立屋赈济，天龙和相国两寺院也向饥病者施舍。① 正长三年（1430），京畿地区发生饥馑，饿死者无数，足利义教（1394—1441）下令惩处不法粮商，平抑了粮价，救济了饥民。② 《原本信长记》记载，天正三年（1575），织田信长（1534—1582）怜悯美浓山中的贱民而救之。③ 与此同时，这一时期日本佛教处于繁盛期，文献中有很多僧侣救济贫疾者的记载，如《一遍上人年谱略》记载一遍游走诸国，救济病者、乞丐等。④ 另外，对于作为救济方式之一的施舍沐浴的记载很有特色，如《本能寺文书》记载，永享十年（1438），将军足利义教在京都本能寺一角建"非人"浴池。⑤

从平安时代开始，朝廷的权威随着中央集权制的衰落而逐渐下降，在武士掌控实权的中世社会情况更甚。镰仓幕府 148 年历经 14 位天皇，是日本皇室史上天皇更迭最频繁的时期。战国时代，天下大乱，朝廷更是无人关心。⑥ 朝廷的政治权威和经济实力日渐衰微，已经失去了对百姓赐物赈济的经济和政治能力。天皇只能通过向神佛祈祷、举行祭祀的"御祈"的方式应对灾异。如《宸翰集》记载，大永五年（1525）疮病流行，天皇宸笔抄写般若心经，供于仁和寺和延历寺，祈祷息止。⑦

像这样，文献中颇多对特定人群的临时性救济的记载，自然包括老年人和鳏寡孤独者等。没有专门以高龄老年人为对象或者仅限于老年人的养老政策措施，或许因这些被救济的群体多为没有亲属照顾的人，抑或说明老年人的赡养责任逐渐由"家"来承担了。⑧ 总之，这些来自统治者和宗

---

① 『看聞日記』六、称光天皇応永二十八年二月十八日辛亥。
② 〔日〕渡边世祐：《早稻田大学日本史　第七卷　室町时代》，米彦军译，华文出版社，2020，第 111 页。
③ 『原本信長記』、天正三年乙亥五月二十五日条。
④ 『一遍上人年譜略』、建治二年丙子条、正応二年（1289）八月二十三日戊午条。
⑤ 『本能寺文書』、後花園天皇長享十年十一月二日癸未。
⑥ 李卓：《天皇退位的历史与现实》，《日本学刊》2019 年第 2 期。
⑦ 『宸翰集』、宸翰心经御発愿文案大永五年（1525）十一月条。
⑧ 久留島典子「日本中世の村と扶養・相続」片倉比佐子『日本家族史論集 10　教育と扶養』、290 頁。

教方面的措施，尽管属于临时性、救济性质的，但发挥了一定的社会保障作用。

三 影响养老的主要因素

通过上述分析可知，中世社会日本人的晚年生活因身份和经济状况差异较大。与武士阶层养老逐渐制度化相比，庶民阶层养老主要依靠血缘、地缘共同体。中世社会的公共养老制度缺位，相关的政策措施乏善可陈。这背后许多因素的影响不容忽视。

1. 社会因素：由分割继承转为家督继承

南北朝、室町时代是武家社会从分割继承向单独继承转变的时期。镰仓幕府时期，"族"是幕府统治的基本单位，武家社会家族的"一族""一门"实行"总领"制，总领负责完成对幕府的奉公义务。按照当时的惯例，由嫡子继承"家督"（即家长的地位、家业等），而在财产方面则实行诸子分割的原则。这种继承方式的直接后果是领地分割造成一族力量的分散，总领因经济基础保障不足而对一族的统制权减弱。另外，幕府也从现实需要出发，在一定程度上承认庶子的权益，削弱了总领的家族统制权。如为巩固统治集团内部的主从关系，幕府法通过对子女领地的"反悔权"，有条件地承认庶子和女儿的权益。在两次抗元战争中，幕府征收庶子兵源，对庶子行赏或承认其独立等。① 这样，因财产的继承原则尚未建立，幕府的法律也强调亲权至上，幕府没有制定约定养老义务的法律和有针对性的政策措施。

进入南北朝、室町幕府时代以后，武家社会围绕继承问题的纷争，上自将军家下到地方武士代代从未间断。② 作为防止族内对立的手段，武家社会改变过去诸子分割继承家产的做法，改由家督继承人单独继承全部财产并承担扶养其他家人的义务。这一家族制度上的重大变革，在应仁、文明之乱以后，也体现在根据当时统治领国的现实需要制定的大名家法中。

---

① 李卓：《日本社会史论》，江苏人民出版社，2019，第 59 页。
② 李卓：《日本社会史论》，第 59 页。

如陆奥大名伊达氏的家法《尘芥集》规定："嫡子无不孝等事由而父祖将所领让予庶子或养子之时，主君将命其取消这一决定。"[①] 不限于财产继承，家督继承的内容都需要获得主君的认可方有效。[②] 如主君认可养子成为一家的继承人后，即便之后亲生儿子出生，父母也不能随意更换继承人。可见，惯例随主从关系也发生了变化，亲权受幕府权力与家长权的制约和限制。这也是中世后期和前期明显不同的特征。集家长权、家业和家产于一身的家督继承制由此得以确立。

关于中世庶民阶层继承情况的资料匮乏，学界认为，镰仓时代庶民阶层的亲权同样强大，扶养、孝养老人是继承财产的前提条件。当时，除了亲生的父母与子女关系外，还广泛存在通过孝养而建立的模拟亲子关系，这意味着现实中存在以亲子伦理关系为背景的相互扶助的情况，也有与血缘相比更重视实际孝养行为实施继承的情况。[③] 但无论武士还是庶民，家业和财产都是继承"家"的主要内容。随着武家社会的"家"原理逐渐向庶民阶层渗透，15 世纪后，经营体性格的农民的"家"逐渐形成和再生产，为村落共同体的形成和租税收取体系的建立奠定了基础。[④]

从分割继承到单独继承的变化，意味着养老责任由分担向一元化的变化。"家"成了养老的主要场所，家长是包括父母在内的家族成员养老的责任人。

2. 思想因素：儒学、佛教的传播

从中国传入日本的儒学至镰仓时代已停滞不前而了无生气，由禅僧传入、研习的朱子学（宋学）取而代之。自镰仓时代中期，日本五山的禅僧兼习禅与宋学，将宋学视为教养和弘扬禅宗的"助道之一"。[⑤] 到了应仁、

---

① 『日本思想大系 21　中世政治社会思想　上』岩波書店、1972 年、231 頁。
② 「結城氏新法度」、弘治 2 年（1556）下総国結城城主の結城政勝の名により制定された家法、106 条からなる。
③ 辻垣晃一「孝養から見た鎌倉時代の家族──「家」・惣領制・親族の結合様式を考える」笠谷和比古『公家と武家IV──官僚制と封建制の比較文明史的考察』思文閣、2008 年、124 頁。
④ 峰岸純夫「中世社会の「家」と女性」坂田聡『日本家族史論集 4　家族と社会』吉川弘文館、2002 年、182─183 頁。
⑤ 王家骅：《儒家思想与日本文化》，浙江人民出版社，1996，第 59 页。

文明之乱以后的战国时代，由于地方大名巩固政治统治的需要和博士、禅僧流向地方，朱子学传播到各地，① 但范围限定在武士阶层，并没有渗透到普通庶民社会。

较之预示来世的旧佛教和提倡信佛即可得救的禅学，儒学尤其是朱子学提供了巩固统治集团内部的主从关系、构建理想的统制秩序、明确武士成为天下统治者的行为规范。《御成败式目》的制定者北条泰时指出立此法的根本宗旨："是为使臣对君尽忠，子对父尽孝，妻对夫要顺从。"② 另外，统治者积极吸收儒家善政、安民的德治思想。1253 年执权北条时赖（1227—1263）颁布了《抚民令》规定："应专施抚民政策，宜止无道之行为。"因存在武士过分榨取农民的现象，宝治元年（1247）颁布了救济农民的法规："责取过分之贡赋，令士民百姓难以安生……予以裁定。"③ 幕府和各地大名推行的儒学治世理念，体现了武士阶层有了身为国家统治者的自觉和治理国家的政治意识，这对武士阶层内部养老观念和实践产生了一定的影响。

同时，儒学的家族道德观也成为日渐理论化的武士道德规范的重要内容。幕府法及受幕府法影响的大名的家法中，吸收了儒家思想强调忠孝的内容，这在一定程度上对武家社会的养老意识和实践起了教化作用。室町时代，武家社会家族内部继承秩序混乱导致的政争往往成为社会动乱的根源，故武士仿效贵族社会制定家法（家训），来强化家意识和统合家族。在这些家法中，有的提倡孝顺父母，如北条重时在其制定的另一份家训《六波罗御殿家训》中，告诫家人"为父所言，无论如何偏曲，亦断不可相违。若不从父言，则不可望承其领地"，④ 与幕府法中规定的对父母行孝是继承财产前提的内容一致。战国大名长宗我部元亲（1538—1599）制定的家训《长宗我部元亲百条》中，有"武士应以君臣节，父母孝行为至上

---

① 王家骅：《儒家思想与日本文化》，第 75—76 页。
② 「北条泰时消息」大久保利谦等『資料による日本の歩み中世篇』吉川弘文館、1958 年、131 頁。
③ 『吾妻鏡』宝治元年十一月二十七日。
④ 李卓主编《日本家训研究》，天津人民出版社，2006，第 153 页。

事"，① 明确应遵循儒家道德理念的条目。加藤清正（1562—1611）对下属
武士的训诫《掟书》中有"励忠孝之心"。② 武田信玄（1521—1573）在
《武田信玄家法》中强调"对父母不可不孝"。③ 1573 年（元龟四年），织
田信长通过京都所司代向京都市民发布五条命令，其第五条便是"尤应重
视热心儒道之学而欲正国家者，或忠孝仁义者"。④ 有的家法强调尊重老年
人，如《六波罗御殿家训》中训导家人要认识到老年父母在外表容貌、精
神、动作、记忆等方面与普通人不同的特征，对他们要"竭尽孝养……自
己能做到的，任何事情都要听从"，⑤ 强调不应因父母年老、身体的各种机
能衰退就轻视他们。《北条早云二十一条》写道，和德高望重的老年人在
一起时，各武士皆须恭敬礼貌行事。⑥ "父母即使愚笨，听从其教导也不违
背天道。……模仿贤人莫如模仿愚笨拙劣之父母。"⑦ 像这样，大名通过家
法既强化了地方领主对"家"的支配权，也对武士阶层形成养老理念和指
导养老实践起到了教化作用。中世社会对庶民阶层的教化，没有像公家、
武家社会有较多的家训等记录，主要通过故事（说话）的形式施加影响。
除了广泛流传的《今昔物语集》等外，如《十训抄》（1252 年成书）里不
但有推介中国孝子传内容的"伯愈泣杖""董永卖身""郭巨卖子"的故
事，还有日本本土孝子故事，如"养老之泷""父责打子"等。⑧ 通过孝
子故事，在庶民阶层倡导孝顺父母的伦理道德，对庶民阶层敬老、养老起
了积极的作用，但其真正的目的在于通过将儒家家族伦理运用到政治上，
巩固武家和领国的统治秩序。另外，室町时代后期，大名领国成立，武士
完全掌握了对民众的统治权，对领民的公共福祉不得不加以考量。如在武
田信繁家训中规定对百姓不可课以规定外的事，《长曾我部亲个条》训令

---

① 足利衍述『鎌倉室町時代之儒教』有明書房、1970 年、784 頁。
② 宇田尚『日本文化に及ぼせる儒教の影響』東洋思想研究所、1935 年、831 頁。
③ 宇田尚『日本文化に及ぼせる儒教の影響』、816 頁。
④ 津田左右吉『文学に現れるわが国民思想の研究』第 4 冊、岩波書店、1977 年、251 頁。
⑤ 桑田忠親『武士の家訓』講談社、2003 年、27—28 頁。
⑥ 第一勧銀経営センター『家訓』株式会社中経出版、1981 年、64 頁。
⑦ 藤直幹『日本の武士道』創元社、1956 年、65 頁。
⑧ 翟会宁：《日本中世武家教训书中的儒家"忠"观念》，《东北亚外语研究》2020 年第
　3 期。

对国中百姓珍爱保护等。但这些对百姓的保护措施所追求的终极目标，并不是百姓的福祉，也只是让各自的"家"繁荣的手段而已。①

对镰仓、室町时代的养老思想产生重要影响的还有佛教。佛教到了中世，从以贵族为核心的信仰扩大到庶民百姓阶层，加之，镰仓新佛教出现，使与之对立的旧佛教受到刺激而活跃。② 一方面佛教倡导"专修""易行""恶人救济""女人救济"等，③ 通过世俗化的路径广泛布教，支配了上自贵族、领主和武士，下至百姓老幼男女的精神世界；另一方面，佛教在中世作为强化幕府统治、教化民众的手段被幕府接受。④ 在幕府和各地守护大名的保护下，京都、镰仓五山及其他大寺院拥有众多的信徒和广大的寺领土地，甚至有实力强大的武装。社寺拥有雄厚的政治、经济实力，是信仰的中心，还与艺术、学问、教育有深厚的渊源。这对中世社会人们的精神世界产生了重要影响。

中世佛教主要宗派强调武家追求君主绝对权威政治目标的正当性。如净土真宗的中兴之祖莲如劝告"王法为本"⑤ 和对领主的服从，将佛教的精神绝对主义适用于政治，维护封建领主的权威。佛教宣扬的"大慈悲心，自利利他"的思想，倡导教化、普度众生。如真言律宗的叡尊和忍性开展社会福利活动、室町时代佛教诸山僧侣们大力赈恤贫困大众等，对统治者和普通民众在发生灾异时采取的救济措施，以及村民互相扶助产生了重要的影响。因此中世武家的法制、家训都把神佛信仰放在重要位置。镰仓幕府的基本法典《贞永式目》第一条规定"修缮神社，专心致志祭祀"，第二条规定"修建寺塔，勤行佛事"。另外像《北条重时家训》《早云寺殿二十一条》《长曾我部元亲百条》等中世著名武将的家法中也都强调祭

① 家永三郎『日本道德思想史』岩波書店、2007 年、110—112 頁。
② 山本博也「北条重時家訓と仏教」『昭和女子大学文化史研究』（11）、2007 年。
③ 〔日〕苅部直等：《日本思想史入门》，郭连友等译，外语教学与研究出版社，2013，第 60 页。
④ 摒弃了深奥的戒律和繁杂的修行方法，主张通俗简易的传教和信教方法，无论是法然的"专修念佛"、亲鸾的"正信念佛"、道元的"只管打坐"，还是日莲的"唱题成佛"，都是"易行"的方法。
⑤ 「御文三貼目」（十三）、『真宗全書』。引自内田繁隆『日本政治思想研究』南郊社、1941 年、33 頁。

祀神佛的重要性。北条时赖实行的"抚民政策",将抚民思想作为神佛的告谕向武士们传播。这样,中世武家通过法律推动了佛法"正法弘通",使佛教在武士阶层和庶民中影响日甚。

在道德观念层面,佛教的"报父母养育之恩"以及因果报应的思想成为庶民养老的思想基础。抛弃老年父母会受到可怕惩罚的佛教教诲,通过《今昔物语集》等佛教故事广泛流传民间。甚至在一般观念中对父母的孝心,也被解释为佛陀力量的显现。《沙石集》(1283)记载,儿童为了赡养失明的老母偷拿寺院祭品被发现后,寺院认为虽然儿童的行为不当,但如果其确有孝养之心,祭品也是三宝的恩惠。[1] 普通民众对佛教的信仰也体现在实际行动上,如《吾妻镜》记载"剩赐饭酒并人别一斗米……皆合手愿御子孙繁荣云云",[2]可见佛教传播之广泛和影响之深刻。

应该明确,儒学与佛教从古代律令国家时代就携手服务于统治阶级,到了中世时期情况依然如此。镰仓时代,与古代日本同样,虽然佛教在精神上维持着优势地位,但儒学在伦理道德上不只对贵族阶层,对镰仓武士维持和强化"御家人"体制也发挥了重要作用。佛教建立的信仰传播渠道将统治阶级重视的儒学道德渗透到庶民阶层,为统治阶级提供了统制庶民百姓的思想工具。[3]

四 结语

日本中世武家社会,既有受贵族公卿传统影响的一面,又有武士发挥自身优势全力创新的一面。就养老而言,在未来的一切都不可预测并充满变数的时代,普通庶民的生活已经举步维艰,需要被扶养照顾的老年人的境遇可想而知。但随着日本固有的权威原理在政治生活中重组,一个长期稳定的近世社会即将从中诞生。另一方面,从 11 世纪至 15、16 世纪,在

---

① 『沙石集』六下、盲目之母養事条。

② 『吾妻鏡』十六、正治三年十月六日癸未条。

③ 戸頃重基「中世思想における 宗教と 道徳——特に 専修念仏の 世俗道徳への 傾斜について」『金沢大学法文学部論集 哲学史学編』第 11 号、1964 年。

贵族、武家、普通百姓阶层，以家业永远存续为目的的父权制的"家"，作为社会的基本单位逐次建立，"家"成为承担养老的主要场所，延续至今的以家庭为主体的养老模式开始形成。纵观历史，养老问题无论在中世还是现代，都不是能简单解决的问题，需要长期持续的努力。

（江新兴，北京第二外国语学院日语学院教授）

《愚管抄》的武士观

——日本中世前期公武关系新探

殷晨曦

内容摘要 在日本近现代历史学中，研究者认为中世的公武关系是一难以定位的存在。这一时期包含了天皇、上皇、摄关家以及新崛起的武家各种形象。武家、公家如何看待与对方的关系也是中世国家论的焦点。研究史上，学者们认为黑田俊雄所提的中世权门理论是基于摄关家出身的慈圆的史论书《愚管抄》。其中，公家与武家的关系成为主要论点之一。慈圆在平氏、源氏的崛起中开始对武士这一群体的存在抱有危机意识。《愚管抄》否定武者之世，同时又认可武士的存在。若能理清慈圆的"武士观"，对于其所主张的"公武协调""宝剑·武士替代论"等一系列问题研究或许会有新的突破点。

关键词 《愚管抄》 慈圆 武士观 公武关系

《愚管抄》成书于承久元年（1219）或二年。[①] 作者慈圆为关白藤原忠通之子，九条兼实同母弟。幼年入青莲院，仁安二年（1167）受戒，师承天台座主明云。四次就任天台宗座主，谥号慈镇和尚。《愚管抄》对神武天皇至慈圆同时代的历史做了通史性论述。在诸多先行研究中，我们经

---

① 《愚管抄》的著者与成书时间在三浦周行先生进行考证前，长期不明。而后，学界统一采取三浦先生的定论。

常看到《愚管抄》主张 "公武协作" "文武兼行" 的说法。① 但关于慈圆 "武士观" 的细致研究并不多见，有的只是一笔带过，或冠以慈圆 "亲幕派" 身份，以致读者认为 "公家" 与 "武家" 相互合作、共同辅佐君王是慈圆对武士的基本态度。

2019 年，阿部美香基于东京大学史料编纂所的史料图像阅览系统，翻刻了青莲院本《本尊释问答》全文，并对该书的特征进行了考察。青莲院本《本尊释问答》收录在《青莲院门迹吉水藏圣教目录》② 里，是迄今为止未被介绍过的慈圆著作。③ 此书写于承久二年（1220），以问答形式解释了何为佛眼曼荼罗、十一尊本尊·行法等问题。问答主要为后半部分，前半部分为《道理》和《本尊释》二卷。学界认为《道理》一卷是《愚管抄》第七卷的前身。此文献与《愚管抄》所展现出来的思想有着密切关系。长崎浩在『乱世の政治論「愚管抄」を読む』中认为，《愚管抄》中找不到对平清盛以及众武士的评价，慈圆关于战争的笔调只是详细记述，没有对武者及战争做任何评价。武士没有受到称赞，也没有被讨厌，并不清楚其原因何在。④ 首先，笔者并不认为《愚管抄》没有对武士进行明确的评述，对长崎浩的观点暂且存疑。其次，慈圆对武士的评价除《愚管抄》外，在《本尊释问答》中也可见一斑。《愚管抄》和《本尊释问答》成书时间相近，慈圆秉要执本，将不同重点放于二书中，形成互补关系。《本尊释问答》恰好可以对研究者遗留下来的疑问进行解答，也将会成为透视《愚管抄》思想的重要线索。

战后，日本史研究在范围的广度和内容的丰富性两方面都取得了显著进展，中世史领域也不例外。但同时也不能否认中世史研究进展中所遗留

---

① 亦有 "公武协调" "公武合作" 之说法。如多贺宗隼『慈円の研究』吉川弘文館、1980 年；尾崎勇『「愚管抄」とその前後』和泉書院、1993 年；大隅和雄『「愚管抄」を読む——中世日本の歴史観』講談社学術文庫、1996 年。

② 吉水藏聖教調查団編『青蓮院門跡吉水藏聖教目録』汲古書院、1999 年。

③ 元亨二年（1322）由慈严以 "和尚（慈圆）亲笔本" 抄写。《本尊释问答》序："件道理本尊释等二卷，抄写一帖加置之，可宜欤，承久二年正月六日，于无动寺大乘院书之了，金刚佛子慈圆。" 跋："元亨二年七月廿日，以和尚御亲笔本跪书写之讫，清净金刚慈严记之。"

④ 長崎浩『乱世の政治論「愚管抄」を読む』平凡社、2016 年、112、116—117 頁。

下来的一些问题，其中之一就是对中世时期公武关系的考察。

对于日本"公武关系"的研究，国内学者已有所涉及，但仍然存在许多未解之谜和需要进一步探索的问题。吴廷璆主编《日本史》① 、王金林《简明日本古代史》② 与《日本中世史》③ 是国内具有代表性的日本古代史著作。吴廷璆《日本史》是较早介绍日本历史比较全面的一本著作。编者从古代到当代，从经济、政治、社会、文化的所有层面综合把握日本史，并着力体现中国学者的立场和观点。

对于"公武两重政权"的探讨，吴廷璆认为公武两重政权的政治体制是适应从平安末期到镰仓初期特殊的阶级斗争形势而产生的。作为两个相对独立的政权，幕府同朝廷是对立的，但在共同维护封建秩序的前提下两者又是互相依赖的，因为朝廷需要幕府的武力，幕府需要皇室和朝廷的精神权威。这种观点对后人研究公武关系具有一定启发。王金林《简明日本古代史》《日本中世史》两本著作把复杂的历史简明化，将深刻的思想平易化。《简明日本古代史》采用按政治中心地划分历史阶段的分期法，从远古到近代，共分十一章。其中，著者从"藤原氏外戚专权""院政出现""武士兴起"几个专题，用丰实、典型的史料，对当时日本政治、军事、朝幕关系做了详细叙述。《日本中世史》中"院政与武士的兴起""镰仓幕府的创建"两章，一方面以 11 世纪后半叶形成的院政政治为主线，叙述院政存在的社会基础以及政治政策；另一方面，阐释了武士阶层崛起、源赖朝建立镰仓幕府的过程。这两本著作为研究者和读者提供了宝贵的参考资料，使我们更好地理解日本公武关系的发展和变革。瞿亮、代明月在《〈日本外史〉公武关系论考——日本近世后期尊皇论的一个侧面》④ 一文中，从赖山阳《日本外史》入手，探究了各个时期公家与武家之间的特殊关系，分析武家各执政时代致使公武变化的要素。但其笔墨着重于日本近世中后期，对中世的公武关系论述较少。

---

① 吴廷璆主编《日本史》，南开大学出版社，1994。

② 王金林：《简明日本古代史》，天津社会科学院出版社，2019。

③ 王金林：《日本中世史》，昆仑出版社，2013。

④ 瞿亮、代明月：《〈日本外史〉公武关系论考——日本近世后期尊皇论的一个侧面》，《日本研究》2019 年第 2 期。

日本方面，上横手雅敬编纂的『中世公武権力の構造と展開』① 一书中，以论文集的形式汇集了平安至战国时代政治史研究的一系列成果，以"平安京与公家・权门""镰仓・室町时期的武家权力""中世社会的诸相"为主题，从各种各样的视角进行了研究。但书中所载论文仅有 13 篇，且横跨多个时期，相互之间的关系并不紧密，也没有提出关于公武关系的新见解。川合康『源平内乱と公武政権』② 以"后白河院政""治承、寿永内乱""镰仓幕府权力的形成""赖朝的政治""承久之乱"等为主题，从后白河院政时期到北条氏执权政治的展开，从朝廷、武家两者的视角描绘了公武的合作与对立，将武家的自立置于变革的时代，呈现出新的历史面貌，对于研究者来说是一部不可或缺的著作。生驹孝臣『中世の畿内武士団と公武政権』③ 汇集了中世畿内武士研究的成果，主要探讨了畿内武士的成立与发展，其侧重点为武士，关于朝廷与武士间的关系论述篇幅较小。长村祥知『中世公武関係と承久の乱』④ 认为承久之乱是公武分立体制确立的一个节点，该书着重分析了中世后期武士的动向、特质，及其与后鸟羽院的关系。永村真所编『中世の門跡と公武権力』⑤ 从法流、领地支配等观点出发，着眼于寺院和天台宗、真言宗等门迹的发展，深入探究了与朝廷、幕府联系紧密的门迹寺院各自的特质。野口实、长村祥知、坂口太郎合著『公武政権の競合と協調』⑥ 是一本研究公武政权的最新著作，描写了从承久之乱前夜开始，经过两统迭立，到南北朝时代的京都历史，但关于承久之乱以前的公武关系状况并没有列入讨论范围。

综上可知，相关先行研究从政治史、思想史、史料论等视角出发，发掘重要史料，从不同角度阐释了公武关系。国内先行研究较少，大部分为通史性著述。日本学界则将研究时间限定在了中世中后期，特别是南北朝

---

① 　上横手雅敬『中世公武権力の構造と展開』吉川弘文館、2001 年。
② 　川合康『源平内乱と公武政権』吉川弘文館、2009 年。
③ 　生駒孝臣『中世の畿内武士団と公武政権』戎光祥出版株式会社、2014 年。
④ 　長村祥知『中世公武関係と承久の乱』吉川弘文館、2015 年。
⑤ 　永村真所編『中世の門跡と公武権力』戎光祥出版株式会社、2017 年。
⑥ 　野口実・長村祥知・坂口太郎『公武政権の競合と協調』吉川弘文館、2022 年。

时期。如水野智之『室町時代公武関係研究』①、森茂暁『南北朝期公武関係史の研究』②、久水俊和『室町期の朝廷公事と公武関係』③、小川剛生『足利義満　公武に君臨した室町将軍』④、松永和浩『室町期公武関係と南北朝内乱』⑤、神田裕理『戦国・織豊期朝廷の政務運営と公武関係』⑥。因此，关于中世前期的公武关系尚有研究之余地。

　　本文旨在把握先行研究的基础上，以新的研究视角，从研究积累相对贫乏的《愚管抄》入手，通过分析慈圆在《愚管抄》中对以平清盛、源赖朝为首的武士的态度基准，探究其对公武关系的认识。并从融合的角度看待公武关系，尝试提出新见解，进一步厘清日本中世前期的公武关系。

一　院政期平清盛与公家之关联

　　"武者之世"的第一次出现是在《愚管抄》卷四前半部分：

　　　　保元元年（1156）七月二日，鸟羽法皇逝世。日本国生乱逆，后成武者之世。⑦

　　　　大乱发生后，毫无疑问成为武者之世。⑧

---

① 水野智之『室町時代公武関係研究』吉川弘文館、2005 年。
② 森茂暁『南北朝期公武関係史の研究』思文閣出版、2008 年。
③ 久水俊和『室町期の朝廷公事と公武関係』岩田書院、2011 年。
④ 小川剛生『足利義満　公武に君臨した室町将軍』中央公論新社、2012 年。
⑤ 松永和浩『室町期公武関係と南北朝内乱』吉川弘文館、2013 年。
⑥ 神田裕理『戦国・織豊期朝廷の政務運営と公武関係』日本史史料研究会企画部、2015 年。
⑦ 『愚管抄』、206 頁。本文所用底本为岡見正雄・赤松俊秀『日本古典文学大系 86・『愚管抄』』岩波書店、1967 年。据学者考证，岛原本有可能是文明本的抄本，文明本是现存诸本中最古老的抄本。然岛原本卷一又记载了阿波本中桓武天皇和尊圆法亲王的跋，学者们推测其流传的古体可能比文明本更为久远。同时该书又以文明本（宫内厅书陵部藏）、河村本（宫内厅书陵部藏）、天明本（宫内厅书陵部藏）、史料本（东京大学史料编纂所藏）、阿波本（东京大学文学部所藏）相较，注释较为全面，故用"文学大系"本为底本。由于篇幅有限，原文引用省略，只留译文。译本除通行本外，还参考了永原慶二『日本の名著　9』中央公論社、1971 年；大隅和雄『「愚管抄」全現代語訳』講談社、2012 年。
⑧ 『愚管抄』、335 頁。

"乱逆"指"保元之乱"。对阵双方为以平清盛、源义朝等武士力量为主的后白河天皇势力，和以平忠正、源为义等武士力量为主的崇德上皇势力。双方均借助武士力量作战，这也是武士阶层走上日本政治舞台的开端。新的武家政治的出现与发展，对于当时的公家政治来说，无疑是一重要的课题。然而，仅就流传至今的文字而言，却看不到公家对此问题的解决办法。如何应对，如何调整公武间的关系，如何在政治中设置武家政治的席位，对于这些问题，积极提出方案的几乎只有慈圆一人。他虽是公家政治、摄关政治的绝对信奉者，这一点毋庸置疑，但也绝不是单纯的顽固派。

慈圆对武士的评判基准主要在于是否"辅佐"或"服务"于"公家"。基于慈圆强烈的"摄关意识"，与其将"公家"用来指代贵族、朝廷，毋宁视其为以摄关家（分流后为九条家）① 所辅佐的君王为核心、君臣共治的团体。摄关依附于天皇而存在，若武家血脉渗入皇族或意图取而代之，摄关地位岌岌可危。这也是诸多先行研究强调的一点。

慈圆接受了这一"暴力新元素"，当没有威胁到九条家地位时，他选择"妥协"之态度。《愚管抄》载："平清盛的谋反（治承三年十一月政变）决定了乱世的发展。"② 慈圆以"治承三年（1179）政变"为节点，在此之前对平家并未有过激言辞，而政变之后却将平清盛冠以"谋反"罪名大张挞伐。这是因为无论是保元之乱抑或平治之乱，平氏一族始终与以九条家为祖的藤原忠通站在同一阵营。《愚管抄》在治承三年前关于平清盛的记载如下：

①义朝（源义朝）的兵力直逼六波罗板塀，府邸内一时哗然。大

---

① 当藤原北家分流出九条家时，慈圆显然将"摄家意识"转移为"九条家意识"。在藤原道长时期，确立了摄政关白之职由藤原北家独占的传统。至藤原忠通一代，其子基实、基房、兼实，分别为近卫家、松殿家、九条家始祖。近卫基实的曾孙兼平分流为近卫氏、鹰司氏；九条兼实子孙教实、良实、实经分流为九条氏、二条氏与一条氏。对于慈圆来说，以兄长兼实为首的九条家才是重中之重。在所有摄家中，九条家以及兼实子孙的繁荣乃慈圆毕生所望。当近卫家任关白摄政时，慈圆对此横加指责，甚至形成了带有偏见的批判思想。

② 『愚管抄』、336 頁。

将军清盛一袭黑衣，内着深绀色直垂，外套黑革缄盔甲，身背漆篦①，驾黑马至皇宫中门的走廊处。戴上大锹形甲胄，束紧盔带，准备迎敌。二三十名步兵紧随四周。形势紧张，一触即发。清盛镇定自若道："前方似有骚动，待我打探一番。"真是可靠。②

②二条天皇独揽政事，在押小路东洞院③建造皇居。清盛一族在新皇居附近建立了宿直所④，朝夕侍候。清盛等人打心底里想，在上皇治世时竟敢如此。但他还是做了慎重考虑，精心行事，同时侍奉上皇和天皇。⑤

③永万元年（1165）八月十七日，清盛晋升为大纳言。他企图将中殿（松殿基实）纳为女婿，掌控政权。⑥

⑤治承二年（1178）十一月十一日（十二日之误记），中宫在六波罗府邸生下了皇子（安德天皇），清盛如愿以偿成为天皇外祖父。⑦

⑥中宫生下皇子，清盛终成帝之外祖。为能够独揽大权、随心理政，进行了各种祈祷。⑧

①是对平治之乱的描写。这是慈圆对平清盛在大敌逼近时临危不惧的正面描写。原文甚至用"大将軍……タノモシカリ（可靠）"来表达对平清盛的态度。"平治之乱"表面为公家矛盾，实际上却是各自背后武士势力的互相角逐。慈圆对于这一事件给予正面评价，并非出于对平清盛的赞扬与肯定。此时的平清盛站在藤原忠通一方，以武力为朝廷驱除叛逆，尚未抛离公家、建立独立的武家政权，也未损害到忠通一系的利益，更未做出日后以外戚势力操纵天皇的举动。因此，慈圆暂且接受了武士的存在。

这种思想从②中也略见一斑。二条天皇为后白河天皇长子、高仓天皇

---

① 柄上涂漆的箭。
② 『愚管抄』、235 頁。
③ 今京都市中京区。
④ 警卫守护时在皇宫住宿使用的房间。
⑤ 『愚管抄』、239 頁。
⑥ 『愚管抄』、241 頁。
⑦ 『愚管抄』、244 頁。
⑧ 『愚管抄』、243 頁。

异母兄，母为藤原经实之女源懿子。源懿子因难产而死，天皇被当时得宠的美福门院得子收为养子，保元三年（1158）即位。其父后白河上皇开设院政，大权独揽。应保元年（1161）九月，二条天皇发现平时忠、平教盛、藤原成亲、坊门信隆等人欲将白河上皇与平滋子所生七皇子（高仓天皇）立为东宫的阴谋后，将众人解官，停止院政，与其父亲白河上皇开始对立。在平衡上皇与天皇关系上，平清盛没有轻举妄动，经过慎重考虑后同时侍奉上皇和天皇，在权衡利弊的基础上没有加入任何一方势力，亦无出格举动，故慈圆无批判之言。

而到了③—⑥时期，慈圆已经意识到武士阶层可以堂而皇之地参与到皇室纠纷中，其存在越发重要，也越发危险。长宽二年（1164）四月十日，平清盛将年幼之女盛子嫁与关白藤原基实，平盛子成为北政所①。建春门院平滋子为平时信之女、清盛妻妹。清盛企图以她来扩张自己的势力。平滋子生下后白河上皇皇子（高仓天皇）后，清盛将皇子移至东三条邸养育，平重盛夫妻成为高仓天皇的乳父母。仁安元年（1166）十月十日将皇子立为东宫。而后，平清盛之女平德子成为高仓天皇中宫并诞下言仁亲王（安德天皇），平家势力达到全盛。

慈圆在文中用"企图"②"独揽大权、随心理政"③"如愿以偿"④ 来表示对平清盛的不满，但也只是文字上的旁敲侧击，没有正面指责，还未将其冠以"谋反"罪名。治承二年，慈圆补任法性寺座主，养和元年（1181）升法印，并补任极乐寺、法兴寺、常寿院别当。此时，慈圆已具备在公家与武家之间斡旋之能力。

随后，治承三年十一月，平清盛发动政变。⑤ 他幽禁后白河法皇、停止院政逮捕院近臣、没收大量领地，并举行除目⑥仪式，以天皇名义下达

---

① 摄关正妻的敬称。
② 原文为"行ラヒ"。
③ 原文为"世ヲ皆思フサマニトリテント思ヒケルニヤ"。
④ 原文为"思ヒノ如ク""思サマニ"。
⑤ 关于政变原因，一般有重盛的知行国问题、平盛子亡后摄关家领的分配问题、松殿师家的晋升问题等多种说法。在此不做详细探讨。
⑥ 指除授官吏。

诏令。《愚管抄》载：

> 在举行任官的除目仪式中，年仅二十的近卫殿（基通）从二位中将升为内大臣。（中略）右大臣之子、年仅十二岁的二位中将良通也一次晋升为中纳言兼右大将。①
>
> （中略）近卫殿从年幼的岳母（平盛子）手中接过庄园文书，这一切皆在清盛的谋划中。所有事情尽显无遗，世人皆知近卫殿为碌碌无能之人。②

平清盛驱逐关白基房，命与平氏有姻亲关系的近卫家继承摄关家，企图实现皇族（外孙高仓天皇）—摄关（女婿近卫基通）—武家（平清盛）的权力一元化。永万二年（1166），近卫基通父亲近卫基实（享年24岁）病逝。翌年，11岁的继母平盛子被赐予准三后③，将近卫基通作为自己的养子监护。按照摄关的传承系谱来看，近卫基通理应继承职位。但是，父亲近卫基实薨逝时基通尚且年幼，故由基实的异母弟基房作为过渡人继承摄关之职。学界普遍认为后白河法皇让平盛子继承摄关家领地也是以将来过继给近卫基通为前提的。对于上述史料中近卫基通任官一事，《公卿补任》载："治承二年，戊戌（中略）非参议，从二位，同基通，十九，右中将。美作权守。""治承三年，己亥，关白，从一位，藤基房，三十六，十一月十七日解官。同十八日任大宰权帅，配流宰府。同廿一日出家，改宰府配备前国。号松殿，同基通，二十，十一月十七日任大臣，即正二位。诏关白。""治承四年，庚子，二月廿一日皇太子受禅（岁三）。关白，内大臣，正二位，藤基通，二一十，二月廿一日止关白为摄政（新帝受禅日）。"④ 近卫基通在晋升关白之前，乃散位非参议、从二位右近卫权中将，年二十，仅一年便连越数级晋升为关白。

---

① 『愚管抄』、248 頁。
② 『愚管抄』、257 頁。
③ 也称准三宫，指皇后、太皇太后、皇太后，获得准三后的人可以享受皇后、太皇太后、皇太后的待遇。
④ 新訂増補國史大系『公卿補任』吉川弘文館、1994 年、487、488、491 頁。

因父亲早逝，近卫基通尚未学习有职故实，在仪式上屡屡失态，毫无权威可言。平清盛便期待通晓有职故实的九条兼实能起到辅佐他的作用，因而采取了优待政策，将九条兼实 15 岁的嫡男良通封为权中纳言、右大将，从二位。① 同年解任官员数十人之多。近卫家有平氏一族作为外戚、靠山，以此来保持摄关家继承人的地位。九条兼实一直以正统自居，期望九条家能继承摄关之职。慈圆也一直认为兄长兼实才是摄政的合适人选："世人皆认为九条殿任摄箓一职适材适所。"② 然而，九条兼实最终希望落空，且自身从永万二年至文治二年近 20 年久居右大臣之位无法晋升。其日记《玉叶》载：

> 十五日（中略）寅刻，大夫史隆职注送曰，关白藤基通，内大臣同，氏长者同，止关白，藤基房，止权中纳言中将等，同师家，上卿权中纳言雅赖，职事中宫权亮通亲，诏书宣命等，权辨兼光作之云云，余披见此状之处，仰天伏地，犹以不信受，梦欤非梦欤。③

> 廿日，甲戌，（天）晴，卯刻，入道相国送书于赖辅入道④之许，遽而见之，其状云，二位中将殿，令任权中纳言，并右大将给候之由，所承及候也，而闻书令书落候了云云，以此旨可合申给，恐恐谨言。余披见此状之处，先仰天之外无他事，生涯之耻辱，于诸身极了，万事不及沙汰之间，此事出来，为被塞余之郁欤，须固辞也，而若辞遁之者，忽可当绞斩之罪，加之聊中心有所存，仍只悦恐之由，自书还报遣了，不知子细之人，不知身之耻。⑤

当看到藤原基房被解官、近卫家扶摇而上时，九条兼实在日记中两次以

---

① 新訂増補國史大系『公卿補任』、495 頁。
② 『愚管抄』、273 頁。
③ 九条兼実『玉葉』國書刊行會、1907 年、308 頁。
④ 藤原赖辅，平安时代末期公卿、歌人。藤原北家花山院流，大纳言藤原忠教第四子。蹴鞠两大流派——难波、飞鸟井的鼻祖。后因白河法皇赏识其蹴鞠才能，与藤原师长、源资贤一起成为院近臣。
⑤ 九条兼実『玉葉』、313—314 頁。

"仰天"表明其惊愕愤慨之情，对于藤原基房被解官一事惊恐万状，难以接受。同时又因得到平氏的"恩惠"而怒火中烧，认为这是一生的耻辱："不知子细之人，不知身之耻。"九条兼实本欲坚决辞去此职位，但又恐获绞斩之罪，且任官本身关系到九条家兴衰，无奈接受任命。同月二十三日，近卫基通对九条兼实提出希望能得其辅助的请求，兼实以感念近卫基实深恩为由，给予了帮助："故殿（基实）令隐给之后，一向相凭御边（兼实）所罢过也，然间不虑事（基房解官）出来，年来一切笼居，万事不审，于今者，弥所仰御恩言也。"①

九条兼实的思想对同期频繁出入九条宅邸为九条家祈祷的慈圆产生了很大的影响。《愚管抄》有很多与《玉叶》同样的认识和想法，慈圆甚至将兄长的批判思想进一步扩展开来。虽然基通向兼实提出辅助的希望，但慈圆认为这是清盛的暗示，因此对于和平家亲近的基通恶言詈辞："近卫殿不是能应付得了这种问题的人。只要丁点不清楚的小事，就会向右大臣（九条兼实）询问。虽为摄政，其实只是徒有虚名。（中略）世人皆知近卫殿为碌碌无能之人。（中略）自开创摄政之职以来，从未有过如此无能、无用之人。世间便如此走向灭亡。"② 在平清盛掌握大局期间，九条家一直处于被压制的状态，无法施展拳脚，只得忍气吞声。

治承五年（1181），平清盛病死，世间局势为之一转。《愚管抄》载：

> 寿永二年（1183）七月廿五日，天皇外祖父清盛入道殿返逆后，武士源氏从东国、北陆等地攻打京城。天皇在舅父内大臣平宗盛的陪同下，逃往西国，京城陷落。③
>
> 二品禅尼持宝剑，按察局奉抱先帝，春秋八岁，共以没海底。④

寿永二年（1183）八月，在没有天皇神器的情况下，4 岁的尊成亲王

---

① 九条兼実『玉葉』、315 頁。
② 『愚管抄』、257 頁。
③ 『愚管抄』、117 頁。
④ 新訂増補国史大系『吾妻鏡』吉川弘文館、1965 年、143 頁。

践祚，是为后鸟羽天皇。寿永三年，源赖朝派源范赖、源义经等人讨灭木曾义仲。至此，源赖朝势力成为天下讨平家的唯一主力。寿永四年，源赖朝派源义经攻打屋岛。平家战败，挟安德天皇逃亡海上。《本尊释问答》载：

> 中宫怀妊，奉生安德天皇，清盛，帝外祖成一向独步，仍打笼法皇，取国政之间，及迁都之大事也，依之灭亡之。①
>
> 其后，后白河院御时，又王子二人即位，二条院御时，国政院不知食，高仓院御时，又安德天皇即位，二岁，祖父法皇不知食之，共是清盛公执政之故也。②

慈圆以"因果循环"思想，认为平清盛将安德天皇作为棋子实行外戚政治，不仅拘禁法皇、篡夺政权，甚至将都城迁至福原，以致高仓天皇、二条上皇、后白河法皇"不知食"。③平清盛的无道最终造成天皇投海、平氏一族灭亡。平清盛的做法显然是在"四权共治"的表象下蒙蔽众人耳目，违背慈圆所提倡的"君臣共治、鱼水合体"之道理。其外戚政治已经严重威胁慈圆以"九条家意识"为主的"摄关政治"构想。武家政权出现后，权力主体从院政政权逐渐向武家政权过渡，同时也处于政治战略上的转变过程中，天皇制国家体制、院政政权与武家政权的关系开始受到质疑。在尊皇的标榜下，双方的关系一直处于暧昧的状态。

二　征夷大将军与"文武兼行"之臣

权力争夺是公武关系紧张的要因，也使日本朝廷的政治运作越发紊乱。与平清盛不同的是，源氏三代领导下的幕府与公家并没有形成严重对立。在源赖朝草创镰仓幕府前期，一切事项皆须朝廷的认可。此时武士与

---

① 阿部美香「慈円撰述『本尊釈問答』」『東京大学史料編纂所研究紀要』第 29 号、2019年、127 頁。
② 阿部美香「慈円撰述『本尊釈問答』」『東京大学史料編纂所研究紀要』第 29 号、2019年、127 頁。
③ 指不理国事。

朝廷关系的天平处于拉扯之态，尚未严重倾斜。这一点从诸学者对镰仓幕府成立时间的不同观点便可看出：

①治承四年（1180年），富士川合战，东国军事政权成立。

②寿永二年（1183年），朝廷承认东国支配权。

③元历元年（1184年），公文所、问注所成立。

④文治元年（1185年），朝廷允许设置守护、地头。

⑤建久元年（1190年），朝廷授予源赖朝右近卫大将之职。

⑥建久元年，朝廷授予源赖朝日本国总追捕使①、总地头之职。

⑦建久三年（1192年），源赖朝任征夷大将军。②

除①③，其他观点都有一共同特点：朝廷承认或授予源赖朝公权与官职。如果没有朝廷的保障，幕府政权就没有合法性。幕府需要的是"大义名分"，从而占据道义上的制高点，找到证明个人行动合理性的说辞。《愚管抄》中对源赖朝的描写几乎不见批判字眼。这是因为源赖朝对九条家的复兴给予了极大帮助。他崇敬佛法并大力重建被平家毁掉的南都寺社。慈圆曾在无动寺建立大乘院，召开劝学讲。源赖朝答应捐赠越前国（福井县）藤岛庄的年贡，作为劝学讲的费用。此时的公武关系处于一种"和谐"状态，对九条家而言，也是在武者之世较为理想的生存状态。慈圆将源赖朝评价为"末世少有之将军"，"器量非凡"。③

平清盛死后，后白河法皇重新施行院政、任用近臣，将平氏的官职、土地分给近臣。对于法皇强行解任官员一事，九条兼实写下屈辱之言："召外记下之，又有解官等云云。任人之体，殆可谓物狂，可悲可悲。"④这件事也深深影响了慈圆对院政、院近臣的态度。慈圆在和歌《老少五十首歌合奉咏》中写道："おのが浪に、おなじ末叶ぞ、しをれぬる、藤さ

---

① 此后，各国追捕使的任免权转移至镰仓幕府，更名为守护。

② 根据川合康『鎌倉幕府成立史の研究』，总结为7种分类法。详见川合康『鎌倉幕府成立史の研究』校倉書房、2004年。

③ 『愚管抄』、276頁。

④ 『玉葉』、617頁。

くたごの、恨めしのみや（藤花一簇簇，藤尾孤叶多凄苦，混为泥与土）。"① 他感叹同为藤原氏（藤花），待遇却天差地别，九条家（孤叶）未能出人头地，成为泥土，实在可恨。

随着源平内乱爆发，在瞬息万变的政局中，慈圆的兄长们各自与诸势力结合又分离，不断上演着贵族社会的政治斗争。其中九条兼实与源赖朝结盟，成为摄政后，逐渐巩固了自己的地位。源赖朝的诸多政策皆由九条兼实从中斡旋，向天皇传达。与此同时，源赖朝也会确保九条家的地位与荣耀。② 慈圆在这一时期与兄长兼实紧密结合，为九条家进行各种祈祷活动。在源赖朝的谋划下，文治二年三月十二日，九条兼实奉诏任摄政一职，同时任藤原氏氏长者。

赖朝与兼实的合作为朝幕关系开启了新局面。建久元年，九条兼实的女儿任子成为后鸟羽天皇的女御③，兼实的权势到达了顶峰。建久三年，38 岁的慈圆也登上了天台座主的位置，九条一族的荣光在此极为显赫。慈圆不仅是有名的天台宗僧人，亦是和歌大家。④ 他通过宣讲佛法、和歌接近后鸟羽天皇，作为祈祷僧备受信任。

建久六年（1195），源赖朝带着北条政子以及长女大姬等人上京。对于院近臣源通亲和丹后局，赖朝以厚礼相赠，希望他们从中周旋，令大姬成为后鸟羽天皇的妃子。建久七年十一月，政局再次发生变化。"十一月二十五日，天皇下令将前摄政（基通）任命为关白及藤原氏氏长者。（中略）弟天台座主慈圆也因此辞去一切职务。"⑤ 在源通亲一派的策动下，九条兼实被迫辞任关白之职，其女宜秋门院任子被逐出皇宫，慈圆也不得不

---

① 『日本古典文学大系 28 新古今和歌集』岩波書店、1958 年、1480 頁。
② 关于源赖朝与九条兼实的来往，参见山本幸司『頼朝の精神史』講談社、1998 年；『頼朝の天下草創』講談社、2009 年；元木泰雄『源頼朝——武家政治の創始者』中公新書、2019 年。
③ 日本古代宫廷中天皇嫔妃位阶的一种。
④ 慈圆总共有 267 首和歌收录于敕撰和歌集，其中 92 首和歌收录于《新古今和歌集》，仅次于西行的 94 首。他与西行、藤原定家、寂莲等人交往甚深。建仁元年（1201），他与九条良经、源通亲、堀川通具、藤原俊成、藤原有家、藤原定家、藤原家隆、飞鸟井雅经、源具亲、寂莲获任命为和歌所的寄人。
⑤ 『愚管抄』、282 頁。

辞去天台座主一职，而源赖朝对此事无任何举措。

通说认为建久七年政变为源赖朝一手策划。与九条兼实关系疏远，也是企图让长女大姬进入后鸟羽后宫。但关于大姬入内一事，九条兼实早有耳闻，《愚管抄》也有相关记录。因此，大姬入内并非赖朝和兼实关系迅速恶化的主要原因。赖朝企图通过让大姬入内，拥立所生皇子为关东之主。如此一来，赖朝的行为与以获得外戚权力为目标的贵族们的外戚政策截然不同。因此，九条兼实没有任何理由会成为赖朝政策上的绊脚石，故赖朝也不会排斥兼实。从《玉叶》中也可看出，后鸟羽向土御门让位时，赖朝和兼实之间仍有联系。① 此时，慈圆仍想借助武士力量重回朝堂，然正治元年（1199）一月，赖朝意外去世。元久三年（1206），摄政九条良经去世。近卫家再次上位，由近卫殿基通之子家实补任关白。

在源赖朝时期，九条一族与慈圆都经历了至高的辉煌与荣耀，但这只是一时的"回光返照"。慈圆并没有因源氏的帮扶而感恩戴德，毋宁说他是一位现实主义者。《愚管抄》载：

> 如今出现了武者，以征夷大将军身份压迫天皇、摄箓，手握大权。这就是末世的样相。②

松殿（藤原基房）和九条殿（九条兼实）两人虽然表现出了些许摄关式的权威，但这只是对其大权旁落的可怜。松殿因平家失势，源将军赖朝拥戴九条殿摄政。国王将摄箓（摄政关白）视为盟友或对其深恶痛绝这一本应存在的道理也不知不觉消失了。因此，摄箓之事，

---

① 山本幸司认为，赖朝希望东国和西国统一，确立武士阶层的统治地位。其中最大的障碍，毋庸置疑是以朝廷为中心的旧统治阶层——贵族、寺社势力的抵抗。后白河之死令这些势力失去了最大支柱。建久七年政变的原因就在于后白河法皇之死。法皇之死使赖朝不再需要留意朝廷的意向，因此也不用关心朝廷内部的势力分布。对赖朝来说朝廷内部的势力分布本身就无关紧要，关键只是与后白河的对抗关系。与九条兼实的合作也是因为其是朝廷内唯一可以与后白河对抗的人物，可以说后白河的死降低了兼实的利用价值，赖朝对兼实冷淡也就不足为奇了。山本幸司『頼朝の天下草創』講談社、2009 年、64—69 頁。

② 『愚管抄』、332 頁。

无论好坏与否，皆无意义。①

武士使摄关家大权旁落，以"征夷大将军"身份压迫天皇、摄家。即便藤原基房、九条兼实等人出任摄篆臣②，也不过是武士对他们的可怜。无论君王对摄关政治肯定与否，皆无意义。与其说是盟友，九条家更像源氏与朝廷交涉的媒介。

这也是当时公武关系的一个缩影。源赖朝主张"草创天下"，以权力分散的封建制为目标。然包括九条兼实在内的公家主张"政反淳素"，回归权力集中的太政官制度。两者的共斗关系早晚会露出破绽。源赖朝不以京都为主体，而是将其当作客体。其目光不仅集中在包括奥州③在内的东日本，还再次转向了曾与朝廷妥协的西日本。在强化西日本统治这一点上，源赖朝改变了与九条兼实的合作路线。在新的构想中，与只考虑个人利益的近臣势力相比，认真维护朝廷利益的九条兼实更加碍眼。并且此时，"征夷大将军"这个称呼所具有的地域制约性反而成为障碍。这也是后来源赖朝辞去"征夷大将军"的原因。慈圆的记载始终将武士作为传统政治世界内部权力斗争的新元素来对待。源氏与九条家的"互惠"并没有带来等价交换，因而慈圆在晚年的诗作中皆以哀叹来表达无奈之情。

源赖朝死后，源赖家继承将军之位。不久他被剥夺将军一职，幽禁于伊豆国修禅寺，后遭暗杀。源赖家逝世后，由同母弟源实朝继位。源实朝因不能生育，便希望拥立后鸟羽的皇子为幕府将军，希望将王权权威引入武家政权，自己退位成为大御所④，开设镰仓幕府的"院政"。这种构想无疑是希望建立独立于朝廷之外的幕府朝廷。然而源赖家、源实朝以及赖家之子源公晓皆惨死于幕府内斗。对此后鸟羽天皇大惊，拒绝向幕府送出皇子。最终在多方协调之下，决定将九条赖经送入幕府。在这一时间点，《愚管抄》卷七开始出现了"文武兼行"的字眼。

---

① 『愚管抄』、335 頁。
② 指摄政和关白。
③ 领域大约包含今日的福岛县、宫城县、岩手县、青森县、秋田县东北的鹿角市与小坂町。
④ 对前征夷大将军或将军之父的敬称。

那么，何为"文武兼行"？若不细读文本，便会理所当然认为"文"乃公家，"武"则是武家。但慈圆所提倡的"文武兼行"的主体只有一个，便是摄关家，他并没有将武家定位为与摄关政治和院政并立的新国政主体。因此，在汉语语境中，与其说是"文武兼行"，不如解释为"文武兼资"。慈圆将日本国的基本形态视为宗庙神的旨意，将"文武兼行的摄关家"的出现视为历史的必然。《愚管抄》中与"文武兼行"有关的记述共以下几处：

①摄关家的少主赖经取而代之，成为征夷大将军。毫无疑问，皇室的祖先神们使"君臣一体"恢复如旧。①

②八幡大菩萨为了世间、为了百姓、为了君王，把守护世人、守护君王的摄关家塑造得文武兼备、威风凛然。②

③为了君王，摄关和将军为同一人较好。③

④仔细想来，便是将摄关家和武家合为一体，文武兼备地治理世界。文武兼行的臣子应该作为后见役来协助君王治世。④

⑤文武兼行的大织冠的苗裔与国王不和、心生隔阂。⑤

⑥几经辗转，到了末世，才明白让文武兼行者来担任君王后见乃注定之事。⑥

⑦在此，若君王对皇祖神或国家神创造出这样文武双全的摄政妒火中烧、心怀怨恨，就不配称为君王。⑦

⑧若君主对文武兼行的摄关的出现心感憎恶，也只能悲哀地说，日本国命运的终结时刻即将来临。⑧

---

① 『愚管抄』、332—333 頁。
② 『愚管抄』、344 頁。
③ 『愚管抄』、344—345 頁。
④ 『愚管抄』、346 頁。
⑤ 『愚管抄』、346 頁。
⑥ 『愚管抄』、347 頁。
⑦ 『愚管抄』、347 頁。
⑧ 『愚管抄』、347 頁。

从以上文本我们可以看出，这些言论只集中于一个目的，就是为摄关家出身的九条赖经成为征夷大将军正名，提供权威话语。文武兼行者乃大织冠①中臣镰足的苗裔，摄关家出身的九条赖经成为将军是皇祖神之安排，且只有文武兼行者才能够辅佐君王治世。若君王倒行逆施、违背神意，日本国运便会终结。这是慈圆的逻辑。《愚管抄》的史论，不仅仅是史观，还是经世论、时务策。他希望公家出身的将军九条赖经长大后，对武士或安抚，或遏制，或温和款待，祈求神佛，保天下太平，且隐忍自重，以待恢复世运。其经世论，一直集中于此事。但慈圆的构想在统治阶层中没有共识，幕府、上皇、天皇等都抱有与慈圆不同的志向。白河、鸟羽院政期，武家尚未确立独立的身份，武士们的京都志向很强，大都以"京武士"的形式存在。随着承久之乱幕府的胜利，武家的世道正式到来。

三　宝剑·武士替代论

古代日本，镜、剑、玉三种神器是"统治者"的象征。天皇在践祚之时必须持有三种神器以示正统。坛浦之战平家携宝剑沉入大海，此后，朝廷将伊势神宫向后白河法皇献所献宝剑作为草薙剑之替代。后鸟羽天皇是在没有宝剑的情况下即位的天皇，并因此产生自卑感而备受折磨，也曾多次派人搜寻宝剑踪迹。藤原定家批判后鸟羽上皇沉迷蹴鞠时，就将其失德与神器的缺失相关联："百王八十余代，神剑没海。卅回于兹，事理可然。是则非人力欤。"②丸谷才一认为，宝剑的丧失是后鸟羽的"心灵创伤"，这种强烈的屈辱感和自我厌恶孕育出了必须取得宝剑以示正统的决心。这也最终导致他对剑所象征的天皇权威性产生了极大的狂热之情。被丢失的宝剑所激发的对剑的憧憬，也是造成承久之乱的一个重要因素。③当然，

---

① 大化三年（647），日本制定七色十三阶。在七色十三冠中，将原来冠位十二阶合并，新增设了六阶。冠位的名称以冠的材质和颜色为依据，分为大小两部分，末位加上建武。由上至下依次为大织、小织、大绣、小绣、大紫、小紫、大锦、小锦、大青、小青、大黑、小黑、建武。

② 建保元年 4 月 29 日条。藤原定家『明月記』第 2 卷、国書刊行会、1911 年、267 頁。

③ 丸谷才一『日本詩人選 10·後鳥羽院』築摩書房、1973 年、280—284 頁。

承久之乱实际上是各种原因的综合，在此不做详述。《愚管抄》和《神皇正统记》都花费了相当多的笔墨描写宝剑的丢失，由此可见，这对中世社会是一个巨大的冲击。北畠亲房解释说宝剑沉没乃事实，但宝剑的本体供奉在热田神宫，沉没在西海的不过是崇神天皇时期的仿作。①

对于慈圆来说，宝剑到底是一种怎样的存在呢？名波弘彰、多贺宗隼皆从慈圆《梦想记》入手，用密教的理论解释了宝剑与天皇的关系，即宝剑为天皇的身体。《梦想记》是慈圆的梦记，由建仁三年（1203）六月二十二日记、建仁四年（1204）正月一日记、承元三年（1209）六月记三篇组成。它的成书时间远远早于《愚管抄》。慈圆在梦记中曾说自己做了国王与玉女的交会之梦，并断言此梦代表的是不动明王的刀鞘印：

①建仁三年六月廿二日，晚间梦云，国王御宝物神玺宝剑神玺玉女也，此玉女妻后之体也，王入自性清净玉女体令交会给。②

②不动明王者此大日如来教令轮身也，此明王印之十四根本印多中，成弁诸事印用刀鞘印也，是则今剑玺之义相当欤。③

③不动尊可为王也，本主欤，又思惟云，神玺者佛眼部母之玉女也，金轮圣王者一字金轮也，此金轮佛顶又于佛眼交会之义欤。④

④此宝剑则金轮圣王也，依之佛眼法坛置智剑数，轮八幅入八出剑也，此剑玺天下一切成就也。⑤

《佛光大词典》不动十四根本印载："鞘之手上仰，刀之手覆下，置于鞘之手上。此印之中、食二指表示不动之身；或无名指、小指加于拇指，表示两部之大日。"在台密胎藏界的作法中，不动明王的刀印从鞘印中抽出，做结发、垂发等动作，再插入鞘印中，刀鞘印由此成立。这可以看作是男女交会行为的隐喻。慈圆对"交会"的联想也由此而来。他将天皇自

① 北畠親房『神皇正統記』白山比咩神社、1934 年、230 頁。
② 多賀宗隼『慈円の研究』吉川弘文館、1980 年、422 頁。
③ 多賀宗隼『慈円の研究』、423 頁。
④ 多賀宗隼『慈円の研究』、423 頁。
⑤ 多賀宗隼『慈円の研究』、423 頁。

身引入密教式的象征体系，赋予其新王权的意义。设想国王为不动尊，妻后为佛眼部母，把剑、玉的关系转移到刀与鞘的关系上，剑相当于刀，是王的身体，三种神器中的八尺琼勾玉则为后妃之身。从神话学来说，这是一种生殖行为，是多产和丰饶的象征。① 而后，慈圆又将不动尊（国王）转移至一字金轮上，金轮在世间被比拟为人中之尊。总而言之，宝剑（刀）等同于不动明王、一字金轮、国王，神玺（鞘）等同于玉女、佛眼部母、妻后。二者的结合可成就一切。这也是慈圆一生都在主张的王法佛法相即之原理。

然而，在《梦想记》完成后，《愚管抄》问世。其间，源氏三代将军皆亡，执权政治确立，战乱不断。为了应对武家的出现而带来的政治权力的分裂，谋求后鸟羽天皇的皇统正当化，慈圆企图用一种新的理论重新构建中世王权，这便是宝剑·武士替代论。宝剑不再是国王（王权）的身体，反而成为武士的替代。《愚管抄》载：

> 如今武士不断出现，成为天皇的守护者，因此人们认为宝剑是与之互换而消失的。这也得到了伊势太神宫和八幡大菩萨的认可，所以宝剑也成为无用之物。②

慈圆认为武士成为宝剑的替代品，宝剑因此而消失。但从前述慈圆对武士的态度以及极为强烈的"摄关意识"考虑，宝剑和"武士"绝对不可能是均等化的存在。这一点可以从《梦想记》中窥见：

> 于宝剑者，终以没海底，不求得之，失了也。而其后，武士大将军进止日本国，任意，令补诸国地头，不叶帝王进止，但聊蒙帝王之免，依敕定，补之云云。宝剑没海底之后，任其德于人将欤。③

---

① 名波弘彰「宝剣喪失、密教と神話の間の王権論『愚管抄』と延慶本平家物語の関係をめぐって」『筑波大学文芸言語研究　文芸篇』第 46 号、2004 年、127—146 頁。
② 『愚管抄』、265 頁。
③ 多賀宗隼『慈円全集』七丈書院、1945 年、245 頁。

　　慈圆认为"武士大将军"是王权外部的存在，但源赖朝通过获得守护、地头的任免权而逐渐进入王权内部。"任意，令补诸国地头，不叶帝王进止"表明对王权来说武士完全是他者，如今却嵌入了内部。在《梦想记》中，武士对王权来说依然是外部存在，是处于从属地位、带有外部边缘性的他者。但在《愚管抄》执笔阶段，却将其视为与宝剑等价的内部存在，形成了宝剑·武士替代论，武士的外部性、他者性变得模糊。但宝剑和武士绝对不是均等化的存在。时代已经无法无视武家的崛起，所以必须将武士并入王权内部。在这个逻辑中，宝剑（王权）和武士只是观念层面上的等价。但也因此，宝剑（王权）和武士之间的差异界限变得模糊。在《梦想记》中，慈圆将王权纳入密教象征体系，是一种将佛法置于王权上、佛法王法相依的逻辑操作。但在《愚管抄》中，宝剑从国王的身体转移至武士，王权此时被相对化。基于国王与武士之间因神圣性而产生的决定性差异，这是否可以看作慈圆逻辑上的一个矛盾？

　　然而，宝剑·武士替代论的提出也有一定的必然性。慈圆虽然处于京都的贵族社会，却一直直视着武家势力的政治实力。正因为如此，才摸索着如何将武士纳入王权内部。这是一种把宝剑丧失与武士的出现相对应，试图通过崛起的武家势力来弥补院政王权衰退的更替逻辑，并同时用冥、显二元论来解释王法的危机。《愚管抄》载："世事背后皆有冥、显二道。"[1] 宝剑丧失表明了武士代替宝剑作为天皇的辅佐而出现的"显道"。"大神宫（伊势太神宫）和八幡大菩萨都承认了这一点，如今宝剑也成为无用之物。（中略）若仔细对照三世因果道理，便会发现因果道理和法尔时运本来就是相互调和的。"[2] 太神宫、八幡大菩萨也接受了宝剑的丧失，这也是"冥道"中神意与因果、法尔[3]的结果。在这里，我们可以看到这种解释直接成为超越王权危机的逻辑。逻辑的背后当然有作为摄关家九条家理念的慈圆的政治实践。慈圆的更替理论是基于从院政到武家政权的过

---

①　『愚管抄』、334 頁。

②　『愚管抄』、266 頁。"三世"指过去世、现在世、未来世。世间所有的一切事物或现象，在过去、现在、未来时间的迁流中，为一因果的连锁。

③　法尔自然也称法然、自然，指万象诸法于其天然自然而非经由任何造作之状态，事物本来之相状。

渡时期，虽然不能否认其局限性。但从慈圆认识到武家作为政治主体的实力，因此将武家纳入院政权力机构一点来看，这的确是划时代的历史认识。

承久二年（1221），以后鸟羽上皇为首的朝廷一方已经充斥着对武家的不满。在慈圆看来，这是一种危机。贵族社会开始迷妄，他们固执于古代天皇信仰的幻想，认为武家也不过是拜倒在朝廷权威下的武士。宝剑·武士替代论，可以说是对贵族社会的迷妄极为自觉的逻辑。在这一替代逻辑的背后，反复出现了慈圆的历史认识，即武家势力已经不再是贵族社会内部的从属阶级，也不再是相信王权的绝对性、跪拜于此的贵族武士阶层。《愚管抄》载：

> 在王和臣的理想状态下，按照正确的道路使用武力是国家的根本。①
>
> 到了末世，武士会变得愈发败坏。为了消灭武士而发起动乱，徒劳无益。②

消灭平家的武士不仅在武力上，在政治上也成长到了可以对抗王权的程度。慈圆希望公家能够正确认知武家实力，不可极端地排除武士，因此不得不采取天皇与武士主客颠倒的理论。武士所带有的外部性、他者性反而在不知不觉中变得淡薄了。就这样，宝剑、武士之间的矛盾被忽视，替代逻辑出现。加之承久二年由摄家之子出任幕府将军这一极为罕见的状况，暂时掩盖了武士的外部性和他者性。

因此，"公武协作""公武合体"的对象并非平氏、源氏。从更深一层来说，慈圆希望统合因武家政权兴起而产生的王权分裂，基于"宝剑·武士替代论""众神约诺"等神秘性逻辑，重新划分新王权。慈圆可谓现实主义中的理想派。替代论表面上看是对"公""武"关系的调和，实则是以神话论为基础的复兴王权论的体现。这也可以看出，日本中世前期在伴随而来的国家体制分裂的旋涡中，贵族阶层以自己的至高存在为基础，不

---

① 『愚管抄』、336 頁。
② 『愚管抄』、342 頁。

断追求武家政权与天皇制国家的重组。但承久之乱爆发，武士发挥了压倒性的武力。武家势力显示了其外部性、他者性，得以超越旧有的王权，结果也导致了慈圆替代理论的破绽显现。

四 结语

随着院政的开展，院近臣和武士阶层的势力不断强大。慈圆坦然接受了这一现实状况。他以九条家至上为前提，对于为朝廷效力、尚无非分之想的武士暂且妥协、曲意迁就；对企图以外戚身份或以谋反暴动威胁皇权、摄关家（主要为九条家）的武士笔伐口诛。《愚管抄》对武士的记录以平家、源氏为主。慈圆将平清盛描绘成一个处事圆滑、关心各方的形象。他有着在复杂的政界生存的处世方法，但羽翼丰满后，以治承三年政变为节点，企图以外戚政治实现高仓天皇（君主）—近卫基通（摄关）—平氏（武士）的权力一统，因此在与院、摄关家、寺社势力对立的过程中采取了强硬手段。平清盛的目标是在朝廷体系中获得荣达、掌握权力，希望维持"平式"的"贵族统治"。同时，与平家有姻亲关系的近卫家的崛起直接导致九条家失势，拥有强烈"九条家意识"的慈圆自然会对平清盛持严厉斥责。另一方面，源赖朝则希望打破"中央集权"，试图以平和的方法构筑一种新的国家体系。源氏三代治世，其间皆没有与朝廷发生严重冲突。对于源赖朝，《愚管抄》中几乎无批判之言。源赖朝建寺庙、兴佛法，在精神层面上承认王权，且实现了慈圆重振"九条家"的梦想，二者达成了政治上的合作。

慈圆提出包容武家政权的构想，这一点令人吃惊。他所提出的王权论与其说是与武士对抗，不如说是为了天皇王权的再生或重新激活而将其包含。具体来说，"公武协调""文武兼行"意在统合武家政权兴起而产生的二元世界分裂的逻辑。在不断分裂的政治权力和随之而来的国家体制分裂的旋涡中，旧体制一方的贵族阶层以自我存在为基础，追求以天皇制国家为核心、结合武家政权的王权的重组。《愚管抄》的武士观也正是基于这种逻辑，将多元化合为一元化。慈圆否定武者之世，同时又认可武士的存在，这并非一个相互矛盾的观点。日本中世的政权并非"公家"与"武家"之间的二元对立，没有任何学说能够明确主张"公家政权"可以脱离"武家政权"维持统治，反之亦同。各派势力在权力的互相争斗中必然形成既联系又相对独立的关系。慈圆的构想系统地整理了天皇、寺社、摄关家、武家的关系，《愚管抄》也一度被认为是权门体制论的原型。但慈圆的构想在统治阶层中并没有获得共识，源实朝、后鸟羽天皇等人都抱有与慈圆不同的志向，各自在实践的道路上不断摸索"公武关系"的平衡点。

（殷晨曦，南开大学日本研究院博士研究生）

近代中国军舰首次出访日本[*]
——以新闻报道为视角

白春岩

内容摘要 1875 年，中国国产一等巡洋舰——扬武号曾出访日本。这是继两国缔结《中日修好条规》（1871 年）后，中方舰船派往日本之首例，也是两国突破江户时代民间交流后的一次国家性质的外交。本文梳理了扬武号访问日本的背景和过程，引用了当时日本和中国的新闻报道，比较了两国对于这次访问的看法和评价，揭示了两国的不同认识和利益诉求。并总结了扬武号访问日本的意义和影响，认为这是近代中日两国建立正式外交关系的一个重要里程碑，也是两国展开军事交流的一个良好开端。

关键词 扬武号 新闻报道 中日建交 日朝关系

1875 年（光绪元年，明治八年），中国一等巡洋舰扬武号出访日本。这是两国继缔结《中日修好条规》（1871 年）后，中方舰船派往日本之首例，也是两国有别于江户时代民间交流的一次国家性质的外交。扬武号是中国建造的第一艘巡洋舰，学界多从这方面充分肯定其在中国军舰建造史

---

* 本文是教育部人文社会科学重点研究基地重大项目"多维视角下的日本现代化专题研究"（项目号：22JJD770040）的阶段性成果。

上的意义。① 但就笔者管见，对于其出访日本尚没有专题研究。②

对此，本文拟从新闻报道的角度通过以下问题重新审视这一历史。首先，主要援引日本亚洲历史资料中心的第一手史料再现中国军舰的首次来访及日方的接待情况。其次，主要引用当时拥有广大阅读群体的新闻报道，再现中日双方分别怎样看待此次军舰交流活动，使用的日方报纸如《东京日日新闻》《邮便报知新闻》《横滨每日新闻》《东京曙新闻》《朝野新闻》，中方报纸如《申报》《万国公报》。在此基础上，窥视近代日本之中国观，并探讨新闻报道在近代中日建交初期的导向作用。

一　关于扬武号军舰

19 世纪中叶后，中国面临内忧外患的局面。为扭转该局面，在曾国藩、左宗棠、李鸿章等地方官僚的带领下，清政府积极展开了学习西方先进科技的运动，即洋务运动。

福州船政局（又名马尾船政局）作为中国第一个造船厂，在左宗棠的积极倡导下成立于 1866 年。其聘请法国将领德克碑（Paul-Alexandre Neveue d'Aiguebelle）、日意格（Prosper Marie Giquel）作为监督，另从欧洲聘请 40 名技师，于 1867 年开始建造舰船。

扬武号是福州船政局建造的第七艘巡洋舰。扬武号于 1872 年 4 月 23 日（同治十一年三月十六日）入水，据史料记载，"该船二百五十匹马力，长十九丈，宽三丈六尺有奇。船前吃水一丈四尺有奇，船后吃水一丈六尺有奇"。"惟第七号船全照外洋兵船式样。"③ 这艘全面仿造外国并耗费巨资

---

① 田育诚「洋務運動時期における中国近代技術産業の導入と発展の研究（3）」『国際経営論集』（31）、2006 年；王尚录：《近代史上的中国巡洋舰》，《当代海军》2003 年 12 期；王红：《"扬武"中国近代海军的第一艘巡洋舰》，《现代舰船》2001 年 4 期；余定邦：《近代中国海军四次到过新加坡》，《东南亚研究》1993 年第 1 期；杨东梁：《大清福建海军的创建与覆没》，中国人民大学出版社，1989；沈传经：《福州船政局》，四川人民出版社，1987；林庆元：《福建船政局史稿》，福建人民出版社，1986。
② 松浦章在「江南製造局草創期に建造された軍艦について」（『或問』No. 20、近代東西言語文化接触研究会、2011 年）一文中提及扬武号出访日本，但没有进行详细分析。
③ "中央研究院"近代史研究所编《海防档》乙《福州船厂》（上），台北，"中央研究院"近代史研究所，1957，第 379—380 页。

的舰船排水量 1393 吨，有大炮 13 门，在当时拥有最大排水量和马力。①
1874 年日本派兵侵台时，扬武号曾被派往澎湖给日本以震慑。

　　1875 年 4 月 9 日（光绪元年三月初四日），总理衙门收到军机处交出
的船政大臣沈葆桢的信函，提到"新制兵船，均经分配炮械，增设勇丁，
尤须随时训练，方足以资得力"。但眼下"专派六船驻扎澎湖，朝夕教练，
究属一时权宜之计"。针对训练不足这一问题，"现拟将扬武改为练船，取
熟谙西学，堪以出洋之艺童，荟萃其中。募洋将德勒塞为总教习，以精于
枪炮帆缆洋师二人副之，以期日益求精，其余各船，除出差外，亦随之合
操"。② 于是，扬武号摇身变为练习舰，为航海练习曾赴日本、新加坡、小
吕宋、槟榔屿等地。③

　　福州船政局在建造舰船的同时也积极培养水兵，并于 1867 年（同治
六年）开设福州船政学堂。该学堂曾先后使用国产和从德国购买的舰船作
为练习舰，制定和明确了《轮船出洋训练章程》（12 条）和《轮船营规》
（32 条）等规章制度。④

　　1884 年扬武号作为旗舰活跃于中法战争的战场，在马江之战中被击
沉，退出历史舞台。

二　赴日经过

　　1875 年 11 月 18 日上午 7 时，中国军舰"悬挂国旗并二十一发礼炮"
驶入长崎港。日方也"于炮台发同数礼炮回礼"，表示"此乃中国军舰的
首次来港"。问其来意，得到了如下回答：

　　　舰名　扬武

　　　水师提督　蔡国祥

---

①　戚其章：《晚清海军兴衰史》，人民出版社，1998，第 159 页。
②　《海防档》乙《福州船厂》（下），第 552 页。
③　王红：《"扬武"中国近代海军的第一艘巡洋舰》，《现代舰船》2001 年第 4 期。另该文指
　　出扬武号到达日本的时间为 1876 年 2 月，正确时间应为 1875 年 11 月。
④　《海防档》乙《福州船厂》（上），第 279—289 页。

　　水师副提督　　蔡国喜

　　船将英人　　德勒塞

　　其他英人　　二名

　　中国人　　约一百六十名①

　　12 月 4 日，日本外务卿寺岛宗则把上述消息报告给太政大臣三条实美。在报告书中，寺岛亦指出这次为中国军舰首次访日，但眼下没有中国驻日大使与领事，所以接待一事只能听任地方官。另外扬武号到达横滨时将从海军省派出专门人员，按照长崎的接待方式进行款待。并把《清国军舰渡来之节接待手顺》（《接待中国军舰流程》）寄给三条实美。② 这份接待流程共有 4 条，包括鸣礼炮、海军士官同级接待水师提督、在海军省出张所接待中国水师并设晚宴、神奈川县官派人陪同中国水兵游览等。翌日，海军省和神奈川县接到关于接待中国军舰的指示。由此可见，日本政府对于中国军舰的来访做出快速的反应并使之迅速落实。

　　按照计划，扬武号途经长崎后又去往神户、横滨。依据相关史料与报纸的跟踪报道，军舰的大致行程可归纳为表 1。扬武号一行人员上陆后，与当地政府、民间人士、在日中国人等进行了交流，③ 并于 1875 年 1 月 12 日从横滨启程回国。

表 1　扬武号访日相关事项

日期		相关事项
1875 年	11 月 18 日	上午 7 点抵达长崎港，鸣礼炮
	11 月 19 日	长崎县厅接待水师提督

---

① 「清国軍艦渡来ノ節接待ノ儀上申」、1875 年、アジア歴史資料センター、Ref. A01100103300。

② 「清国軍艦渡来ノ節接待ノ儀上申」、1875 年、アジア歴史資料センター、Ref. A01100103300。

③ 在海军省士官的向导下参观了陆军士官学校（市谷门外士官学校、竹桥内近卫步兵营）。「海軍省ヘ清国揚武号乗組者士官学校其他一覧云々答」、1876 年、アジア歴史資料センター、Ref. C04026686400。

续表

日期		相关事项
1875 年	11 月 20 日	长崎县厅接待水师副提督，宫川房之（长崎县令）回访扬武号
	12 月 2 日	离开长崎，驶向神户
	12 月 17 日	上午离开神户
	12 月 22 日	下午 6 点抵横滨
	12 月 23 日	上午 8 点鸣礼炮，神奈川炮台鸣炮回礼
1876 年	1 月 10 日	船员参观陆军士官学校（市谷门外士官学校、竹桥内近卫步兵营）
	1 月 12 日	离开横滨归国

三　日方的新闻报道

日本的报纸中首先报道扬武号来访的是《邮便报知新闻》。1875 年 11 月 20 日该报在"府下杂报"一栏中说"据闻中国军舰来长崎，可能是为了乘试"，[①] 把军舰来访的目的写成"乘试"，即航海练习。

随后《东京日日新闻》也于 1875 年 11 月 24 日报道了扬武号入长崎港和鸣放礼炮，认为其来访的目的是"仅为游览"，还写道"中国亦渐渐整备军舰，则东亚赶超欧洲之富强指日可待"，把扬武号来访看成中国海军建设的一部分，并联系亚洲局势，展望中日两国变成欧洲国家一样的强国。[②]

以上的两则新闻对扬武军舰的来访做了较为客观的报道，并积极评价其来访意义。

此外，《横滨每日新闻》《东京曙新闻》《朝野新闻》等在首都圈有名的报纸也对扬武号的来访做了报道（详见表 2）。

---

① 『郵便報知新聞』第 836 号、1875 年 11 月 20 日、第 2 版。
② 『東京日日新聞』第 1184 号、1875 年 11 月 24 日、第 2 版。

表 2　扬武号来访的相关报道时间

年份	邮便报知新闻	东京日日新闻	横滨每日新闻	东京曙新闻	朝野新闻
1875	11 月 20 日	11 月 24 日	12 月 11 日	12 月 21 日	11 月 30 日
	11 月 27 日	11 月 28 日	12 月 20 日	12 月 22 日	12 月 25 日
	11 月 29 日	11 月 29 日	12 月 21 日	12 月 25 日	
	12 月 12 日	12 月 3 日	12 月 23 日		
	12 月 18 日	12 月 24 日	12 月 24 日		
	12 月 23 日	12 月 25 日			
	12 月 25 日				
1876	1 月 10 日	1 月 9 日		1 月 7 日	
	1 月 14 日	1 月 15 日			

下面具体分析这些报纸是怎样报道扬武号来访的。

1.《邮便报知新闻》

1872 年（明治五年）政治家前岛密创办的《邮便报知新闻》用简短的报道记录了扬武号的动向。除了上述 11 月 20 日的内容，其在 11 月 27 日报道中也提到"中国军舰抵长崎港，当初认为是航海练习，果真如此"，把军舰的来访目的理解为航海练习。另外报道中还指出了军舰的同行人员、装备大炮的数量、航速及其未来出访欧美的计划。[1]

11 月 29 日，扬武号抵达长崎港时，"中国人自上而下大为骚动"。[2] 12 月 25 日的新闻中除了报道抵达长崎港时鸣放 21 响礼炮等情形外，还写道："由于是巨炮，声音震彻港内，内外之人群聚，岸边几无立锥之地。"[3] 可见扬武号出访得到许多人关注。

此外该报纸刊登的都是关于军舰动向的简短报道。

2.《东京日日新闻》

《东京日日新闻》创建于 1872 年（明治五年），为东京最早的日报。除了上述 11 月 24 日的报道，该报随时关注扬武号的动向。

---

① 『郵便報知新聞』第 841 号、1875 年 11 月 27 日、第 2 版。
② 『郵便報知新聞』第 843 号、1875 年 11 月 29 日、第 2 版。
③ 『郵便報知新聞』第 866 号、1875 年 12 月 25 日、第 3 版。

该报 11 月 28 日的社论中详细介绍了扬武号。^① 首先，介绍了其建造经过、搭乘人数，以及海军学生、士官、将领等。关于海军学生，"舱中载有中国海军生徒三十人，此生徒已从预备海军学科毕业，需要实际操练。尽为英发少年，忍耐讲习之难业且怀大志之辈"。其次，此次出访日本，对日本来说"可亲眼得见其操练进退，实有裨益"；对中方来说"得到了日本同僚同学的热情接待，颇有收获"。再次，笔锋转向两国关系，"我邦与中国共处东洋，为同文人种，性情风俗颇为相似"，实际却互相"仇视""轻视"。究其根源有"忽必烈来袭""明代倭寇""朝鲜征伐"等"宿怨"。特别是近来"我邦人锐意进取，开文明开化之端，颇得欧美喝彩"，于是更加"轻侮中国人"。针对此局面，作者指出"中国决不可轻侮"。理由是，评价中国"萎靡颓废"的人并没有"通观中国全局"。于是"吾曹切望，我邦人早废弃轻侮邻邦之恶念。（中略）若不幸看到中国船炮之不整肃而愈发轻侮之念，对彼来说则愈激其奋发之志。他年再举胡军十万越海来袭亦未可知"。强调不可臆断轻侮邻国，即便看到军舰不齐整的样子也不可抱有轻侮之念。这则报道虽没有署名，但从落款"吾曹"来看可断定作者为福地樱痴^②。

另外，12 月 25 日的《东京日日新闻》刊登了这样一则新闻：

> 有这样一说，总觉中国最近与日本为难。故彼政府有志官员频频探听日本与西洋之情形。口中常说日本乃海中小岛，为贫国、轻躁，或曰其愚蠢、发狂，实则内心十分恐惧。此次派武弁蔡国祥，乘兵船扬武号来日本，处处停泊，据说必有隐情。^③

《东京日日新闻》一改客观报道的风格，登载了上述道听途说。该文认为此次扬武号到日本必有隐情，还提到中国人对日本口头上轻视实则内

---

① 『東京日日新聞』第 1188 号、1875 年 11 月 28 日、第 2 版。

② 福地樱痴（1841—1906），新闻记者，文学家。1874 年成为《东京日日新闻》主笔。主张渐进主义，批判御用记者。以"吾曹"自称发表的社论颇有影响。

③ 『東京日日新聞』第 1212 号、1875 年 12 月 25 日、第 3 版。

心警惕。

3.《横滨每日新闻》

《横滨每日新闻》创办于 1871 年（明治四年），是日本最早的日报。该报共有 5 篇报道扬武号在横滨时的情形。

12 月 20 日的新闻报道了军舰于 17 日夜间来到横滨港。① 其后意识到误报后于 12 月 21 日与 23 日连续两天登文订正。可见《横滨每日新闻》密切关注扬武号的动向。

实际上，扬武号于 12 月 22 日到达横滨。24 日，《横滨每日新闻》提及此事时描述道："此舰为中国首次建造，内外都十分坚固，外国人亦瞠目。""只是其操作机关远离海面实为憾事。""中国亦建造如此军舰，若我方轻视的话，则至今轻侮之清国奴、猪尾会复仇。故吾等要抱着凡事不服输的精神继续努力。"② 这是一则把中国看成轻蔑对象的同时煽动不安气氛的报道。

4.《东京曙新闻》

自由民权派的机关报纸《东京曙新闻》创办于 1871 年。12 月 21 日，该报报道了 17 日夜扬武号到达横滨港，又于次日声明此为误报。③

12 月 22 日《东京曙新闻》转载了一则外国新闻："中国军舰（扬武）号于本月 13 日来到神户港。昨日上等士官一人来到县厅。另外其他士官等上陆时立即有人力车群聚，直到士官返回军舰亦紧紧跟随。"可见扬武号受到了极大的关注并引起不小的骚动。

25 日该报的报道中说："扬武舰如我邦之龙骧舰，但规模小些。据说舰中如中国流般污秽。"把扬武舰与龙骧舰做比较，还把舰内不清洁的情形比作"中国流"进行贬低。④

另外，该报 1876 年 1 月 7 日有如下报道：

① 『横濱毎日新聞』第 1520 号、1875 年 12 月 20 日、第 1 版。
② 『横濱毎日新聞』第 1524 号、1875 年 12 月 24 日、第 1 版。
③ 『東京曙新聞』第 666 号、1875 年 12 月 21 日、第 2 版；第 667 号、1875 年 12 月 22 日、第 3 版。
④ 『東京曙新聞』第 670 号、1875 年 12 月 25 日、第 3 版。

扬武号是中国建造的第十七艘军舰。木材自不用说，建造之坚固精密为我邦龙骧舰所不能及。且舰中大炮为前填充式，航行尤为轻便，万事整顿。另士官都为正规海军士官，无一人不通英语。诸账簿、日记亦皆用英语，非我海军士官可比。①

根据这则报道，扬武舰是中国的第17艘（实际应为第7艘）木造军舰，比日本军舰龙骧号坚固，设备精良，且舰上全员精通英语。这里提到的龙骧舰，1870年建成于英国，为当时日本的旗舰。这则新闻把中国木制扬武军舰与日本巨舰铁胁木壳之龙骧舰作比，把两国水兵所受训练作比，结论是日本都处于下风，是一则让人日本感到不安的报道。

5.《朝野新闻》

从1874年创刊的政论报纸《朝野新闻》上可查到两则与扬武号来访相关的报道。1875年11月30日该报的"海外新报"专栏中转载了长崎英文报纸中一条题为"关于中国军舰来访"的消息，② 称扬武号"从中国福州出发来到本港，中国军舰在日本海面抛锚实为首例。日本人必大发奇异思想"。还指出扬武号在外国技师监督下建造，配饰"龙旗"、装载大炮，并介绍了其今后的航海计划。

12月25日该报的报道则是转载了《东京日日新闻》上关于扬武号抵达横滨的消息。③

6.《评论新闻》

《评论新闻》于1875年发行，此时正值日本自由民权运动时期。虽说该报在当时没有大报的影响力，但其中小松原英太郎和末广重恭关于扬武号来访的论述值得一读。

1876年1月，《评论新闻》第56号发表了题为"中国军舰扬武号入横滨港并评论"的文章。文章开篇指出了日本追求"皮相"的开化而中国则是重视"内部"的开化。关于扬武号，是这样评述的：

---

① 『東京曙新聞』第676号、1876年1月7日、第3版。
② 『朝野新聞』第680号、1875年11月30日、第2版。
③ 『朝野新聞』第700号、1875年12月25日、第1版。

眼下中国军舰扬武号入横滨港。其规模似我龙骧舰，颇大。虽然其海陆军备是否盛大尚不知其详，总之其国家之经营顺序仿佛更得要领。果真如此，着实的开化会逐渐进步，海陆军备亦随之强大。在东洋博得美名，本已不容置疑。故此，若吾日本人民只追求皮相之开化，不大奋大勉于内心之开明的话，则将平伏屈下于远远落后于我们的牛尾头，不得不甘居下风。岂可不惩戒哉。

小松原认为扬武号是中国"开化"运动的一环。此次其来到日本更是中国"开化"得要领的展现。对于逐渐强大的中国，日本也要"大奋大勉"，有序地进行"开化"。小松原由扬武号的来访联想到日本的近代化，并对至今只注重"皮相"的日本及其"开化"政策进行了自省和批判。

末广重恭在小松原论述后继续提到，在日本外交中最重要的国家是中国。日本和中国是"辅车相因，声援相通"的关系，同时也存在如日本出兵台湾和在琉球、朝鲜问题上的纠纷。但正因为是这样的时期，更应该掌握中国的动向。具体对于扬武号的到来，他这样写道：

中国政府派遣军舰扬武试探我国，首次打开东洋海路。故吾辈可谓，吾国外交中最要谨慎的是中国，最应探听的是中国的国势。

综上，由日本首都东京周边有影响的各大新闻报道，可见日本新闻界对扬武舰来访十分关心。其报道中心由最初的"乘试""游览"，变为其后的警惕与不安。

四　中方的新闻报道

关于扬武号出访日本，中方又是怎样报道的呢？以下引用《申报》和《万国公报》进行比较分析。

1.《申报》

1872 年由英国人美查（Ernest Major）在上海创办的《申报》，为中国近代发行时间最长、最有影响力的报纸之一。1875 年 4 月 24 日，《申报》发表了题为"扬武兵船拟走外洋"的报道。

　　　　昨阅香港邮来西报曰，中国家现议着扬武兵船出海周绕地球游历各国，闻将先由东洋而环行也。故现请者于水师之英官将航海各事授教于肄业之人，云夫中国果能如是，则乘长风破万里浪是诚一时之创举焉。[1]

这则新闻报道了扬武号以日本为始巡游世界的航海计划，并评价其为"一时之创举"。

1876 年 4 月 6 日，《申报》以"船政局扬武轮船出洋情形"为题，再次报道了扬武号出访日本的情形。[2] 此时扬武号已归国在上海整备修理。《申报》特意派人到军舰进行采访，称"规模居然与外国上等轮船无异，船中洁净毫无纤尘。服式鲜明机器光亮，水兵水手均极严肃"。另外，《申报》对扬武号上大炮数量、弹药重量、船员每天的测量工作、水兵薪水等都做了详细的介绍，指出军舰抵达日本时"彼处接待甚殷，船抵横滨开放二十一炮以表尊礼之意。东洋水师提督备办盛席邀请肄业诸人饮宴。又坐火轮车到日本东京，此乃中国兵船第一次出洋，俱各欢喜踊跃也"。

历经两次鸦片战争的清王朝，在经历了来自海上列强的侵略后被迫走上近代化道路。在这样的时代背景下，一直处于"被动"立场的中国这次"主动"派遣扬武号出洋，是值得载入史册的。这是《申报》报道的主旨所在。

2.《万国公报》

美国传教士林乐知（Young John Allen）于 1869 年创办的《万国公报》也报道了扬武号，该新闻报道题为"扬武炮船出洋练习"。[3]

---

[1]　《申报》1875 年 4 月 24 日，第 1 版。

[2]　另外《申报》1875 年 9 月 4 日（第 2 版）、1876 年 4 月 6 日（第 2 版）、1876 年 4 月 12 日（第 1 版）也提到扬武号出访日本。

[3]　《万国公报》（三），清末民初报刊丛编四，华文书局，1968，第 2003 页。

其一，报道介绍了扬武号出访日本"为练习海道起见"。抵达日本时"日人颇生艳羡"，我军舰"气势昂藏，足令日人骇异"。究其原因，"其机式悉照西国上等战艘，所异者只一龙旗而已"。文章高度评价了扬武军舰的构造与西方舰船无异。

其二，报道提及了扬武号被派往欧美的计划，指出"此举殊足壮中朝之威，而使西人望风额庆也。且此班生童其精进正未可量，虽其行为中朝所仅有，而中外咸皆欢欣鼓舞而乐观厥成焉"。文章叙述了与西方军舰匹敌的扬武号之精良，强调了扬武号出洋的深远影响。

《申报》与《万国公报》的报道介绍了扬武舰在日本得到的接待，并在高度评价该舰出洋发扬国威的同时指出提升本国航海技艺的重要意义。

五 中日双方报道的特点

上述所引中日双方报纸各从不同角度报道了扬武号出访日本。中方侧重对本国军舰建造、航海练习业绩的评价；日本则流露出不安与警惕的态度。对比两国的报纸，有两个问题浮现出来。

第一，扬武号派遣的真正目的何在？中方称为"航海练习"，日本则报道为"乘试"（航海练习）、"游览"、"探测内情形势"。

第二，日方的报道倾向渐渐转为轻视、自省和不安、警惕。为何会发生这样的变化？

以下，就这两个问题展开论述。

1. 扬武号的出访目的

先来看一下扬武号出访前后的中日关系。中日两国于 1871 年缔结了近代第一个对等条约——《中日修好条规》，1873 年交换了批准书后条约正式生效，两国也由此步入近代外交关系。虽然条约是对等的，但潜伏在两国之间的问题渐渐凸显。

首先，1874 年日本借口琉球难民事件与小田县漂流民事件出兵台湾。两国经过交涉，表面上恢复了友好关系。但晚清重臣李鸿章称日本为中国

"永远大患",① 把日本看作假想敌，着手创建北洋海军。

台湾问题告一段落后，日本把目标指向朝鲜。为使朝鲜打开国门，日本派遣云扬号军舰示威。1875 年 9 月 20 日，日军在江华岛与朝鲜守兵交战，史称江华岛事件。当时，朝鲜是中国的朝贡国。为处理此事件，日本派遣森有礼为特命全权公使，于 11 月 24 日赴天津。正值中日关系因朝鲜问题处于紧张之际，11 月 18 日，扬武号出现在长崎港。

扬武号水师提督蔡国祥从日本归国后，于 1876 年 2 月 14 日（光绪二年正月二十日）提交了报告书，内称：

> 扬武练船始到日本长崎，见其官民佺偬，举国惊疑，与日官相见，问其来意，国祥云，带同学生游历各埠，并无别事。（中略）所历兵库、大坂、神户、横滨各港之华商一见扬武船至，欢声遍道，咸颂我国泽敷远民，若获甘霖之沛，沿海所会各国领事及兵轮洋员，均皆和悦，礼上往来。②

水师提督蔡国祥自述了在日本的经历，并提到日本人"举国惊疑"的原因是"风闻八月间，日国轮船驶至朝鲜国港内，量其水道，绘其形势"。值得注意的是，蔡国祥在报告书中用到"风闻"一词。换句话说，蔡国祥对日本派船去朝鲜一事并不肯定，只是"风闻"。他还提到"朝鲜乃中华属国，若轻举往攻，诚恐中国救援"。蔡国祥认为，日本坊间对中国的警惕与不安来源于他们把朝鲜问题与中国军舰造访联系到一起。

再来看看船政大臣沈葆桢的意见。1875 年 11 月 12 日（光绪元年十月十五日），沈葆桢在给总理衙门的书信中提及扬武号航海训练一事，其称："拟中旬先行开洋，北向津沽一带，顺历东洋海口，洵与风信相宜。"③ 从这则书信中，沈葆桢在考虑到风向等气候条件后，提出了扬武号的航海计

---

① 戴逸、顾廷龙主编《李鸿章全集》第 6 卷，安徽教育出版社，2008，第 170 页。
② 《据禀扬武练船至日本该国疑中国因日韩事致有此举》，台北，"中央研究院"近代史研究所档案馆藏《总理各国事务衙门·朝鲜档》，01 – 25 – 003 – 02 – 045。
③ 《海防档》乙《福州船厂》（下），第 623—624 页。

划，还提到船政监督法国人日意格的航海计划，即首先是中国各港口，其次是日本各港口，再次是菲律宾、新加坡，还有旧金山、印度、北美等地。在这样一个航海练习的长期计划中，出访日本在第二步。可见扬武号访日是其航海练习计划的一部分。

1876 年 2 月 6 日（光绪二年正月十二日），北洋大臣李鸿章在给沈葆桢的信中也提到了扬武号海外巡航一事："扬武至东洋，新闻纸甚为赞美，将来能赴西南洋一巡否。"① 可见，李鸿章也把扬武号到日本一事看成航海练习的一部分，并未提及朝鲜问题。②

1875 年 5 月 1 日（光绪元年三月二十六日），李鸿章在给水师提督蔡国祥的信中也提到学习西方训练水军一事："先将在工各号轮船督饬教练，自系海防要务，所有应行练习西国水师阵法、枪炮技艺，必须随时随事虚心考究，精细讲求，庶有进益。"③ 并请蔡寄来订立的操演章程。可见李鸿章对训练水师格外关心。

另外，继沈葆桢后担任福州船政大臣的丁日昌评价扬武号造访日本时指出"以增胆识而扩见闻"，④ 也将其视为航海训练的一部分。

综上所述，水师提督蔡国祥、北洋大臣李鸿章、福州船政大臣沈葆桢及后任丁日昌都认为扬武号出访日本是为了练习航海技术。《申报》《万国公报》也报道其目的为练习航海。而日本的报纸在看到扬武号后流露出不安、警惕的声音，中日双方的认知产生巨大分歧。

2. 日方报纸的观点

1874 年 1 月，板垣退助、后藤象二郎等向明治政府提交"民选议院设立建白书"，拉开了自由民权运动的序幕。明治 7 年、8 年的民权论争也体现在新闻报道中。"上意下达"这一报道原则亦发生巨大变化，报纸成为

---

① 戴逸、顾廷龙主编《李鸿章全集》第 31 卷，第 354 页。
② 戚其章记述派遣扬武舰的意图"为练习海道起见，随后又由烟台出洋，驶向日本海"。另抵达日本后引起其社会各界的关注，长崎、横滨聚集数万人前来观看。见戚其章《晚清海军兴衰史》，第 176 页。
③ 戴逸、顾廷龙主编《李鸿章全集》第 31 卷，第 208、209 页。
④ 赵春晨编《丁日昌集》（上），上海古籍出版社，2010，第 105 页。

民权论争的一大阵地，所谓"政论新闻时代"由此到来。① 新闻报道上出现主张渐进主义的"官权报纸"和主张急进主义的"民权报纸"，呈现空前的盛况。"官权报纸"以《东京日日新闻》为代表，"民权报纸"以《邮编报知新闻》《朝野新闻》《横滨每日新闻》等为代表。②

在自由民权论争激烈的大环境下，扬武号到达日本。于是，在日本新闻界涌现出各种不同声音。前面提到的新闻报道大致可分为几类。①客观地记述：《邮便报知新闻》《东京日日新闻》《朝野新闻》。②联系今后两国关系的报道：《东京日日新闻》（1875 年 11 月 28 日）。③与日本军舰对比后发出警惕的声音：《东京曙新闻》（1875 年 12 月 25 日、1876 年 1 月 7日）。④轻视中国的报道：《横滨每日新闻》（1875 年 12 月 24 日）、《东京曙新闻》（1875 年 12 月 25 日）。⑤对本国开化政策的自省：《评论新闻》。

扬武号到访日本，日本的报纸为何会产生如此不同的声音？上述蔡国祥的报告书中提及了江华岛事件，可见朝鲜问题可作为解释日方反应的一个要素。那么对于日朝关系，当时各报持怎样的立场呢？

江华岛事件发生后，《邮便报知新闻》《东京日日新闻》《朝野新闻》主张"非战"，而《东京曙新闻》《横滨每日新闻》则主张"征韩"，两派争得不可开交。③ 值得注意的是，同样的论争也体现在扬武号来访上。

《邮便报知新闻》《东京日日新闻》《朝野新闻》的报道多较为客观地报道军舰来访，其在分析日朝关系时，站在"非战"的立场上；《东京曙新闻》《横滨每日新闻》把扬武号与日本军舰进行比较，发出警惕、轻视中国的声音，这两份报纸正主张"征韩"。

另外，小松原英太郎在《评论新闻》上提到，"细观中国之情形，其政府经理国事的脉络，似愚实则不愚，似拙实则不拙。似有不易看破的远

---

① 西田長寿『明治時代の新聞と雑誌』至文堂、1966 年、39—45 頁。

② 小野秀雄『日本新聞発達史』大阪毎日新聞社、1922 年、54—63 頁。

③ 芝原拓自・猪飼隆明・池田正博校注『日本近代思想体系 12　対外観』、岩波書店、1988年、320—335 頁。另外山田昭次「征韓論・自由民権論・文明開化論——江華島事件と自由民権運動」（『朝鮮史研究会論文集』7、朝鮮史研究会、1970 年）中亦有提及；松岡僖一也分析了"江华岛事件"时日本国内的论争（『高知大学教育学部研究報告』61、2001 年）。

算深虑"。他称清政府的政策为"远算深虑"，特别称赞李鸿章"英迈""豪杰"，在处理台湾出兵和马嘉理事件上"能得其要领"。另外对于国内政策，清政府与"世间皮相论者"不同，优先于"内部开化"；而日本则是"修饰边幅，疲敝困顿"，"粉饰皮相"。小松原就两国的"开化"政策进行了比较，更是对日本政府的开化政策进行批判。

小松原为何发表批判日本政府的文章？首先看看他 1875 年、1876 年的动向。1874 年"征韩论"甚嚣尘上，小松原主张"非征韩论"并以此建议政府。① 随后他离开故乡冈山县来到东京，开启了游学之路。1875 年，他开始向《东京曙新闻》投稿论及时事。后经末广重恭介绍，在以"倡导言论自由，鼓吹文明思想"② 为旗帜的《评论新闻》担任编辑长。扬武号访问日本正值此时期。在 1874 年开始的自由民权运动的斗争中，小松原提倡自由民权。明治新政府为了消除批判政府的声音，于 1875 年 6 月发布了《谗谤律》（8 条）和《新闻纸条例》（16 条）。但以小松原为代表的民权论者主张言论自由，继续在言论上攻击政府。1876 年 1 月，《评论新闻》第 62 号在"论说"栏目发表了伊东孝二的《压制政府应该颠覆》一文并附上评论，批判政府束缚言论自由。小松原以违反《新闻纸条例》第 13 号为由被捕，度过了两年的监狱生活。

因此，在评价扬武号的来访时，提倡自由民权的小松原是在借此事来批判日本政府。

综上所述，围绕扬武号来访一事，中方指出派遣该舰的目的是练习航海技术，而日方则做出更大的反应，提出不同解释，有联系"征韩论"的新闻报道，也有主张自由民权而批判政府的声音。

六 结语

本文以近代中国军舰扬武号首次访日为例，通过引用中日双方的史料（主要是报纸），分析了两国的不同反应。近代中日两国在缔结《中日修好

---

① 木下宪『小松原英太郎君事略』、1924 年、27 页。
② 木下宪『小松原英太郎君事略』、28 页。

条规》后，围绕台湾问题、琉球问题、朝鲜问题矛盾日渐凸显。在这样的
力量角逐中，扬武号出访日本值得关注。

首先，扬武号赴日是近代中国军舰首次出访，有其特殊意义。日本太
政大臣、外务卿、海军省、神奈川县令、长崎县令等都迅速做出应对并布
置一系列接待工作，使这次出访活动能够顺利完成。扬武号亦圆满完成了
这次航海练习的任务。

其次，关于此次出访，中方报纸视其目的为练习海军技术，而日方则
出现了不同的声音。有些日本报纸进行了客观报道，如《邮便报知新闻》
《东京日日新闻》《朝野新闻》；有些则发出警惕、不安的声音，如《东京
曙新闻》《横滨每日新闻》。

再次，步入"政论新闻时代"的日本，报纸在言论之争上表现空前。
考虑当时东亚的现实情形，围绕朝鲜问题，日本新闻界亦体现出不同声
音。主张"征韩"的报社，在扬武号到达时多表现出警惕、不安；而反对
"征韩"的报社则基本上能客观报道扬武号来访。这些不同反应值得关注。

1877 年，中国军舰海安号效仿扬武号的先例来到日本，这些行动作为
北洋海军访日前的重要事件，其影响不能忽视，日本政府、民众的反应也
值得我们进一步思考。

（白春岩，日本早稻田大学商学部讲师）

日本研究学术史

周一良日本史研究的成就及阶段特征

卢俊丞

内容摘要 周一良的日本史研究成就卓著,在日本古代史学、明治维新史、日本文化史、中日文化交流史等方面皆有突出贡献。周一良的日本史研究可分为四个阶段。第一阶段(1924—1952),周一良从事日本语言、文学、历史的学习与讲授,为此后的研究打下基础。第二阶段(1953—1966),周一良将日本史研究作为主业,在马克思主义的指导下,其研究具有追求科学、验证真理的倾向。第三阶段(1980—1989),周一良回归自己的兴趣与专长,研究方向转为中日文化交流。第四阶段(1990—2001),周一良通过研究日本历史人物,抒发人生感慨,其研究体现出人文色彩。

关键词 周一良 日本史 马克思主义史学 经世致用

周一良(1913—2001)是中国日本史学科的奠基人之一,与吴廷璆、邹有恒一并被尊称为"三老"。关于周一良的日本史研究,前贤已有一些论述。宋成有、汤重南以时间线索叙述了周一良日本史研究的代表作品及其主要观点,并对《中日文化关系史论》一书做了重点评价。① 刘岳兵在解析中日文化交流史的概念时,肯定了周一良在此方面的理论贡献。② 孟

---

① 宋成有、汤重南:《周一良先生与新中国的日本史研究》,《中日关系史研究》2011 年第 2 期。

② 刘岳兵:《中日文化交流史研究的回顾与展望——一种粗线条的学术史漫谈》,《日本学刊》2015 年第 2 期。

繁之运用读书题记、书信等材料，补充了周一良日本史研究过程中的细节。[①] 笔者拟在这些研究的基础上，将周一良日本史研究的成就总结为日本古代史学、明治维新史、日本文化史、中日文化交流史四个方面，并结合周一良的学术与人生，将其日本史研究生涯划分为四个阶段，概括每个阶段的特征。

一 周一良日本史研究的历程

周一良日本史研究的起点可以追溯到其于 1924 年开始的日文学习。周一良从小接受旧式私塾教育，究其原因，是其父周叔弢当时的教育观念比较陈旧，不信任新式学校。同时，周叔弢的教育观念也有合理之处。其一，他重视外文的学习，认为日本与俄国是中国近邻，关系必将日益密切，这两国的语言很重要，于是安排周一良学习日文，延请教师来家讲授。其二，他认为读外文也要通古典，请教师讲授日本古典文学作品如《保元物语》《源平盛衰记》。[②] 从 1924 年开始，周一良学习了四年日文，达到了能够翻译学术文章的水平。进入燕京大学历史系后，周一良关注日本汉学研究的成果，翻译了大谷胜真《安西四镇之建置及其异同》、内藤湖南《都尔鼻考》等文。1934 年 6 月，内藤湖南去世。周一良在 8 月写成《日本内藤湖南先生在中国史学上之贡献》，介绍湖南在中国上古史、清初史地等方面的研究，并附上了《支那学》当年 7 月号所载湖南著述目录，显示了周一良对海外汉学动态的及时掌握。[③] 周一良在 1935 年完成的毕业论文《〈大日本史〉之史学》由洪业定题，以中国史学的标准，细致评价了水户藩所修纪传体巨著《大日本史》。在该文引言部分，周一良不满于当时中国日本史研究的薄弱，表示自己"拟从事于日本史之研究"，因为《大日本史》详赡精赅，所以由此入手。[④] 可见，周一良研究《大日本史》

---

① 孟繁之：《周一良的日本史研究情结》，《读书》2014 年第 11 期。
② 周一良：《毕竟是书生》，北京十月文艺出版社，1998，第 12—13 页。
③ 《日本内藤湖南先生在中国史学上之贡献——〈研几小录〉及〈读史丛录〉提要》，《周一良集》第 4 卷，辽宁教育出版社，1998，第 468—513 页。
④ 《〈大日本史〉之史学》，《周一良集》第 4 卷，第 4 页。

的目的至少有二，一为评价其书之史学成就，二为了解日本历史之梗概，为从事日本史研究做准备。然而，周一良的日本史研究在取得良好开端之后随即中辍，因为周一良的学术兴趣很快发生了转移。

1935 年秋，周一良在清华大学听了陈寅恪的魏晋南北朝史课，大感佩服，决心走陈寅恪的道路，以魏晋隋唐史为研究对象。1939 年，洪业推荐周一良至哈佛大学求学，周一良感到有机会学习梵文，在语言工具上接近陈寅恪，于是和导师叶理绥商量，将学习计划定为日文为主，梵文为辅。在叶理绥的指导下，周一良阅读了日本历代文学名著如《竹取物语》《今昔物语》等，两三年后，感到日本语言文学的知识面扩大了，水平提高了。但周一良在梵文上花费的时间更多，他的博士学位论文题目不是关于日本，而是利用新习得的梵文知识，研究了唐代印度来华的三个密宗僧人。[1] 这一佛教史方面的选题，显示了周一良力图效仿陈寅恪的治学路数。

哈佛大学的日本语言文学训练，使周一良的日文达到了可以胜任教学的水平，他的日文教学历程亦从此开启。1943 年，周一良先是在哈佛大学办的陆军特别训练班教日文，1944 年博士毕业后，留在哈佛大学担任了两年日文教员。1946 年，周一良返回燕京大学，开设初、高级日文课程。1947 年，周一良转聘清华大学外文系，仍然教日文。周一良在哈佛时写过一部日语文法书稿，回国后曾拿到商务印书馆，想作为大学丛书之一出版，最终并未付梓。周一良的幼弟周景良读过此稿，他描述道，文法开头都要讲发音，对此，各家都是列举不同类型的发音以及在一定条件下发音的变化，一般性地举些例子。这部稿子讲有些汉字可以有数种不同的音读，举了最极端的例子，说有的汉字可以有 50 多种日语的音读。[2] 从周景良的回忆似可推测，周一良的这部书稿在工具书属性外，还体现出学术上的较真精神。在清华大学任职期间，周一良还开始了日本史教学。他回忆道："此时北京高校无人教授日本史，燕京、清华、北大三校的日本史课程由我一人承乏包办。"[3] 周一良回国之后的这段时间，持续从事日文、日

① 周一良：《毕竟是书生》，第 30—34 页。
② 周景良：《回忆一良大哥》，《东方早报·上海书评》2013 年 6 月 23 日。
③ 周一良：《学术自述》，《郊叟曝言》，新世界出版社，2001，第 68 页。

本史的教学，但研究兴趣并不在此，而在于追随陈寅恪的学术道路，在魏晋南北朝史、佛教史、敦煌学等方面多有著述。

中华人民共和国成立后，周一良积极向组织靠拢，要求自我改造，一面学习马克思主义，一面树立起服从需要的思想。院系调整后，周一良任职于北京大学历史系。1953 年，北大历史系学习苏联教学计划，准备建立亚洲史教研室，考虑到周一良教过日本史，通几门外语，是这方面的合适人选，于是动员周一良改行。周一良本着服从需要的精神，放弃了中国古代史，着手于亚洲史教学，而个人研究重点则放在了素有积累的日本史。① 这一阶段，亚洲史、日本史研究成为周一良的主业。1955 年，周一良参加在荷兰莱顿举行的第八次青年汉学家会议（The Conference of Junior Sinologues），所做报告题为《新中国关于亚洲国家历史的教学和研究》。② 周一良本以佛教史研究在西方汉学界知名，此时则以亚洲史学者的面貌示人。

1956—1957 年，周一良两度讲授亚洲各国史课程的上古、中世部分，编成了一部讲义，于 1958 年出版，即《亚洲各国古代史》上册。根据周一良亚洲史教学的主要范围，这部讲义包括日本、朝鲜、越南三国的古代史，日本部分占了近一半的篇幅。日本部分的结构也较为均衡，上古与中世的内容各占一半，叙述史事与分析生产力、生产关系的比重较平衡，胜过朝鲜、越南两部分。③ 20 世纪 50 年代以后，周一良在朝鲜史上颇为用力，但熟稔程度仍不如濡染多年的日本史。这部讲义的日本部分也可看作其在马克思主义的指导下，撰述日本简史的早期尝试。

周一良将研究重点转向日本史后，首先关注的是明治维新前后史事，分别于 1956 年和 1962 年完成了《日本“明治维新”前后的农民运动》《关于明治维新的几个问题》两篇论文。20 世纪 60 年代初，周一良受命主编《世界通史》教材，撰写了“日本明治维新”一章，受体例所限，研究性不强。此外，周一良为诺曼《日本维新史》的中译本写过序言，站在唯

---

① 周一良：《毕竟是书生》，第 46—47 页。

② 周一良：《我国历史学家参加在荷兰莱登举行的青年“汉学”家年会》，《历史研究》1956 年第 2 期。

③ 周一良：《亚洲各国古代史》上册，高等教育出版社，1958，第 8—52 页。

物史观的立场上，对诺曼的观点多有批判。①

　　与此同时，周一良还在中日文化交流史方面做了一些工作，于1963年发表了《鉴真的东渡与中日文化交流》《荣西与南宋时中日经济文化交流的几个侧面》两篇文章，考证了有关鉴真、荣西的一些史实，这是周一良研究中日文化交流史的起点。不过，此时他研究工作的主流仍在明治维新方面。周一良原准备写一篇关于维新前夕对外关系的文章，来纪念1968年明治维新一百周年，然而"文革"开始，文章未能完稿。1963年，周一良买得山根幸夫整理的史料汇编《华夷变态》，"兴致勃勃地立刻想就这一时期的中日关系进行研究"，因为"文革"很快到来，多年没有摸过这本书。② 此后，周一良的日本史研究中断了接近二十年。

　　直至1980年，周一良写了《十九世纪后半叶到二十世纪中日人民友好关系和文化交流》，标志着个人日本史研究的恢复，且主题转向中日文化交流。20世纪80年代，周一良在此方面具有代表性的文章有《唐代的书仪与中日文化关系》《从中秋节看中日文化交流》《唐代中日文化交流中的选择问题》等。1990年，《中日文化关系史论》出版，其中有16篇文章与中日文化交流相关，大部分写于20世纪80年代，是周一良此时期研究工作的一个总结。

　　进入20世纪90年代，周一良注意到翻译日本原始史料的重要性，计划在人生的最后阶段，为中国日本史学科做一些具有长远性的贡献。由于对江户时代的兴趣，周一良想翻译些江户时代的史料，如新井白石的《折焚柴记》、松平定信的《宇下人言》、三井高房的《町人考见录》、柴田鸠翁的《鸠翁道话》等。③ 周一良从1990年开始翻译新井白石的自传《折焚柴记》，翻译完成后，因为身体原因，未能实现其余的计划。不过，周一良由翻译自传进而研究新井白石其人，写成了日本史研究生涯中最后两篇

---

① 该书英文版题为 *Japan's Emergence As a Modern State: Political and Economic Problems of the Meiji Period*，是加拿大学者 E. Herbert Norman 对明治维新的专题性研究。周一良作序的中文版是姚曾廙译《日本维新史》，商务印书馆，1962。《周一良集》《周一良全集》皆误作"《明治维新史》序"。

② 周一良：《〈华夷变态〉与东南亚史料》，《郊叟曝言》，第143—144页。

③ 周一良：《〈町人伦理思想研究〉序》，《郊叟曝言》，第155—156页。

论文，即《新井白石论》和《新井白石——中日文化交流的身体力行者》。此后，周一良在日本史方面不再做具体研究工作，除与妻子邓懿合译了约翰·霍尔《日本——从史前到现代》，主要是为日本史相关著作撰写书评或序言，如《评〈入唐求法巡礼行记校注〉》《〈江户时代日本儒学研究〉序》《〈町人伦理思想研究〉序》。在这些文字中，能见到周一良晚年对日本史部分问题的新思考。

二　周一良日本史研究的成就

如何总结周一良日本史研究的成就，应该是仁智互见的。笔者试将其分为日本古代史学、明治维新史、日本文化史、中日文化交流史四个方面。

在日本古代史学方面，周一良的突出成绩在于对《大日本史》的研究。他从中国传统史学的标准出发，对《大日本史》的史观、体裁、义例、考订、论赞、文字做了详细的考察。其中"义例"一节包含内容最广，关于全书的断限、书法、载文，纪、传、志、表之得失均有讨论。最后，联系水户学对明治维新的推动作用，指出《大日本史》对日本史学、思想的重要影响。这是中国学者第一次全面评价重要的日本史学著作，起到了开风气之先的作用。其不足之处在于，以中国传统史学标准加以衡量的研究方法，细密有余，却"嫌陈腐"。关于《大日本史》对尊王攘夷和明治维新的影响，仅在结语中提及，"阐述远远不够"。[①]

在明治维新史方面，周一良具有影响力的文章是《日本"明治维新"前后的农民运动》和《关于明治维新的几个问题》。前文认为农民运动是明治维新的革命动力，试图说明维新之前 30 年间的农民运动如何动摇了幕府的统治，以及农民在维新运动中的贡献。[②] 后文讨论了明治维新前夕的各种矛盾、明治维新的性质和明治维新是日本近代史开端的标志三个问

---

① 周一良：《扶桑四周》，《中日文化关系史论》，江西人民出版社，1990，第 176 页。
② 周一良：《日本"明治维新"前后的农民运动》，《北京大学学报》（人文科学）1956 年第 3 期。

题，系统地提出明治维新是一次不彻底的资产阶级革命。①《世界通史》教材中的"日本明治维新"一章采纳了上述意见，"不彻底的资产阶级革命"遂成为中国学界关于明治维新性质的主流观点。② 晚年周一良对明治维新史有了新的思考，自言从"农民一揆"去找农民战争的痕迹是教条主义，认同町人阶级是推进近世商品经济发展的主体势力，也就否定了农民运动是明治维新的动力的观点。③

在日本文化史方面，周一良没有专题论文，但从散见的论述可以看出，他对日本文化史是有较深认识的。平安中期以后，日本吸取唐朝文化已达饱和，在此基础上，逐渐形成自己独特的文化。禅僧虎关师炼有论书法的两句话："本朝延历大同之时，和汉同其芳躅；天历天喜之际，和汉异其阃域。"周一良认为，这两句话实际对于整个日本文化都适用，绘画、雕刻、工艺等无不如此，诗歌、小说等尤为显著。这体现了周一良对日本文化史重要阶段的全面观察。在中国书仪的影响之下，日本出现了特有的书信范文集，称为"往来物"。"往来物"的主要职能是传播知识，与中国书仪的性质分化，存在独立发展的过程。周一良考察了《明衡往来》《东山往来》《庭训往来》等代表性作品，时间跨度自平安至于江户，说明了这类书在日本文化史上的重要地位。④ 在一篇泛论中日文化差异的小文中，周一良以谚语为切入点，指出日本谚语反映了日本文化与儒家思想的关系，同时，日本谚语中佛教的影响超过了儒家思想的影响。⑤ 江户时代日本文化繁荣发展，在学术领域，儒学、国学、兰学起了各自的作用。周一良没有做具体研究，但认识到国学家古典文献研究的贡献，以及儒家心学一派对民众宣讲教化产生的巨大影响，而有望于后来的研究者。⑥

在中日文化交流史方面，周一良的研究可分为两种类型。一是介绍中日文化交流史上的杰出人物，表彰其业绩，如鉴真、荣西、圆珍、罗

① 周一良：《关于明治维新的几个问题》，《北京大学学报》（人文科学）1962 年第 4 期。
② 周一良、吴于廑主编《世界通史·近代部分》上册，人民出版社，1962，第 427 页。
③ 周一良：《〈町人伦理思想研究〉序》，《郊叟曝言》，第 154—155 页。
④ 周一良：《唐代的书仪与中日文化关系》，《历史研究》1984 年第 1 期。
⑤ 周一良：《中日文化的异与同》，《中日文化关系史论》，第 40 页。
⑥ 周一良：《〈江户时代日本儒学研究〉序》，《郊叟曝言》，第 131 页。

卧云等；二是讨论可以表现交流关系的文化载体。关于汉字，周一良列举了日语中存在的中国古代词语，以及近代从日本传入的汉字词语，来说明两国之间的文字因缘。① 关于习俗，周一良考察了日本之所以没有中秋节，在于唐代中秋没有像上巳、端午、重阳那样，成为国家和社会公认的节日，日本沿袭唐朝的典制，因而没有中秋节。② 关于制度，周一良结合日本古代国情，解释了日本在输入唐朝文化时未曾仿效科举制和宦官制的原因。③

周一良的中日文化交流史研究，支撑了他对文化交流以及文化本身的理论思考。关于文化交流，周一良谈到，凡是两个国家或民族进行文化交流，接受的一方必然既有交流的需要，又有适宜的条件和环境，然后交流的成果才能生根发芽。如果接受的一方条件改变，交流的需要不复存在，原有交流成果也不能长久存在下去。例如日本从 7 世纪到 9 世纪尽力仿效唐代典章制度，但进入 10 世纪后庄园制兴起，贵族控制了政权，幕府取代了皇室地位，唐制不再适用，就形成了另一套与经济基础相适应的上层建筑。④

关于文化本身，周一良提出了文化分狭义、广义、深义三个层次的说法。其中，深义文化是周一良的理论创新，他对此论述道："深义的文化，就是指宗教、艺术、政治、经济等许许多多的方面作一个更高的综合，来概括、抽象、深化，由此得到的核心的东西，普遍的、共同的、存在于各个方面的东西。深义的文化同一个民族的民族性有很多相同之处，是一个民族自己固有的东西。在中外文化交流过程中，狭义的和广义的文化无疑都可以相互交流，同民族性相近的这种抽象、概括出来的深义的文化，可以相互影响，但不一定能够交流移植，生根发芽以至开花结果。"⑤ 周一良提出深义文化的概念，来源于对日本文化的观察，他表示："日本文化中

① 周一良：《围绕汉字的中日文化交流》，《中日文化关系史论》，第 25—31 页。
② 周一良：《从中秋节看中日文化交流》，《中日文化关系史论》，第 45 页。
③ 周一良：《唐代中日文化交流中的选择问题》，《中日文化关系史论》，第 34—36 页。
④ 周一良：《学术自述》，《郊叟曝言》，第 75 页。
⑤ 周一良：《"深义"的文化》，《东西方文化研究》总第 2 辑，河南人民出版社，1987，第 2—3 页。

淡雅、朴实、爱好大自然、务实而不重思辨的精神，这就是一种深义的文化。"① 日本传统文学艺术中每每崇尚两个特点，可译为"苦涩"和"闲寂"，周一良认为，在日本文化的诸多方面都贯穿着"苦涩""闲寂"的精神，可以视之为日本文化深层的本质或特征。②

三　周一良日本史研究的阶段特征

周一良的日本史研究时间跨度长，背景是 20 世纪中国社会、学术的变迁，个人际遇在其中也发挥作用，因而在不同时期呈现出截然不同的面貌。笔者试将其日本史研究生涯分为四个阶段，并概述每个阶段的特征。

第一阶段是 1924—1952 年，周一良从事日本语言、文学、历史的学习，并成为一名日文、日本史教师，为此后的研究工作打下了坚实的基础。周一良青年时代受到良好的日文训练，能够掌握日文学术资料，具备日本史研究的潜力。以撰写毕业论文为契机，周一良曾有志于日本史研究，但学术兴趣很快转移，除了《〈大日本史〉之史学》，未再发表日本史方面的论文。此后周一良虽在哈佛大学主修日文，并担任了多年日文教师，但一直把学习日本语言、文学、历史当作爱好，而非学术追求。

第二阶段是 1953—1966 年，周一良将日本史研究作为主业，并在研究中贯彻了马克思主义史学的理论与方法。在《日本"明治维新"前后的农民运动》《关于明治维新的几个问题》两篇文章中，周一良娴熟运用了马克思主义史学遵循的基本观点如人民群众是历史的创造者、生产力决定生产关系、主要矛盾影响次要矛盾等，多次征引马克思、恩格斯、列宁的话作为论述前提。周一良承认马克思主义是普遍真理，但它如何反映在日本历史上，同时体现出日本的独特性，毕竟需要进一步研究。因而，周一良该阶段日本史研究的思想取向，一言以蔽之，是验证真理。周一良看到日本明治维新与英法资产阶级革命的显著不同，论述了其不彻底性。③ 关于

---

① 周一良：《"深义"的文化》，《东西方文化研究》总第 2 辑，第 3 页。
② 周一良主编《中外文化交流史》，河南人民出版社，1987，"前言"，第 2—3 页。
③ 周一良：《日本"明治维新"前后的农民运动》，《北京大学学报》（人文科学）1956 年第 3 期。

明治维新的性质，有学者主张是专制王权的建立，周一良认为这是用欧洲的尺度来衡量东方，欧洲近代史上出现的专制王权客观上发展了资本主义，而东方早在封建初期已有专制王权，它与资本主义的产生没有必然联系。对于日本近代史的开端，周一良认为应从日本具体的历史发展中去寻找，而非套用世界近代史的时代划分。① 如上所述，周一良在马克思主义史学的框架下，结合日本历史的独特性，对明治维新涉及的理论问题进行了周密的解释，从而验证马克思主义之正确。

第三阶段是 1980—1989 年，周一良转向中日文化交流史研究，并以此为基础，提出了关于文化交流乃至文化本身的理论思考。周一良该阶段日本史研究的主题转向文化，一方面或可归结为史学界研究领域的扩展，传统的政治史、经济史以外，文化史逐渐拥有一席之地；另一方面，文化是周一良的兴趣所在，也是他研究历史的长处所在。周一良对文字、词汇、语音等文化的细小单位深感兴趣，读辞典是他的一大爱好。1976—1978 年被隔离审查期间，周一良放松的方式除了读日本文学作品，还有读《例解日语辞典》，"感到趣味无穷"。② 周一良应该藏有不少日语辞典，《唐代的书仪与中日文化关系》中提到日本人对"谨空"的解释，列举了相当数量的日本辞典，且对辞典的质量、辞典之间的源流非常熟悉。③ 由于在日本语言、文学上的造诣，周一良从文字、语汇、书籍、习俗等方面切入中日文化交流，可谓得心应手，因而多有创获。文化的视角也是周一良学术研究的长处所在，在魏晋南北朝史领域，周一良继承了陈寅恪的学术风格，着眼于民族、宗教、学术等问题，包括考订名物掌故的《魏晋南北朝史札记》，"集中的方面还是文化史方面多一些"。④ 比起其他魏晋南北朝史名家，经济史似乎非其所长。在日本史领域，周一良罗列大量数据对明治维新前后的经济状况进行分析，也不是他惯有的研究模式。20 世纪 80 年代，周一良可以自由地选择研究对象，自然回到了感兴趣且擅长的文化史研

---

① 周一良：《关于明治维新的几个问题》，《北京大学学报》（人文科学）1962 年第 4 期。
② 周一良：《毕竟是书生》，第 80 页。
③ 周一良：《唐代的书仪与中日文化关系》，《历史研究》1984 年第 1 期。
④ 《中国文化书院访谈录》，《周一良全集》第 7 卷，高等教育出版社，2015，第 237 页。

究。并且，比起明治时期，周一良对江户时期更感兴趣，也体现在这一阶段的日本史研究中。①

第四阶段是 1990—2001 年，周一良通过研究日本历史人物，抒发人生感慨。该阶段周一良仅有《新井白石论》《新井白石——中日文化交流的身体力行者》两篇论文。如果将这些成果并入第三阶段，自然是有其道理的，但笔者认为，周一良研究新井白石的主要意图，不是透视白石所处时代的政治或文化，也不是通过白石展现中日文化交流，而是借白石的事迹，来抒发自身的人生感慨。为了说明这一点，需要简单转述新井白石的成就。

新井白石是江户时代的政治家和学者，作为政治家的白石，不躲避江户时代错综复杂的矛盾，反而大胆介入其中，按照自己的理想行事，显示出白石的特立独行，给人铮铮硬骨的印象。将军家宣对白石几乎言听计从，因而白石发挥了极大的政治影响，他的作为有助于将军家宣统治时期的稳定局面，客观上也有益于社会发展。作为学者的白石，其学问方面广泛、成就精深，在江户时代屈指可数。白石首先是史学家。他在史学领域的贡献，大致有三方面。第一是在当时颇为先进的历史观，能够指出历代政治的变化。第二是在治史时对史料的鉴别处理方法。他不排斥而是竭力主张利用中国及朝鲜史书中关于日本的记载。关于古代神话，他把神的故事看成人世的历史，这种观点在日本是前所未有的。第三是注重学以致用。白石撰写的《藩翰谱》起了江户时代现代史和统治者政治教材的作用。白石注意国内少数民族以及邻邦的情况，对世界各国史地知识求知若渴，尤其可贵的是对天主教持开明态度。这些说明白石视野宽阔、注意广泛，经世致用的思想贯穿他的学术的各方面。白石同时也是语言学家，著有《东雅》《同文通考》等。作为语言学家，白石的特识是注重声音，而不拘泥于表达声音的文字。他研究表音文字与表意文字的区别，对比之下，甚至倾向于承认表音文字的优越性。白石在语言语音方面的认识与主张，在当时是十分少见的。白石还是一位文学家，早年即沉浸于唐诗，今

---

① 《周一良学术论著自选集》，首都师范大学出版社，1995，"自序"，第 5 页。

存《白石诗草》，为中国诗人所学习欣赏。①

不难看出，周一良与新井白石之间存在诸多相似之处，周一良很容易在白石身上获得共鸣，对白石产生认同之感、钦羡之情。他们都是学者，都对语言文字方面的学问感兴趣、有研究。周一良曾写《说宛》一文，考证日本古代文献中"以宛代充"的现象，后读白石全集，发现其《同文通考》卷四误用门已言及"宛俗充字"。周一良在文章附记中感叹道："虽只一语，实先我二百七十年矣。补记于此，以志与东邦先贤之文字因缘。"②在相近的学术领域，最可看出周一良对白石的共鸣与钦佩。周一良称白石是中日文化交流的身体力行者，其实此语亦是周一良自身的写照。

他们都有国际化的学术视野，关注的范围从东亚至于西洋。据说白石掌握了 300 多个荷兰语单词，周一良除掌握日文、英文、梵文外，还学习过拉丁文、希腊文、法文、德文，他们在学问上的开放精神是相通的。③

他们都有以学问经世致用之志，都曾参与政治。周一良的经世之志，表现在他最初研究日本史，目的在于了解日本，服务于现实的中日关系。大学毕业后，周一良曾试图在中国驻日本大使馆找工作。数月之后，周一良听了陈寅恪的课，方决定终身从事学术研究。中华人民共和国成立后，周一良的经世之志事实上得以发挥，他写了一系列中国与其他国家友好关系的文章，起过一定作用。在思想根源上，周一良认为史学是可以经世致用的。1935 年时，他曾表示："历史之学其究竟仍在于经世致用，非仅考订记叙而已。惟其所以用之者代有不同，人有不同，自孔子作《春秋》之寓褒贬别善恶，至近世之唱唯物史论，一例也。"④ 经过"文革"后，周一良的想法似乎有所转变，在 1985 年的文章中，他认为史学不应仅有致用功能，"究天人之际，通古今之变"才是史学的终极作用。⑤ 到了 20 世纪 90 年代，周一良又认为二者并不冲突，称赞白石"继承了中国史学的优良传

① 《新井白石论》，《周一良学术论著自选集》，第 500—518 页。
② 周一良：《说宛》，《魏晋南北朝史论集续编》，北京大学出版社，1991，第 299 页。
③ 周一良：《毕竟是书生》，第 33 页。
④ 《〈大日本史〉之史学》，《周一良集》第 4 卷，第 86 页。
⑤ 周一良：《魏晋南北朝史学发展的特点》，《魏晋南北朝史论集续编》，第 69 页。

统——通古今之变，使历史为现实服务"。① 周一良将注重学以致用作为白石史学的一个优点，认可白石以其经史学术修养服务于政治，也可看作他对自身以史经世的总体肯定。

周一良亦欣赏白石的性格与品格。白石敢于坚持自己认为正确的想法，勇于提出，不惜得罪权贵，是一个特立独行、铮铮硬骨的人。周一良作为大家族的长子，一生因循谨慎，言行有其边界，因此感叹白石的人生多姿多彩。笔者认为，白石在政治、学术上的成就，包括其性格、为人，皆是周一良理想的投射，引起了周一良的共鸣与向往。周一良研究白石这个历史人物，实际上寄托了自己的人生之慨。

四　结语

周一良以其深厚的日本文史修养，在日本史研究的不同方面取得了令人瞩目的成就。关于日本古代史学，周一良全面评价了重要史学著作《大日本史》，学术影响及于日本的同时，开启了国内此类研究的先河。关于明治维新史，周一良系统地提出维新运动是不彻底的资产阶级革命，这一观点不仅被介绍到日本学界，在中国更是产生了广泛的影响。关于日本文化史，周一良对宏观问题如日本文化转型，微观问题如"往来物"的发展过程，皆有深刻而精到的认识。关于中日文化交流史，周一良从文字、书籍、习俗、制度等文化载体着眼，兼及各时期文化交流的重要人物，进行了细致而立体的研究，并上升到文化交流的理论层面。可以说，周一良日本史研究最精彩之处即在中日文化交流史，体现了周一良多方面学问的融会贯通。

周一良的日本史研究可以划分为四个阶段。第一阶段，周一良从事日本语言、文学、历史的学习与讲授，作为自己的一大爱好，为此后的研究打下基础。第二阶段，周一良将日本史作为自己的主业，在研究中贯彻了马克思主义的理论与方法，带有明显的追求科学、验证真理的倾向。第三

---

① 《新井白石——中日文化交流的身体力行者》，《周一良学术论著自选集》，第589页。

阶段，周一良按照自己的兴趣，将研究转向文化方面。他仍然认为寻找规律是历史研究的重要目标，对文化交流的一般规律有所总结，但总体上不再追求研究的科学化。第四阶段，周一良研究历史人物，出发点是自身的人生体验与思想认同，其研究展现出较强的人文色彩。周一良在第二阶段的转变，外部条件起了关键作用。外部的推力消失后，在第三、第四阶段，周一良日本史研究的趋向是与个人的兴趣乃至情感贴合。从周一良日本史研究的阶段性转变，也可看出史学的复杂面相，其性质为科学还是艺术，是难以一言论定的。

（卢俊丞，南开大学历史学院博士研究生）

新世纪中国日本研究的回顾与展望

新世纪以来北京大学国际关系学院的
日本研究

初晓波

北京大学国际关系学院是国内普通高校中建立最早的国际关系学院，是我国培养国际问题的教学与研究，以及外交与涉外工作专门人才的重要基地。目前，国际关系学院由 6 个系和 3 个研究所组成，即国际政治系、外交学与外事管理系、国际政治经济学系、比较政治学系、国际组织与国际公共政策系、国家安全学系、国际关系研究所、亚非研究所、世界社会主义研究所。此外还管理着 19 个科研中心和文科实验室。

学院现有 4 个本科、10 个硕士和 7 个博士专业对外招生，即本科的国际政治、外交学、国际政治经济学、国际组织与国际公共政策；硕士的国际政治、国际关系、外交学、国际政治经济学、国家安全学、中外政治制度、中共党史、科学社会主义与国际共产主义运动、国际组织与国际公共政策、公共管理硕士；博士的国际关系、国际政治、外交学、科学社会主义与国际共产主义运动、中外政治制度、国际政治经济学、国家安全学。

学院现有在职教学科研人员 53 人，其中教授 26 人，副教授 17 人，助理教授 9 人，副研究员 1 人。至 2022 年秋季学期，本科生在校共 514 人，硕士研究生 335 人，博士研究生 154 人，其中港澳台及外国留学生总计 367 人。学院主办有核心期刊《国际政治研究》。

总结北京大学国际关系学院的日本研究情况，有几个基本前提需要说明：学院的日本研究主体，主力是学院的教师，目前学院的 53 名教师中，虽然专业不同、研究方法不同、研究对象不同，大部分老师都对日本有所涉猎，更多是将日本作为比较对象，探讨区域合作以及国际关系、区域国别理论总结，以日本为主要研究对象的只有 5 位学者。在统计过程中发现，学院的日本研究另一支生力军是学院的研究生，尤其是博士研究生，也有少部分的本科生有成果发表。值得说明的是，成立于 1988 年的北京大学日本研究中心（学术虚体）有 76 位来自全校各个院系从事日本研究的学者，根据北京大学安排，目前中心由国际关系学院代管。但本文仅仅统计国际关系学院教师的日本研究情况，不包括北大日本研究中心其他院系老师的成果。同样要说明的是，部分课题、合著、论文集等成果，虽然主持人、主编是其他院系的老师，但其中主要参与者、执笔者是国际关系学院教师的，则一律纳入分析统计范畴。所有成果都以正式出版时间为准，时间段为 2000 年至 2023 年。

一　中文著作方面的成果概况

学院教师发表的著作领域、内容、形式、语言种类等都比较广泛，首先将中文著作按出版时间为序罗列如下。

（1）李玉、骆静山主编《太平洋战争新论》，中国社会科学出版社，2000。

（2）李寒梅等：《21 世纪日本的国家战略》，社会科学文献出版社，2000。

（3）梁云祥、应霄燕：《后冷战时代的日本政治、经济与外交》，北京大学出版社，2000。

（4）林振江、梁云祥主编《全球化与中国、日本》，新华出版社，2000。

（5）李玉、汤重南、林振江主编《中国的日本史研究》，世界知识出版社，2000。

（6）李玉、夏应元、汤重南主编《中国的中日关系史研究》，世界知识出版社，2000。

（7）宁骚、李玉、晏智杰主编《现代化与政府科学决策》，经济科学出版社，2000。

（8）郝平、程瑞芳主编《创新与挑战》，北京大学出版社，2001。

（9）陈峰君、王传剑：《亚太大国与朝鲜半岛》，北京大学出版社，2002。

（10）李玉、陆庭恩主编《中国与周边及"9·11"后的国际局势》，中国社会科学出版社，2002。

（11）张锡镇主编《东亚：变幻中的政治风云》，中国国际广播出版社，2002。

（12）尚会鹏、徐晨阳：《中日文化冲突与理解的事例研究》，中国国际广播出版社，2004。

（13）李玉、〔日〕浦野起央主编《中日相互认识论集》，香港社会科学出版社有限公司，2004。

（14）李玉、梁云祥主编《文明视角下的中日关系》，香港社会科学出版社有限公司，2006。

（15）归泳涛：《赖肖尔与美国对日政策：战后日本历史观中的美国因素》，重庆出版社，2008。

（16）王新生主编《中日友好交流三十年（1978—2008）》，社会科学文献出版社，2008。

（17）尚会鹏、游国龙：《心理文化学 许烺光学说的研究与应用》，台北，南天书局，2010。

（18）尚会鹏：《中国人与日本人：社会集团·行为方式与文化心理的比较研究》，台北，南天书局，2010。

（19）吴志攀、李玉主编《东亚的价值》，北京大学出版社，2010。

（20）朱锋、〔日〕秋山昌广、于铁军主编《中日安全与防务交流：历史、现状与展望》，世界知识出版社，2012。

（21）梁云祥：《日本外交与中日关系》，世界知识出版社，2012。

（22）李寒梅：《日本民族主义形态研究》，商务印书馆，2012。

（23）李玉主编《新中国日本史研究的回顾与展望》，天津古籍出版社，2012。

（24）尚会鹏：《心理文化学要义：大规模文明社会比较研究的理论与方法》，北京大学出版社，2013。

（25）王秀丽、梁云祥：《日本人眼中的中国形象》，北京大学出版社，2016。

（26）尚会鹏：《中日"文化基因"解码》，社会科学文献出版社，2017。

（27）李玉、王燕均编《北京大学图书馆藏日本版古籍书目》，线装书局，2019。

（28）汪朝光、于铁军主编《中日历史认识共同研究报告（战前篇）：中日战争何以爆发》，社会科学文献出版社，2020。

（29）王逸舟等主编《区域国别研究历史、理论与方法》，上海人民出版社，2021。

（30）尚会鹏、张建立、游国龙等：《日本人与日本国：心理文化学范式下的考察》，社会科学文献出版社，2021。

（31）尚会鹏：《人、国家与国际关系 心理文化学路径》，社会科学文献出版社，2021。

学院还致力于进行日本相关研究图书的翻译出版工作，积极把日本优秀研究成果介绍到国内。代表性译著如下。

（1）〔日〕平山美知子：《路是这样走出来的》，周季华、贾蕙萱译，北京大学出版社，2000。

（2）〔日〕加藤节：《政治与人》，唐士其译，北京大学出版社，2003。

（3）〔日〕神田喜一郎：《敦煌学五十年》，初晓波等译，北京大学出版社，2003。

（4）〔日〕大畑笃四郎：《简明日本外交史》，梁云祥、颜子龙、李静阁译，世界知识出版社，2009。

（5）〔日〕坂野润治：《日本近代史》，杨汀、刘华译，新华出版社，2020。

（6）〔日〕由井正臣：《岩波日本史》第 8 卷《帝国时期》，初晓波译，新星出版社，2020。

（7）〔日〕小寺彰、岩泽雄司、森田章夫编《国际法讲义》，梁云祥译，南京大学出版社，2021。

此外，学院于铁军教授等策划、主编的"北京大学战争与战略研究丛书"中与日本有关的书目如下。

（1）〔日〕服部卓四郎：《大东亚战争全史》，张玉祥等译，林鼎钦等校，世界知识出版社，2016。

（2）〔日〕堀场一雄：《日本对华战争指导史》，王培岚等译，世界知识出版社，2017。

（3）〔日〕堀荣三：《大本营情报参谋战记》，刘星译，世界知识出版社，2022。

二 中文论文方面的成果概况

根据知网检索，从 2000 年到 2023 年 4 月，以北京大学国际关系学院为作者单位的，共有 483 篇日本研究相关学术论文，由于北京大学没有向知网提供硕士、博士毕业论文，所以肯定不包括学士、硕士、博士毕业论文。以下根据不同的分布特点总结如下。

从学科分布情况来看（参见图 1），学院师生完成的论文中，超过一半（大约 55%）属于中国政治与国际政治研究，其他如经济学研究、世界历史研究、中国近现代史研究、文化研究等占比稍微靠前，值得注意的是，学院关于日本环境与可持续发展和金融学的研究近年来进展比较快，国际组织与国际公共政策专业的几位老师成果斐然。

从主题分布情况来看（参见图 2），学院师生完成的论文中，压倒性成果集中在中日关系领域，包括钓鱼岛问题在内的两国各个领域的关系现状、问题及未来展望，另外东亚合作、东北亚合作视角下的日本研究成果也比较突出，从中日双边关系拓展到日美同盟、日本与东盟之间、日俄关系的研究也比较多。

从年度发表情况来看（参见图 3），学院师生完成的论文中，呈现出倒 U 形曲线的总体特征，2005—2014 年关于日本的研究呈现高峰状态，而进

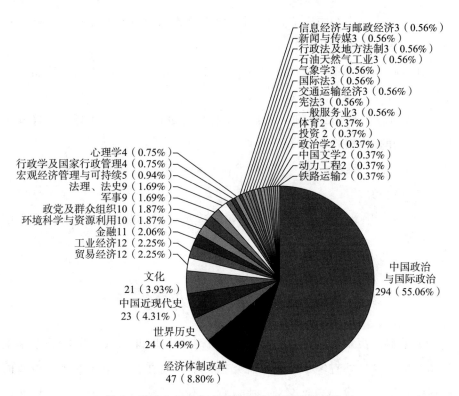

图 1　学院与日本相关发表论文中学科分布情况

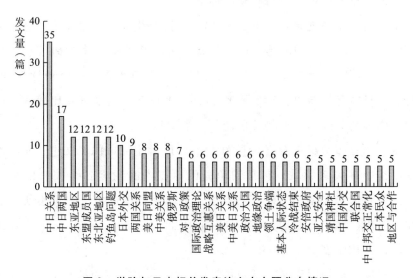

图 2　学院与日本相关发表论文中主题分布情况

入 21 世纪的头几年和近来一段时间，日本研究论文的数量有所下降。

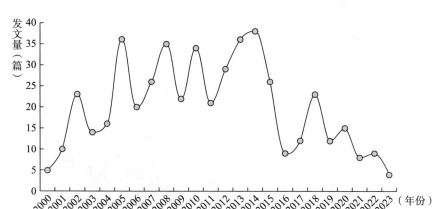

图 3　学院与日本相关发表论文中年度分布情况

从杂志发表情况来看（参见图 4），学院师生完成的论文在发表上占据头十名的杂志，包括学院主办的《国际政治研究》、中华日本学会与社科院日本所主办的《日本学刊》，以及《国际论坛》《世界经济与政治》《太平洋学报》《外交评论》等国际政治研究、日本研究的国内一流刊物，也包括《世界知识》等普及型杂志。

从作者情况来看（参见图 5），学院发表日本研究相关论文的主要学者，包括传统的日本研究学者，如梁云祥、归泳涛、初晓波、尚会鹏、李寒梅等老师，也包括研究美国和东亚安全的朱锋（现在南京大学）、于铁军、张小明、王缉思、牛军等老师，还包括研究台湾问题的张植荣、研究东南亚的张锡镇、研究非洲的李安山等老师及研究环境保护等功能性领域的学者如张海滨老师。

就学院发表的与日本有关的学术论文在整个学术界（不仅是日本研究领域）的影响力来看，学院发表的所有论文，按照引用率高低排名，在前 20 篇论文中，竟然没有一位传统意义上日本研究学者的作品（参见图 6）。研究美国与东亚关系的学者占据压倒性优势，如张小明、王栋、王传剑（现在天津师范大学）、朱锋、王缉思、宋伟（现在中国人民大学）等，以及研究外交学与中国外交的学者，如叶自成、张清敏等，其他研究东南亚的张锡镇、研究非洲的李安山老师都榜上有名。如何将日本研究的特殊

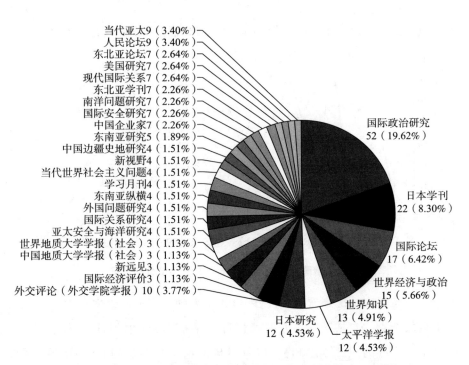

当代亚太9（3.40%）
人民论坛9（3.40%）
东北亚论坛7（2.64%）
美国研究7（2.64%）
现代国际关系7（2.64%）
东北亚学刊7（2.26%）
南洋问题研究7（2.26%）
国际安全研究7（2.26%）
中国企业家7（2.26%）
东南亚研究5（1.89%）
中国边疆史地研究4（1.51%）
新视野4（1.51%）
当代世界社会主义问题4（1.51%）
学习月刊4（1.51%）
东南亚纵横4（1.51%）
外国问题研究4（1.51%）
国际关系研究4（1.51%）
亚太安全与海洋研究4（1.51%）
世界地质大学学报（社会）3（1.13%）
中国地质大学学报（社会）3（1.13%）
新远见3（1.13%）
国际经济评价3（1.13%）
外交评论（外交学院学报）10（3.77%）

国际政治研究
52（19.62%）

日本学刊
22（8.30%）

国际论坛
17（6.42%）

世界经济与政治
15（5.66%）

世界知识
13（4.91%）

太平洋学报
12（4.53%）

日本研究
12（4.53%）

图 4　学院与日本相关发表论文中发表刊物分布

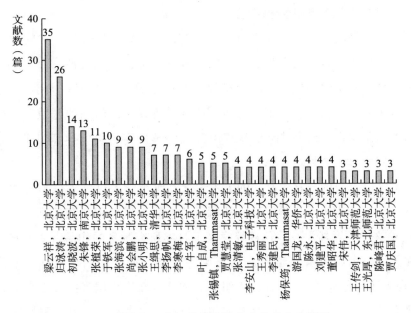

图 5　学院与日本相关发表论文中作者分布情况

性，上升到国际政治研究的一般性特征，还需要有危机感，需要我们认真探索，不断进步。

☐ 1	约瑟夫·奈的"软权力"思想分析	张小明	美国研究	2005-03-05	期刊	425
☐ 2	对中国海权发展战略的几点思考	叶自成、慕新海	国际政治研究	2005-08-25	期刊	124
☐ 3	国际关系中的对冲行为研究——以亚太国家为例	王栋	世界经济与政治	2018-10-14	期刊	98
☐ 4	日本新能源汽车发展及对我国的启示	张天舒	可再生能源	2014-02-20	期刊	88
☐ 5	从"双重遏制"到"双重规制"——战后美韩军事同盟的历史考察	王传剑	美国研究	2002-06-30	期刊	74
☐ 6	美国亚太安全战略中的美韩军事同盟	王传剑	现代国际关系	2002-05-20	期刊	73
☐ 7	东京非洲发展国际会议与日本援助非洲政策	李安山	西亚非洲	2008-05-10	期刊	70
☐ 8	中国与周边国家关系的历史演变:模式与过程	张小明	国际政治研究	2006-02-25	期刊	68
☐ 9	从国际法论中日钓鱼岛争端及其解决前景	吴辉	中国边疆史地研究	2001-03-15	期刊	68
☐ 10	中国海权内涵探讨	孙璐	太平洋学报	2005-10-30	期刊	67
☐ 11	应对气候变化:中日合作与中美合作比较研究	张海滨	世界经济与政治	2009-01-15	期刊	59
☐ 12	印度莫迪政府"印太"战略评估	王丽娜	当代亚太	2018-06-20	期刊	57
☐ 13	从大历史观看地缘政治	叶自成	现代国际关系	2007-06-20	期刊	57
☐ 14	援助外交	张清敏	国际论坛	2007-11-10	期刊	55
☐ 15	权力变更、认同对立与战略选择——中日关系的战略未来	朱锋	世界经济与政治	2007-03-14	期刊	52
☐ 16	美国是东亚区域合作的推动者还是阻碍者?	张小明	世界经济与政治	2010-07-14	期刊	50
☐ 17	论中非合作论坛的起源——兼谈对中国非洲战略的思考	李安山	外交评论(外交学院学报)	2012-05-05	期刊	49
☐ 18	东亚地区一体化中的中日—东盟三角关系之互动	张锡镇	东南亚研究	2003-10-28	期刊	49
☐ 19	浅论中美关系的大环境和发展趋势	王缉思	美国研究	2006-03-05	期刊	47
☐ 20	美国霸权和东亚一体化——一种新现实主义的解释	宋伟	世界经济与政治	2009-02-14	期刊	46

图 6　学院与日本相关发表论文中引用率排行

北京大学国际关系学院首先是一个教学单位，各位老师除了自己的研究外，还指导学士、硕士、博士研究生完成了大量以日本为研究对象的论文。考虑到学士学位论文数量非常多，本文简单统计硕士学位论文，重点罗列博士学位论文的情况。

北京大学国际关系学院硕士学位论文（2000—2016 年的数据）以日本为中心的研究，有 205 篇。其中包括程蕴 2009 年的《中日近代国家建设过程比较——从政治思想的角度进行分析》（指导教师梁云祥）。

为更好呈现日本研究的主题，博士学位论文只挑选以日本为中心的研究，不含所有涉及日本的研究，共 48 篇。

第一篇是 2000 年于铁军的《权力、制度与观念：国际格局转换时期的美日同盟，1985—1997》（指导教师袁明），1999 年黄大慧的《中日邦交正常化研究：日本对华决策过程中各政治主体作用的分析》（指导教师赵宝煦）不包括在内。2002 年吕耀东的《总体保守化：冷战后日本政党格局的嬗变》（指导教师林代昭）；2003 年张伯玉的《冷战背景下的日本 55 年体制》（指导教师林代昭）；2004 年王星宇的《论冷战后日本的新大国主义思潮和新国家主义思潮》（指导教师李玉）；2005 年归泳涛的《现代化论的传教士——赖肖尔与美国对日外交》（指导教师袁明）；2006 年张云的《日本农业保护的政治经济分析兼谈与东亚一体化的关系》（指导教师梁守德）；2007 年樊小菊的《日本对越南的外交政策与实践（20 世纪 70 年代至 90 年代初）》（指导教师李玉）；2008 年邱静的《战后日本知识分子护宪团体的宪法思想、护宪运动及其政治影响》（指导教师许振洲）；2009 年钟飞腾的《管理投资自由化：美国应对日本直接投资（1985—1993）》（指导教师袁明）；2010 年李寒梅的《日本民族主义形态研究》（指导教师李玉）、董昭华的《国家产业发展战略与国际货币制度选择——以日本的金本位制选择（1897—1931）为例》（指导教师王正毅）、庄娜的《日本国体论研究——以现代国家建构为核心的考察》（指导教师尚会鹏）；2012 年朱晓琦的《论日本选举政治中的政治家后援会》（指导教师梁云祥）、陈静静的《从占领到归还：美国对冲绳政策的历史演变（1945—1969）》（指导教师张小明）；2014 年朱清秀的《战后日本选举政治中的政治资金问题研究》（指导教师梁云祥）；等等。目前，上述各位博士活跃在中国日本研究界的各个单位，已经或正在成为研究的生力军。

三　外文发表与日本有关的成果

在上述中文著作和论文基础上，2000 年至 2023 年，学院教师参与主编、撰写了一定数量与日本研究有关的外文发表。首先将日文著作出版情况大致总结如下。

（1）国分良成・藤原帰一・林振江編『グローバル化した中国はどうなるか』新書館、2000年。

（2）浦野起央・刘甦朝・植栄邊吉編『釣魚臺群島（尖閣諸島）問題研究資料彙編』刀水書房、2001年。

（3）尚会鵬・徐晨陽『東の隣人：中国人の目で見る日本人』日本図書刊行会、2001年。

（4）日本大学国際関係学部国際関係研究所編『東アジアの国際協力』芦書房、2002年。

（5）尚会鵬・徐晨陽『中国人は恐ろしいか!? 知らないと困る中国的常識』三和書籍、2002年。

（6）宇野重昭編『北東アジアにおける中国と日本　北京大学国際関係学院・島根県立大学シンポジウム　日中国交正常化三十周年記念』国際書院、2003年。

（7）日本大学国際関係学部国際関係研究所編『東北アジアにおけるアメリカの影響その受容と対抗』日本大学国際関係学部国際関係研究所、2004年。

（8）桜美林大学・北京大学共編『新しい日中関係への提言：環境・新人文主義・共生』はる書房、2004年（方連慶「国交正常化後の中日関係」；李玉「中国の日本研究」「北京大学の日本研究」；彭家声「中日留学生交流」；張海濱「中日環境協力の将来」「環境問題と中日関係」）。

（9）武者小路公秀監修『アジア太平洋の和解と共存：21世紀の世界秩序へ向けて』国際書院、2007年（梁雲祥「第二次世界大戦と中日関係」）。

（10）宇野重昭・唐燕霞編『転機に立つ日中関係とアメリカ』国際書院、2008年（王緝思「中日米の国力比較からみた三カ国関係の行方」；葉自成「日中関係における光と影　中日関係の発展に対するアメリカの影響について」；帰泳濤「中国の台頭と日中関係の新展開　日本における新保守主義の台頭と中・米・日関係」；梁雲祥「歴史認識問題再考　中日関係における歴史認識問題とアメリカ要素」）。

（11）桜美林大学・北京大学共編『日本と中国を考える 三つの視点：環境・共生・新人文主義』はる書房、2009 年（李玉「交流の強化と理解の促進」）。

（12）歩平・謝寿光・王新生ほか編著、高原明生監訳『中日関係史 1978―2008』東京大学出版会、2009 年。

（13）王敏編『転換期日中関係論の最前線：中国トップリーダーの視点』三和書籍、2011 年（李玉「中国における日本研究の概観　中国の日本研究」「中国の日本史研究」）。

（14）藤本和貴夫・宋在穆編『21 世紀の東アジア：平和・安定・共生』大阪経済法科大学アジア研究所、2010 年（範士明「平和と安全保障 東北アジアにおける安全保障ジレンマに対する中国の取り組み」；王正毅「東アジアの地域アイデンティティーについての議論」）。

（15）飯田泰三・李暁東編『転形期における中国と日本 その苦悩と展望』国際書院、2012 年（王逸舟「中国外交の進歩と転換」；董昭華「グローバリゼーション、政府と社会ガバナンス」；初暁波「近代以降の東アジア国際体系変革の示唆」）。

（16）桜美林大学・北京大学学術交流論集編集委員会編『教育・環境・文化から考える日本と中国』はる書房、2014 年（尚会鵬「個人と間人、倫人と縁人」；李玉「近代以来中日相互認識の変化」）。

（17）尚会鵬著、谷中信一訳『日中文化 DNA 解読』日本僑報社、2016 年。

（18）宇野重昭・江口伸吾・李暁東編『中国式発展の独自性と普遍性：「中国模式」の提起をめぐって』国際書院、2016 年（唐士其「中国模式論争をどう見るか」；楊朝暉「党の領導の歴史地位と転換」；梁雲祥「世界の中国か、それとも中国の世界か」；潘維「人民を組織して当事者にする 」）。

（19）佐藤壮・江口伸吾編『変動期の国際秩序とグローバル・アクター中国：外交・内政・歴史』国際書院、2018 年（王逸舟「中国が直面する新たな課題と可能性」；梁雲祥「新世紀におけるグローバル化趨勢下の中国外交の選択」；雷少華「現代中国外交における国内政治の根源」）。

（20）波多野澄雄・中村元哉編著『日中の「戦後」とは何であったか：戦後処理、友好と離反、歴史の記憶』中央公論新社、2020 年。

（21）孔寒氷・陳巒明『「北京大学桜」は永遠に　創価大学と北京大学の学術交流 40 年史』東方出版社、2021 年。

以上除部分学院教师单独的日文著作外，大部分是北京大学国际关系学院与日本友好合作学校以及共同课题研究的论文集。如学院与日本大学国际关系学部、樱美林大学、岛根县立大学、成蹊大学、大阪经济法科大学等的论文集比较多。其中波多野澄雄与中村元哉主编的《中日两国的战后：战后处理、友好与反目、历史记忆》一书中，就包括学院李寒梅老师的文章《国家层面历史观的变迁与关于抗日战争历史记忆的建构》（「国家レベルの歴史観の変遷と抗日戦争に関する歴史記憶の構築」）、王缉思与归泳涛老师的文章《冷战中国外交战略与对日政策》（「冷戦期中国の外交戦略と対日政策」）等。

学院教师日文论文的发表情况大致如下。

（1）梁雲祥・浦野起央「中国の APEC 政策と東アジア国際関係への影響」『国際関係研究』21（2）、2000 年。

（2）浦野起央・梁雲祥「日・中アジア安全保障戦略と日中関係」日本大学法学会『政経研究』37（2）、2000 年。

（3）林代昭「冷戦後のアジア太平洋構造と中日関係」成蹊大学法学会『成蹊法学』（53）、2001 年。

（4）初暁波「中米軍用機接触事件からみる中国の外交危機管理」『創価法学』第 31 巻第 3 号、2002 年 3 月。

（5）浦野起央・梁雲祥「中日関係と東アジア協力機構」日本大学法学会『政経研究』37（4）、2003 年。

（6）唐士其「儒教学説と正義理論」日本大学法学会『政経研究』39（4）、2003 年。

（7）李玉「中国における日本研究——中日関係史を例として」日本

大学法学会編『政経研究』39（4）、2003 年。

（8）牛軍「九・一一テロ攻撃後の大国間関係とアメリカの対中政策」成蹊大学法学会編『成蹊法学』（57）、2003 年。

（9）李寒梅「当代日本の社会風潮と中日関係」日本大学法学会『政経研究』第 39 巻第 4 号、2003 年 3 月。

（10）尚会鵬「中国人戦争被害意識の心理構造」『アジア遊学』（72）、2005 年。

（11）帰泳濤「ライシャワーのベトナム戦争観と日米関係——日米アジア認識の相克を中心に」『アジア太平洋研究科論集』（8）、2004 年。

（12）範士明「中国メディアにおける日本と日中関係——冷戦終結前後における『人民日報』の日本報道に関する分析」『環日本海研究年報』（11）、2004 年。

（13）尚会鵬「儒家の文化戦略と中国人の日本観の深層」王敏編『〈意〉の文化と〈情〉の文化：中国における日本研究』中央公論新社、2004 年。

（14）範士明「だれの耳？だれの声？中国のニュースメディアの変化とそれがもたらす結果」成蹊大学法学会『成蹊法学』（61）、2005 年。

（15）唐士其「中国と西洋の法律観念の比較——なぜ中国に法治の伝統が欠けているのか？」成蹊大学法学会『成蹊法学』（61）、2005 年。

（16）丁斗「中日経済関係における相互依存性について」成蹊大学法学会『成蹊法学』（61）、2005 年。

（17）梁雲祥「冷戦後の中国の対日政策について」『現代中国事情：日本と中国の円滑なコミュニケーションを目指して』（1）、2005 年。

（18）梁雲祥「呉儀訪日の「風波」に現れた中国の対日政策の特徴」『現代中国事情：日本と中国の円滑なコミュニケーションを目指して』（2）、2005 年。

（19）梁雲祥「中国の対日新政策の解読」『現代中国事情：日本と中国の円滑なコミュニケーションを目指して』（3）、2005 年。

（20）梁雲祥「中国の対日政策における台湾問題」『現代中国事情：

日本と中国の円滑なコミュニケーションを目指して』（4）、2005 年。

　　（21）尚会鵬「中国・日本的文化特性比較」法政大学国際日本学研究所『東アジア共生モデルの構築と異文化研究：文化交流とナショナリズムの交錯』法政大学国際日本学研究センター、2006 年。

　　（22）梁雲祥「第二次世界大戦と日中関係——戦後 60 周年日中関係の再思考」『現代中国事情：日本と中国の円滑なコミュニケーションを目指して』（5）、2006 年。

　　（23）梁雲祥「日中間信頼確立への東アジア共同体」『現代中国事情：日本と中国の円滑なコミュニケーションを目指して』（6）、2006 年。

　　（24）梁雲祥「中日の民間外交と共同利益」『現代中国事情：日本と中国の円滑なコミュニケーションを目指して』（7）、2006 年。

　　（25）梁雲祥「中国のナショナリズムと対日政策」『現代中国事情：日本と中国の円滑なコミュニケーションを目指して』（8）、2006 年。

　　（26）梁雲祥「朝鮮半島の危機をめぐる日中の異同」『現代中国事情：日本と中国の円滑なコミュニケーションを目指して』（9）、2006 年。

　　（27）梁雲祥「安倍首相の「旋風的」中国訪問と日中関係」『現代中国事情：日本と中国の円滑なコミュニケーションを目指して』（10）、2006 年。

　　（28）帰泳濤「なぜ今、ナショナリズムか」アジア調査会『アジア時報』38（10）（通号 430）、2007 年。

　　（29）範士明「新しいメディアと中国における政治表現」『環日本海研究年報』（14）、2007 年。

　　（30）梁雲祥「中国から見た日本——二一世紀の日本政治と外交」『現代の理論』10 号、2007 年。

　　（31）梁雲祥「日中関係の中のアメリカの要素」『現代中国事情：日本と中国の円滑なコミュニケーションを目指して』（11）、2007 年。

　　（32）梁雲祥「中国と日本の戦略的互恵の関係について」『現代中国事情：日本と中国の円滑なコミュニケーションを目指して』（12）、2007 年。

　　（33）梁雲祥「温家宝総理の氷融かしの旅」『現代中国事情：日本と

中国の円滑なコミュニケーションを目指して』(13)、2007 年。

　　(34) 梁雲祥「中日の歴史認識問題とアメリカの影響」『現代中国事情：日本と中国の円滑なコミュニケーションを目指して』(14)、2007 年。

　　(35) 梁雲祥「中国政府の和諧社会の構築と日中関係」『現代中国事情：日本と中国の円滑なコミュニケーションを目指して』(15)、2007 年。

　　(36) 梁雲祥「日中国交正常化の歴史的意義と示唆」『現代中国事情：日本と中国の円滑なコミュニケーションを目指して』(16)、2007 年。

　　(37) 範士明「中国の対日イメージの現状についての一考察——2005 年 8 月の日中共同調査を手がかりに」新潟大学法学会『法政理論』39(3)、2007 年。

　　(38) 梁雲祥「中日軍艦相互訪問の象徴的と実際的意味」『現代中国事情：日本と中国の円滑なコミュニケーションを目指して』(17)、2008 年。

　　(39) 潘国華「北京大学国際関係学院ビルの落成から見た利他主義」『現代中国事情：日本と中国の円滑なコミュニケーションを目指して』(18)、2008 年。

　　(40) 梁雲祥「日中関係は『春』を迎えられるか」『現代中国事情：日本と中国の円滑なコミュニケーションを目指して』(18)、2008 年。

　　(41) 尚会鵬「日中歴史再認識の実像と虚像」『現代中国事情：日本と中国の円滑なコミュニケーションを目指して』(19)、2008 年。

　　(42) 梁雲祥「食品安全問題と日中関係」『現代中国事情：日本と中国の円滑なコミュニケーションを目指して』(19)、2008 年。

　　(43) 梁雲祥「胡錦濤主席の『暖春の旅』と日中関係の四つ目の政治的な文書」『現代中国事情：日本と中国の円滑なコミュニケーションを目指して』(20)、2008 年。

　　(44) 梁雲祥「日中の東シナ海に関する取り決めについての分析と日中関係」『現代中国事情：日本と中国の円滑なコミュニケーションを目指して』(21)、2008 年。

　　(45) 梁雲祥「オリンピック後の日中関係」『現代中国事情：日本と中国の円滑なコミュニケーションを目指して』(22)、2008 年。

（46）李玉「佐藤三武朗『天城 少年の夏』について」『国際文化表現研究』（5）、2009 年。

（47）尚会鵬「天城少年の憂い——佐藤三武朗『天城少年の夏』を読んで」『国際文化表現研究』（5）、2009 年。

（48）梁雲祥「アメリカの新政権と日米中の三国関係」『現代中国事情：日本と中国の円滑なコミュニケーションを目指して』（23）、2009 年。

（49）梁雲祥「日中民間賠償問題についての道義的、法律的な分析とその解決方法」『現代中国事情：日本と中国の円滑なコミュニケーションを目指して』（24）、2009 年。

（50）帰泳濤「中日歴史認識問題の多元性」劉傑・川島真編『1945 年の歴史認識：〈終戦〉をめぐる日中対話の試み』東京大学出版会、2009 年。

（51）尚会鵬「日本人の自己認知と 知的文化特徴論」法政大学国際日本学研究所編『転換期日中関係論の最前線：相互発展のための日本研究』法政大学国際日本学研究センター、2010 年。

（52）梁雲祥「中国の政権交代と 対日政策」アジア調査会『アジア時報』42（7・8）（通号 468）、2011 年。

（53）李寒梅「ポスト 冷戦時代の日中関係」新潟大学法学会『法政理論』44（1）、2011 年。

（54）梁雲祥「釣魚島衝突事件と 中日関係」新潟大学法学会『法政理論』44（1）、2011 年。

（55）唐士其「中国のナショナリズム」加藤節編『デモクラシーとナショナリズム：アジアと欧米』未来社、2011 年。

（56）尚会鵬「日本人の自己認知と 知的文化特徴論」王敏編『転換期日中関係論の最前線：中国トップリーダーの視点』三和書籍、2011 年。

（57）初暁波「アジアの国際関係とアジア共同体」青木一能『アジアにおける 地域協力の可能性』芦書房、2015 年。

（58）于鉄軍・李卓「日中全面戦争へ至った国際的要因」波多野澄雄・中村元哉編『日中戦争はなぜ起きたのか——近代化をめぐる共鳴と

衝突』中央公論新社、2018 年。

（59）梁雲祥「日本政治の右傾化と中日関係」星野昭吉編著『グローバル化のダイナミクスにおける 政治・法・経済・地域・文化・技術・環境』テイハン、2018 年。

（60）初暁波「解け難いジレンマ―日中関係における 政治、安保上の対抗と経済、文化面の共生」『中国研究月報』Vol. 73、No. 1（No. 851）、2019 年 1 月号。

（61）初暁波「今後の日中関係について」『善隣』No. 507（通巻 774）、2019 年 9 月号。

（62）初暁波「トランプ政権下における 日米関係――中国の視点から」川口智彦『トランプ政権と北東アジアの国際関係』なでしこ出版、2019 年。

（63）于鉄軍『冷戦学び「新冷戦」を避けよ』『毎日新聞』2020 年 10 月 17 日。

学院教师出版的与日本研究有关的英文著作大致有三部。

（1）ZHA Daojiong, *Building a Neighborly Community*：*Post-cold War China*，*Japan*，*and Southeast Asia*，Manchester，UK：Manchester University Press，2006.

（2）Gerald Curtis, Ryosei Kokubun, and Wang Jisi（eds），*Getting the Triangle Straight*：*Managing China-Japan-US Relations*，Tokyo：Japan Center for International Exchange，2010.

（3）Nobuaki Hamaguchi, GUO Jie, and Chong-Sup Kim, *Cutting the Distance*：*Benefits and Tensions from Recent Engagement of China*，*Japan*，*and Korea in Latin America*，Springer，2018.

比较有典型性的著作是王缉思与吉拉德·卡迪斯、国分良成三人在 2010 年合编的《理顺三角关系：处理好中日美关系》，其中有多位学院教授的文章：王缉思教授的《中日美三角：力量平衡分析》（The China-Japan-United States Triangle：A Power Balance Analysis），归泳涛教授的《中美日关系与东北亚不断演变的安全架构》（China-US-Japan Relations and

Northeast Asia's Evolving Security Architecture），张海滨教授的《应对气候变化：为什么美中合作落后于中日合作》（Addressing Climate Change：Why US-China Cooperation Lags behind China-Japan Cooperation），范士明教授的《后冷战时期中国公众对日本和美国的看法》（Chinese Public Perceptions of Japan and the United States in the Post-Cold War Era），等等。

另外，学院教师发表的英文论文大致整理如下。

（1）YU Tiejun，"Understanding the Hindrance on the Way of Cooperation：Sino-Japan History Problem from the Perspective of International Relations Theory," *Journal of Asia-Pacific Studies*，Vol. 9，No. 2，Dec. 2002.

（2）LUO Yanhua，"New Trends in China-Japan Environmental Cooperation," *CAPS Newsletter*，The Center for Asian and Pacific Studies，Seikei University，No. 82，April，2004.

（3）GUI Yongtao，"A Dialogue of Ideas—Reischauer's Theory of Japanese Modernization and U. S. -Japan Intellectual Relations," *Journal of the Graduate School of Asia-Pacific Studies*，No. 7，2004.

（4）ZHANG Xiaoming，"The Rise of China and Community Building in East Asia," *Asian Perspective*，Vol. 30，No. 3，2006.

（5）CHU Xiaobo，"Harmony Spirit and the Formation of East Asian Identity," *The Study of Business and Industry*，No. 23，2007.

（6）Gries Per Hay，ZHANG Qingmin，Masui Yasuki，and Lee Yong Wook，"Historical Beliefs and the Perception of Threat in Northeast Asia：Colonialism，the Tributary System，and China-Japan-Korea Relations in the Twenty-First Century," *International Relations of the Asia-Pacific*，Vo. 9，No. 2，2009.

（7）DONG Zhaohua，"From Stabilization to Restoration：An Examination of Morgan's Changing Attitudes towards Japan's Kinkaikin," *Journal of the Graduate School of Asia-Pacific Studies*，Waseda University，No. 17，May 2009.

（8）DONG Zhaohua，"The Gold-exchange Standard and Its Dependence on International Politics：Re-examining Japan's Continuation of the Gold Embargo in 1919," *Journal of the Graduate School of Asia-Pacific Studies*，Waseda University, No. 18, November 2009.

（9） GUI Yongtao, "Major Powers' Policies toward North Korea and Implications for Sino-Japanese Relations," in Niklas Swanström and Ryosei Kokubun eds. , *Sino-Japanese Relations: Rivals or Partners in Regional Cooperation?* World Scientific Publishing Company, 2012.

（10） GUI Yongtao, "Abe's Push Toward Collective Self-Defense is Alarming," *Global Asia*, Vol. 8, No. 4, Winter 2013.

（11） GUI Yongtao, "Changing Concepts of Security and the Role of NGOs in East Asia," Rizal Sukma and James Gannon eds. , *A Growing Force: Civil Society's Role in Asian Regional Security*, Japan Center for International Exchange, 2013.

（12） YU Tiejun, "Crisis Management in the Current Sino-Japanese Relations," in WANG Jisi ed. , *China International Strategy Review 2014*, Beijing: Foreign Language Press, 2016.

（13） GUO Jie, "What Connects Two Worlds Apart? Trans-Pacific Relations between East Asia and Latin America," *Re Vista: Harvard Review of Latin America*, Fall 2018.

（14） LIANG Yunxiang, "An Analysis of China's Diplomacy to Japan in the New Period," *Series on Contemporary China*, Vol. 45, 2019.

（15） WANG Dong, WANG Baoyu and Alastair Iain Johnston, "The Effect of Imagined Social Contact on Chinese Students' Perceptions of Japanese People," *Journal of Conflict Resolution* (SSCI), Vol. 65, No. 1, 2021.

（16） CHEN Muyang, "China-Japan Development Finance Competition and the Revival of Mercantilism," *Development Policy Review*, Vol. 39, No. 5, 2021.

（17） JIE Dalei, "From 'Shelving Sovereignty' to 'Regularized Patrol'? Prospect Theory and Sino-Japanese Islands Dispute (2012 – 2014)," *International Relations of the Asia-Pacific*, No. 2, November 2021.

四　学院教师日本相关研究项目情况

从学院师生发表论文中可以看到所拥有的项目和受到资助情况（参见图7），主要包括国家社会科学基金、教育部人文社会科学研究基金、教育部留学回国人员科研基金等，也包括少量国家自然科学基金和中国博士后科学基金资助。

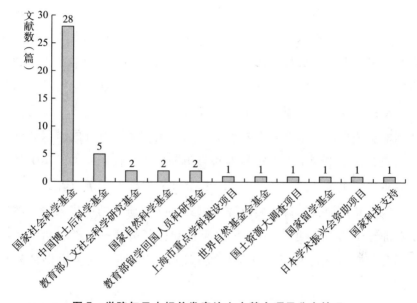

图7　学院与日本相关发表论文中基金项目分布情况

从学院统计情况来看，除了公开的国家社科基金项目，如牛军老师负责的国家社科基金重点项目"东亚冷战与中国对外关系研究"、由凯宇负责的国家社科基金一般项目"日本对'数字丝绸之路'的看法、诉求及中国对策研究"、梁云祥负责的北京市社科基金项目"日本侵华战争遗孤口述历史资料与研究"等，还有大量的企事业委托项目、其他纵向项目、海外合作项目，无法一一罗列。目前学院李寒梅老师负责的北京大学国际战略研究院"当代中国日本研究者学术历程口述实录"项目，是学院从事日本研究的学者集体合作，准备在未来3—5年甚至更长时间下大功夫完成的重大课题。

众所周知，学术史研究已日益受到学术界关注，甚至被认为已经成为一门新兴学科。中国的日本研究历史悠久，在不同的历史阶段都展现出鲜明的特点，对中国日本研究的学科梳理及资料编撰是一项重要的学术工程，也积累了相当的成果。相对来说，对于日本研究个体，即学者本身的研究还相当不足。学科的发展是动态的，一定历史时期学术所呈现的样态，会受到当时各种因素的影响和制约，其中诸多因素需要在文本以外去寻找。而作为个体的学者是学术活动的亲身参与者、学科发展以及重大学术事件的亲历者，对个体学者的研究不仅包括其代表性学术成果及其学术成果所反映的学术主张，亦包含了学者与其所处时代和社会的关系，学者在自身学术生涯中的成长经历、治学历程、治学特点、治学经验，特别是学者的研究意识、研究视角及研究方法等学术思想，这些均构成学术发展不可或缺的重要内容。而在对个体学者的研究中，口述实录（口述史）具有相当的重要性。对于许多重要学术活动、重大学术事件的原因和深层背景的研究，包括学者不为人知的学术经历和感悟，仅有文本是不够的，甚至一些重要历史事件的"谜团"，也可能通过当事人、亲历者的回忆得以解开。就此意义而言，口述史或许可以弥补文本研究的诸多欠缺。尽管口述史并非全部为"信史"，但它可以帮助我们了解每一代学者治学生涯的心路历程及学术代际传承，甚至可以帮助我们解读一些历史事件和历史过程。

新中国日本研究奠基时代以周一良、吴廷璆、邹有恒等"三老"领军的第一代"拓荒者"或"奠基人"均已驾鹤西去；改革开放后成为时代主力的第二代"拓荒者"亦大多离开了现职岗位，一部分人也年事已高，部分学者已经辞世。通过口述实录，将仍然健在的前辈学者的学术思想和治学经验如实记录下来，对于中国日本研究的成果评估、方法创新、学术传承、学科建设和发展，不仅是宝贵的精神财富，而且是重要的学术资料。2011 年 4 月，中国日本史学会、南开大学日本研究院、复旦大学日本研究中心、北京大学亚太研究院及日本研究中心联合举办了"新中国日本史研究的拓荒者——20 世纪 50 年代以来中国日本史研究的历程、成果、经验"学术研讨会，并出版了《新中国日本史研究的回顾与展望》（天津古籍出版社，2012），其中收录了对新中国 5 位第一代"拓荒者"学术生涯的概述、22 位第二代"拓荒者"的个人回忆以及 6 篇综述，这为本课题提供了重要的参考、借鉴及启发。2023 年 4 月 21 日下午课题组召开了专家咨询会，中国社会科学院日本所、南开大学、复旦大学、人民大学、天津外国语大学以及北京大学的多位专家学者出席会议并提出了宝贵意见。我们深知，真正做好这个课题，任务非常艰巨，真诚期待得到全国日本学界同仁一如既往的支持、协助和鞭策，为中国的日本研究留下生动的历史记录和宝贵的精神财富。

（初晓波，北京大学国际关系学院教授）

新世纪以来北大历史系的日本史研究

唐利国

对学术史的回顾是推动学术研究向前发展的基础性工作，近年来学界发表了多篇对新世纪以来中国的日本史研究进行整体性梳理的学术成果，代表性的文章如杨栋梁的《21 世纪以来中国的日本史研究动态与前沿成果》(《南开史学》2021 年第 2 期)。此外还有一些更长时段的学术史梳理也涵盖了 2000 年以来的研究状况，代表性的文章如宋成有的《新中国日本史研究 70 年综述》(《世界近现代史研究》第 16 辑，社会科学文献出版社，2020)。在学习现有成果的基础上，本文拟将对北京大学历史学系新世纪以来的日本史研究进行简单梳理。

中国的日本史研究者的组织方式可以粗略地分为两种类型。一种类型是以中国社会科学院日本研究所、南开大学日本研究院等为代表的实体机构，由于编制、资金、生源等各种学术资源比较有保障，虽然并不局限于历史，却成为中国的日本史研究事业极为关键的支撑。另一种更为常见的类型，则是各高校历史学院系的日本史专业教师。一般一个单位从事日本史研究的学者人数不会太多，常态是二三人甚至更少。新世纪以来北大历史系日本史专业的在职教师亦长期维持在二人之数。

北大历史系中国近现代史专业的教师在中日关系史、中日战争史、中日思想文化交涉史等领域也取得了丰硕的研究成果，北大其他院系的教师在日本政治史、经济史、社会史、外交史和思想文化史等领域也展开了大量的高水平学术研究工作，这些在前引概论性学术综述中都有充分的反映。笔者一方面限于精力与学力，在本文中无法对其进行全面考察；另一方面也认为唯有做出严格限定，才有可能构成一个具有一定代表性的个案分析，通过对北大日本史专业新世纪以来的发展状况的回顾，为思考我国高校日本史的学术发展路径，提供一些有益的借鉴。

基于上述考虑，以下主要介绍 2000 年以来北大历史系日本史专业的教师们所发表的代表性学术成果以及北大历史系日本史专业的博士学位论文，然后在此基础之上进行一些总结与展望。相关研究成果的列举、介绍与评议，完全基于个人学习体会，既不敢僭称全面，更不敢妄言准确，唯愿以此小文祝贺南开大学日本研究院建院 20 周年，不当之处，切望关系者见谅并乞有识者批评指正。

一　学术研究

北大历史系的日本史研究系周一良先生所开创，第二代学者以沈仁安教授为代表，第三代学者以宋成有教授为代表，第四代学者则以王新生教授为代表。[①]

沈仁安教授 1935 年出生，1959 年于北大历史学系毕业后，又考入周一良先生门下攻读日本史研究生学位，1962 年留系任教，直至 1999 年光荣退休。新世纪以来，沈仁安教授总结修订毕生研究成果，陆续出版了《日本史研究序说》（香港社会科学出版社有限公司，2001）、《德川时代史论》（河北人民出版社，2003）、《日本起源考》（昆仑出版社，2004），并在日本出版了『中国から見た日本の古代』（ミネルヴァ書房、2003 年）。

《日本史研究序说》收录了沈仁安教授 38 篇学术文章，主体部分是 20余篇研究日本古代史兼及日本古代对外关系史的论文，其余主要讨论日本近现代史和日本史学史，另有数篇文章反映了沈教授在编辑《日本学》集刊过程中的思考以及对中国的日本史研究的一些观察和展望等。『中国から見た日本の古代』是藤田友治和藤田美代子将《日本史研究序说》中关于日本古代史的论文翻译成日语，并增补其他相关资料结集成书，在日出

---

① 宋成有：《序言——我国第二代日本史研究者的探索与奉献》，见沈仁安《日本史研究序说》，香港社会科学出版社，2001。

版。这部著作可以说是沈教授研究日本古代史的集大成之作。

《日本起源考》是沈教授 1990 年在日本出版的日文著作《倭国与东亚》①的中文版。沈教授 1985 年应日本六兴出版社之约开始撰写此书，1987 年完稿。这是新中国第一部日本古代的断代史著作，曾在 1987 年油印作为北大校内教材使用，名为《倭人、倭国、日本国》。日文版 1990 年出版之际，对中文原稿做了 7 万字左右的删节，被删掉的内容包括对日本学界关于神武东征传说的所谓"分解投影"研究法的批判、对魏国诏书留郡三年说的批判等。2004 年终于在中国出版完整的原稿，定名为《日本起源考》。除补充介绍个别日本史研究的新著，沈教授有意识地保留了原稿原貌。这固然是出于保留学术史记录的考虑，旨在反映 20 世纪"80 年代末我国日本上古史研究已经达到的水平"，同时也展现了作者的学术自信。沈教授在该书后记中充分肯定了新世纪日本的历史研究的进展，之后写道："但也发现传统历史观点仍有很深影响。因此，作为一部学术争鸣著作、作为中国学者的一种日本上古史体系，本书以未加任何删节的原稿出版中文本，更不失其现实针对性。"②学术研究固然重视创新，然而时新不等于创新，如果不能充分掌握、透彻理解并深入反思既有研究成果，奢谈创新者可能反而恰恰落入前人窠臼。

沈教授在上述诸书中提出了很多有理有据的新见解：批驳了"倭人非日本人"的观点，论证了倭人就是古代中国人对日本人的称呼，而且分析指出"倭"字并非贬义，并非对日本人的蔑称；批驳了否定弥生文化、古坟文化发展过程中的外来影响的观点，指出不仅弥生文化，古坟文化也受到中国文化的决定性影响；挑战大和地区为主体、4 世纪统一古代日本的观点，论证九州势力为统一主体，实现统一的时间则是在 5 世纪；立足于对中国汉魏时代东亚国际势力的基本格局的把握，批判夸大当时倭人实力和国际地位的观点，对其予以有理有据的历史定位。

沈教授研究日本古代史，不仅重视充分掌握和批判吸收现有研究成果，也特别重视扎实的史料考证和严谨的理论分析，而其研究中所体现的

---

① 沈仁安『倭国と東アジア』六興出版社、1990 年。
② 沈仁安：《日本起源考》，昆仑出版社，2004，第 369、370 页。

全局性和体系性，尤为识者所推崇。日本学者古田武彦在为『中国から 見 た日本の古代』所作"解说"中写道："该书对于日本古代史研究，是宝贵的必读书。当然，关于日本古代史的书很多。……展开如此综合而且有一以贯之的见解、明晰准确的议论的书，并不多。"① 周一良先生曾评价沈教授的日本古代史研究"从东亚史全局考虑日本早期历史"，"建立起自己的体系"。② 中国日本史学会前会长汤重南先生评价《日本起源考》"完整地表述了作者对早期日本国家的基本看法。全书分成'倭人的出现''邪马台国''倭国的形成''倭国的发展''从倭国到日本国'5 章，在评析日本学术界倾向性观点的同时，确立了中国学者的研究体系"。③ 在新世纪之初，沈仁安教授多年来的日本古代史研究可以说进入了总结与收获的季节，其在中日两国出版的三种论著，不仅代表了北大日本古代史研究所达到的新高度，也为中国相关领域的研究在新世纪的继续发展提供了扎实可靠的学术基石。

《德川时代史论》的主体部分是沈教授在 1996 年到 2001 年间写作和发表的 9 篇论文。沈教授在 1981 年曾开设以明治维新为中心的专题课，作为背景而致力于幕藩体制研究，之后转入日本古代史研究，1996 年前后又再次转向德川时代史研究，并于新世纪初整理出版了该著。前两篇论文追溯了日本武士阶级的形成及其掌握政权的过程，紧接着的三篇文章主要从统治阶层的视角分析了幕藩体制的基本特点及其演化，最后四篇文章主要从被统治阶层的视角分析了其对幕藩体制的反抗与适应。作为北大日本史第三代学者宋成有教授所规划的北大历史系日本史师生关于江户时代史的系列研究的"导论"，沈教授的《德川时代史论》再次充分体现了其不仅善于史料考订，更长于理论思考与体系建构的史学素养。

宋成有教授出生于 1945 年，1969 年毕业于北大历史系世界史专业，1970 年留校任教，2008 年退休。宋教授曾受教于周一良先生和沈仁安教授，其治学特点是视野宽广，格局宏大，珍视北大传统，坚持中国立场。

---

① 古田武彦「解说」沈仁安『中国から見た日本の古代』ミネルヴァ書房、2003 年、369 頁。

② 参见沈仁安《日本起源考》，第 367 页。

③ 汤重南：《中国日本史学会与日本史研究》，《世界近现代史研究》第 16 辑，第 90 页。

宋教授主要研究方向是日本近代史，兼治近世、现代，此外还特别注重研究韩国史、中韩关系史，并开拓了北大的东北亚史研究。这不是在一般意义上强调超越一国历史进行研究，而是抓住了影响日本历史发展走向的一大关键要因。尽管古代中国对日本的影响众所周知，但在近代以后中日国势逆转的情状使人们更多关注甚至有时不免夸大日本在东亚的主导地位，而宋教授则指出："在日本近代史的发展过程中，缺乏对中国因素的分析，许多问题就说不明白。"① 宋教授对东北亚史的研究，亦与此研究立场一脉相承。只是限于主题，本文仅简单介绍宋教授在日本史研究领域的主要学术业绩。

　　新世纪以来，宋教授的主要学术工作之一是致力于编写日本近代史，其《新编日本近代史》由北京大学出版社在 2006 年出版；2023 年又由江苏人民出版社出版了《日本通史（近代卷）》。新世纪中国日本史学界关于日本近代史的断代史著述屈指可数，这种现象或许与国内学术评价体系中逐渐形成的"唯论文"风气有关。然而，倘若长期缺乏有分量、成体系的断代史著述，不但可能意味着宏观理解的缺失，也不利于后学者得窥入门路径。宋成有教授的《新编日本近代史》，在很大程度上弥补了这一不足。宋教授有着强烈的现实关怀和责任自觉，这构成了其写作日本近代史的根本动机。在重视"以史实为据"的基础上，亦"在对日本近代史进程的宏观把握视角方面，力求有所创新"。②

　　宋教授重视日本近代史发展的延续性，其《新编日本近代史》之"新"，首先在于强调日本近世社会历史环境对近代日本发展的影响，没有像常见的日本近代史那样，从佩里叩关或者天保改革写起，而是从探讨近世与近代的联系入手，去说明日本近代史的发展特点及其历史成因。实际上，也正是基于这一历史理解，宋教授从 2003 年开始积极策划与推进北大历史系关于日本江户时代史的系列研究的出版。除了前述沈仁安教授的《德川时代史》外，北大历史系师生在新世纪陆续出版了多部以博士学位论文为基础的日本近世史研究专著，如陈文寿的《近世初期日本与华夷秩

---

① 宋成有：《新编日本近代史》，北京大学出版社，2006，"前言"，第 3 页。
② 宋成有：《新编日本近代史》，"前言"，第 1 页。

序研究》（香港社会科学出版社，2002）、李文的《武士阶级与日本的近代化》（河北人民出版社，2003）、刘琳琳的《日本江户时代庶民伊势信仰研究》（世界知识出版社，2009）、周爱萍的《日本德川时代货币制度研究》（中国社会科学出版社，2010）、唐利国的《武士道与日本的近代化转型》（北京师范大学出版社，2010）等。

　　新世纪以来，宋教授还发表了数十篇日本史方面的学术论文，即便是退休之后，笔力亦未曾稍衰。这些论文除继续推进日本近代史上若干重要问题的深入研究外，特别具有启示意义的是其对中日学术史的梳理与反思。其中最重要的贡献之一便是针对在日本影响甚大的"终战史观"，宋教授撰写和发表了数篇论文进行分析和批判，揭示了战后日本右翼历史认识问题的根源。① 对于中国的日本史研究，宋教授长期持续追踪学界研究进展，深入思考学术发展路径，撰写和发表了多篇学术综述和学术史研究的论文，为日本史研究的中国学派的形成殚精竭虑，进行了富有成效的探索，积累了大量有益后学的素材。②

　　王新生教授出生于 1956 年，于 2000 年获得北大历史系日本史方向的博士学位，2001 年调入北大历史系任教，2023 年退休。王教授曾长期在中国社会科学院日本研究所工作，研究侧重现代日本政治与外交；博士期间师从沈仁安教授，博士学位论文的题目是《"55 年体制"研究》，曾获2002 年度北京大学优秀博士论文奖。王教授在北大任教之后，主要致力于研究现代日本史，此外对东亚宗教、东亚政治等问题也有广泛而深入的研究。以下仅简要介绍新世纪以来王教授在日本史研究领域的主要贡献。

---

① 相关论文有《有关日本战败投降的几个问题》，《四川师范大学学报》（社会科学版）2015 年第 5 期；《美日围绕处理天皇和天皇制问题的博弈》，《世界近现代史研究》2016年；《"终战史观"评析：战后日本右翼史观揭底》，《日本问题研究》2019 年第 3 期；《"终战"并未终结侵略痴心》，《历史评论》2022 年第 4 期；等等。

② 相关文章有《日本史研究综述》，《世界历史》2000 年第 1 期；《日本史研究》，《南开日本研究（2010）》，世界知识出版社，2010；《周一良先生的为学与为人》，《南开日本研究（2011）》，世界知识出版社，2011；《周一良先生与新中国的日本史研究》（合著），《中日关系史研究》2011 年第 2 期；《中国的日本史研究理论与方法》，《日本学刊》2012年第 1 期；《中国日本史学会与日本史研究》（合著），《世界近现代史研究》第 16 辑；《新中国日本史研究 70 年综述》，《世界近现代史研究》第 16 辑；《从近代史研究视角回溯日本古代史的几点思考》，《南开日本研究》2022 年第 2 卷，天津人民出版社，2022；等等。

2002 年，王新生教授以博士学位论文为基础，出版了《政治体制与经济现代化——"日本模式"再探讨》（社会科学文献出版社），这是中国第一部研究日本"55 年体制"的专著。该书系统地将"55 年体制"作为一个连续的整体加以把握，同时将其不同的演化阶段与日本经济发展状况结合起来，进行了具有历史性的分析。作者指出，日本在 1955 年之后形成的竞争性的政党政治和内含多元竞争的政治体制，促进了日本经济的高速发展，而 70 年代之后竞争性政党政治和政治多元性的消失，导致利益政治泛滥，最终葬送了可持续发展的战略产业。王教授研究历史重视借鉴政治学的理论和方法，为建设中国特色的日本政治史研究做出了重要的贡献。

王新生教授博学多识，能够长时段、全局性地观察与思考日本历史研究中的重大问题，尤其是在日本通史的编著方面做出卓有成效的尝试。2005 年，北京大学出版社推出了王教授的《日本简史》，并分别于 2012 年、2016 年和 2022 年刊出了增订版、第三版和第四版，深受读者欢迎。该书以日本历史上政治主导者的变迁为主线，将整个日本通史分为贵族主导的古代、武士主导的中世、军人主导的近代、官僚主导的现代等四大时期，线索清晰，剪裁得当，叙事明快，议论精深，广受读者欢迎。2011 年，王教授在江苏人民出版社刊行了《日本史随笔》，为日本史研究的学术普及工作做出了重要贡献。2013 年，王教授又在江苏人民出版社刊行了近 50 万字的《战后日本史》，"基于中日两国历史文化、价值观念、行为模式等存在差异的立场"，意在向读者展示"战后日本社会文化特征及其未来发展趋势"。①

在上述积累的基础上，王教授主编的六卷本《日本通史》终于在 2023 年由江苏人民出版社隆重推出。通史的编著者有北大历史系的教师和毕业的学生，也有兄弟院校日本史的专家，王教授作为主编负责总其成。作为国内推出的第一套多卷本的日本通史，可以说既是一个阶段性总结，更是进一步推进相关研究的新起点。王教授在序言中写道："虽然本书在借鉴国内外学术成果的基础上撰写而成，但没有达到理论与方法论上的突破，

---

① 王新生：《战后日本史》，江苏人民出版社，"前言"，第 2 页。

只是在内容上较大幅度增加社会生活的历史，行文也以叙述性为主，以期更为全面地理解日本历史的发展演变进程。"这一评价无虚词，不溢美，谦虚中肯。北京大学教授宋成有在新书发布会上的致辞中，认为"这套通史为建立有中国特色的日本史研究体系增加了新的内容"。①

通史类作品之外，王新生教授还编辑、合著、翻译了多部著作，限于篇幅，不再赘述。但是，不可不提的是，王教授在新世纪以来撰写并发表了大量学术论文，在很多具体问题的研究上都取得了重要进展，做出了创新性贡献。2023年社会科学文献出版社推出了王教授的精选论文集《日本的历史与政治》，涉及日本政治研究的理论与方法、日本学界"国民国家论"的评介、明治日本近代化、战后日本政治经济等相关问题，充分反映了王教授在日本史专题研究方面的业绩。

以上对新世纪以来北大日本史三代代表性学者的主要研究业绩进行了简单的介绍。此外，2009—2014年任职于北京大学历史系的日本学者井上亘，在2012年出版了《虚伪的"日本"——日本古代史论丛》（社会科学文献出版社），对日本古代政治史、外交史、文化史等提出了很多新的观点；2014年调入北大历史系任职的唐利国，在新世纪亦出版了专著《兵学与儒学之间——论日本近代化先驱吉田松阴》（社会科学文献出版社，2016），并发表了若干讨论日本近世兵学、儒学、武士道以及日本侵华思想战等课题的学术论文；2021年入职的梁晓奕也发表了《〈日本书纪〉讲读中的"日本"与"倭"——"日本"国号问题及其超克》（《北大史学》2022年第1辑）、日语论文「日本紀講書における『当講尚復』——元慶講書の政治史意義に触れて」（『日本研究』第65号、2022年）等颇有新意的学术论文。

二　人才培养

北京大学历史学系首先是个教学机构，日本史专业的博士生培养是教

---

① 转引自江苏人民出版社微信公众号2023年5月14日推送文章《六卷本〈日本通史〉新书发布会在北京大学举行》。

师工作的重中之重。宋成有教授曾经感慨："说到指点学生用心尽意，可谓北京大学日本史研究方向授业传道的传统。"① 新世纪以来，北大历史系日本史专业已经培养了数十位博士，这数十篇博士学位论文，也充分展示了北大日本史研究的学术进展。

沈仁安教授共培养了 9 位博士，毕业后都从事日本史相关的研究和教学工作。新世纪以来，以沈教授指导的博士学位论文为基础的专著陆续问世，除前文提到的王新生的《政治体制与经济现代化——"日本模式"再探讨》（社会科学文献出版社，2002）、陈文寿的《近世初期日本与华夷秩序研究》（香港社会科学出版社，2002）、李文的《武士阶级与日本的近代化》（河北人民出版社，2003）、唐利国的《武士道与日本的近代化转型》（北京师范大学出版社，2010），还有刘金才的《町人伦理思想研究——日本近代化动因新论》（北京大学出版社，2001）、湛贵成的《幕府末期明治初期日本财政政策研究》（中国社会科学出版社，2005）、纪廷许的《现代日本社会与社会思潮》（中国社会科学出版社，2007）、戴宇的《志贺重昂国粹主义思想研究》（吉林教育出版社，2009）等。

宋成有教授培养的十数位博士全部毕业于新世纪，其中有日韩留学生，还有专业是东北亚史方向的博士，在此仅介绍宋教授指导的日本史方面的博士学位论文，其选题可以粗略分为两种类型。第一类主要是日本一国史的题目，共 4 篇：胡澎《战时日本妇女团体研究（1931—1945》、周爱萍《德川时代币制研究——以"货币改铸"为中心》、刘琳琳《江户时代庶民的伊势信仰研究》、邓伟权《中江丑吉研究》。第二类是跨国史或者比较史视野的研究，共 10 篇：陈奉林《战后日本与台湾关系研究（1945—1972》、张晓刚《横滨开港研究》、龚骞《中日邦交正常化以来的日本与台湾关系研究》、徐冰《〈宇宙风〉杂志的日本认识研究》、张佑如《日英同盟新论》、王蕾《美国对日媾和与中国因素》、刘宏《田中政权对华复交决策推进过程研究》、赵文莉《美国对日政策的演变（1931—1941）——以日本侵华战争为中心》、李永春《19 世纪 50—60 年代日本和朝鲜封建政权

---

① 宋成有：《序言——我国第二代日本史研究者的探索与奉献》，见沈仁安《日本史研究序说》，第 12 页。

改革比较研究》、陈巍《日英关系研究（1952—1972）》。与沈教授招收的博士生大多是带艺投师不同，宋教授的博士生多数是按部就班地接受高等教育，其选题范围虽然分布比较广，但能够清晰地看出导师立足世界看日本的研究思路的影响。

王新生教授培养的 14 位博士，从学校到学校的学生比重更大，选题向导师擅长的政治史领域的倾斜非常明显。下面大致按照毕业年份罗列一下：徐志民《近代日本政府对中国留日学生政策研究（1896—1931 年）》、尚彬《中日经贸关系的政治因素研究（1972—2001）》、乔芳《日本女性就业问题研究（1955—1973 年）》、张跃斌《田中角荣研究——从政治风格的角度》、张利军《投票行为变迁与自民党政权研究（1955—1993）》、刘峰《明治初年地税征收制度改革研究——以大藏省租税司的施政为中心》、刘世刚《近代日本军政关系研究》、李洋《伊藤博文与明治时期宪政发展研究》、邹皓丹《明治民法立法过程研究》、崔金柱《明治日本的财政重建与军备扩张（1881—1897）》、孙晓宁《20 世纪 70 年代日本核电政策研究——以"电源三法"为中心》、许美祺《日本近世知识人社会研究——以 16—19 世纪儒学学问活动为中心》、罗敏《占领期日本宗教法人制度改革研究》、于飞《日本明治时期超然主义研究》、高燎《近代日本乡村组织化研究（1868—1918）》等。

此外，唐利国指导的博士学位论文有 4 篇：王超《重建民族主体的思想求索——战后初期日本知识分子的民族主义论（1945—1955）》、王琪《战后初期日本众议院议员选举研究（1945—1955）》、刘瑞《现代性、复杂性与环境变化——黄海渔业管理转型（1914—1945）》、刘丽《本居宣长国学思想研究》。

新世纪以来，北大历史系已经培养了近 40 位日本史方向的博士，大多数在毕业后都继续从事日本史研究和教学工作。

三　小结与展望

新世纪以来中日关系的曲折变化，激发了国人对于日本的关注，日本史专业的博士就业机会也相对较多。中国经济的高速发展更是带来了难得的学术发展良机，无论是获得研究、出版经费，还是出国交流学习和查找收集资料等，都相对比较便利。北大历史系日本史的教师编制虽然没能在新世纪有所扩大，但基本上能够保持两位教师在职，从而使周一良先生开创的北大日本史的学术传统得以维系和发展。根据个人观察和体会，可以说新世纪以来北大日本史师生在教学科研中努力坚持了以下基本原则。

第一，中国立场，世界视野。周一良先生对中国史、亚洲史、世界史都有非常精深的研究，其视野之宽广自不待言。周先生曾强调："我们在学术上要放眼世界，不能闭关自守，盲目自大。"① 与此同时，周先生也非常重视学术上的中国立场，其学士学位论文《〈大日本史〉之史学》写作动机之一便是："为救亡图存计，日本历史之研究固今日当务之急矣。"② 20 世纪 80 年代，周先生领导重建北大日本史研究，便是从组织翻译国外史学著作入手，以致有"北大日本史组只会翻译资料"的戏语。③

第二，实证立场，理论探索。这一原则是学界共识，也是北大历史系日本史研究努力的方向。宋成有教授近年曾写道："在新世纪，不能想象，没有理论思维的中国日本史研究能在国际学术界成大气候；同样也无法想象，中国日本史理论体系中可以缺少日本史料学的研究，缺乏丰富、准确、真实的史料来支撑'论从史出'、推陈出新。"④

第三，为己之学，为人之教。沈仁安教授曾经比较遗憾地说到没有能够找到自己的学术传人，他的博士生没有研究日本古代史的，但他并未因此而限制学生的自由选择，并且对每一篇博士学位论文都悉心指导，为北大日本史的人才培养工作做出了不可磨灭的贡献。其实看看北大日本史博士学位论文的选题之丰富多彩便不难发现，北大日本史的诸位老师都是非

---

①　宋成有、汤重南：《周一良与中国的日本史研究》，《百年潮》2012 年第 2 期。

②　《周一良全集》（4），高等教育出版社，2015，第 3 页。

③　宋成有：《周一良先生的为学与为人》，《南开日本研究（2011）》，第 328 页。

④　宋成有：《中国的日本史研究理论与方法》，《日本学刊》2012 年第 1 期。

常尊重学生的学术兴趣和自由选择，因材施教而不是强加于人。这种做法或许不容易在短期内推出成规模的重大成果，长久而言却应该说更加有助于日本史研究人才的培养和新领域的开拓。

（唐利国，北京大学历史系教授）

发扬优良传统，做好日本史研究

——世界历史研究所新世纪以来的日本史研究

张跃斌

一直以来，南开大学日本研究院非常重视国内学术界相关研究成果的总结和反思，意义重大，令人敬佩。去年，本人也很荣幸地参加了南开大学日本研究院和浙江工商大学东亚研究院合办的"日本史研究的血脉传承与守正创新高端论坛"，就万峰先生的日本近代史研究做了一些梳理，很有启发和收获。作为一项基础性工作，这样的总结和反思为构建中国特色、中国风格、中国气派的日本史研究做出了特殊的贡献，功在当下，泽被后世。近日，我在研读汤重南先生的自选集的时候，看到他于 1997 年 6 月 6 日在南开大学日本研究院所做报告《虚心学习、潜心研究，为振兴中华尽心竭力——"日本历史与文化研究中心"的过去、现在与将来》，不禁感慨万千。其一是有感于汤先生的音容笑貌，历历在目；其二是有感于南开大学日本研究院学脉传承，几十年锲而不舍地坚持这项非常有意义、非常有价值的工作。

新世纪以来，中日关系的面貌加速演变，中国日本史研究也呈现出许多新的样态。世界历史研究所的日本史研究是在汤先生的领导下进入新世纪的，同时他本人的日本史研究也进入了一个新的时期。汤先生 2005 年退休，但此后他依然活跃在学术界，并带领世界历史研究所的日本史研究者做了许多有意义的工作。2019 年，中国历史研究院成立，世界历史研究所也成立了日本和东亚史研究室，从而结束了日本史研究附属于亚非拉美研究室的局面。目前，研究室共有 7 名研究人员，其中 2 名从事朝鲜、韩国史研究，5 名从事日本史研究。

一

　　学术研究与现实问题紧密结合，是中国世界史研究者的优良传统，更是世界历史研究所日本史研究者的优良传统。"中国世界史研究历史感与现实感并重的优秀传统……将历史认识建立在对当代世界和中国现实的深刻理解上。"① 以万峰先生、汤重南先生、武寅先生为代表的世界历史研究所日本史研究者，以国家需要为己任，深入探讨历史经验和教训，都是经世致用的大家。

　　以万峰先生为例，他的学术研究无时无刻不体现出深厚的现实关怀。在《日本资本主义史研究》一书的前言中，万峰先生非常谦虚地说："在'洋为中用'的原则指导下，笔者也希望这一课题的研究能为我国的社会主义'四化'建设，提供一定的历史借鉴。"② 他强调科学技术进步对经济发展速度的巨大影响，无疑是有的放矢的。他说："抓科学技术和教育，是明治政府'富国强兵'、'殖产兴业'的重点。"③ 显然，其学术研究的明确目的，就是为国家的现代化建设贡献力量，以自己的微薄之力，促进国家的繁荣富强，人民的幸福安康。正如他所说的，"我国从事日本研究的学者们心中装着一个'祖国现代化'，这是极有分量的选题项目"。④

　　万峰先生经世致用的学风，在汤重南先生的研究中得到发扬光大。如果说万先生侧重对日本历史中资本主义发展经验的总结和借鉴，汤先生则侧重对日本军国主义历史教训的总结和批判。

　　进入新世纪之后，汤重南先生的日本史研究更加具有现实意义，更加和现实问题相结合。这既是他学术研究越来越成熟的表现，也是他学术报国的重要体现。他在自序中概括了自己退休之后的学术研究、学术活动及

---

①　于沛：《中国世界史学者的社会责任——〈中国社会科学〉和新时期的世界历史研究》，《中国社会科学》2010 年第 6 期。

②　万峰：《日本资本主义史研究》，湖南人民出版社，1984，第 3 页。

③　万峰：《日本资本主义史研究》，第 184 页。

④　万峰：《祝〈日本学刊〉前程似锦 大展宏图》，《日本学刊》1995 年第 4 期。

社会活动，说自己"尽力与当前学术状况及问题相结合，为现实服务"。① 相关研究包括日本军国主义问题，钓鱼岛主权的国际法根据问题，对安倍政府的错误言论行动的批判，南京大屠杀死难者国家公祭日，抗战胜利纪念日，中国十四年抗战概念，纪念抗战胜利 70 周年、80 周年及九一八事变 78 周年，批判历史虚无主义错误观点，批评抗日神剧，等等。同时，借助媒体和互联网，将相关学术研究推向社会，引导舆论。"通过各种方式，在媒体报刊、多个网站发出自己的声音，尽力正确引导，发挥正能量作用，并有一定社会影响并获得好评。"②

汤重南先生的相关研究，立足国家利益，并试图洞察过去、现在和未来的趋势，表现出非同一般的穿透力。这主要表现在三个方面。其一，配合国家外交斗争，在学术上予以强有力的支持。中日关系在 21 世纪面临考验。2010 年发生了撞船事件、2012 年日本又演出了"购岛"闹剧，中日关系一时风高浪急，波诡云谲。对此，汤重南先生撰写《从国际条约视角论钓鱼岛主权归属中国》一文，产生了巨大的反响。其中提到，"《波茨坦公告》所确定的日本领土，不仅不包括钓鱼岛，连冲绳都不是日本领土。'日本之主权必将限于本州、北海道、九州、四国及吾人所决定其他小岛之内'"。③ 同时旗帜鲜明地提出，《旧金山和约》《冲绳归还协定》对中国来说，是非法的、无效的，是没有任何约束力的；美国无权将冲绳的所谓"施政权""归还"给日本；搬出《旧金山和约》和《冲绳归还协定》等没有中国参加的非法文件，终究是徒劳的。他以笔为武器，以扎实的学术功底，使中国站在道义的制高点，有理有据，不卑不亢，沉重打击了日本右翼的嚣张气焰。其二，为国家重大决策提供政策咨询，并从学术上对相关决策进行深度阐释。关于"十四年抗战"，他提出"东北抗日战争，特别是东北抗联的抗战史，是中国'十四年抗战'的重要根据"，④ 并强调"提出和肯定中国是'十四年抗战'，具有科学性、准确性。这是对中国抗

---

① 《汤重南自选集·求索篇》，线装书局，2019，"前言"，第 8 页。
② 《汤重南自选集·求索篇》，"前言"，第 8 页。
③ 汤重南：《从国际条约视角论钓鱼岛主权归属中国》，《人民日报》2013 年 8 月 15 日。
④ 汤重南：《东北抗联的历史地位和作用》，《北华大学学报》（社会科学版）2019 年第 3 期。

战历史的尊重，是对抗战历史原来面貌的真实还原；也是能够真实、全面地揭示、反映日本侵华战争罪行的重要观点"。^① 他还撰写文章，全面、深入地论述了国家设立"南京大屠杀死难者国家公祭日"和确立"中国人民抗日战争胜利纪念日"的客观必要性，及其重大的历史意义、现实意义和世界意义。^② 其三，心怀东亚和平。他长期关注日本军国主义问题。他强调，其是日本历史发展的产物，并在历史发展中灭亡。但是，"如果认识仅止于此，只知将一切罪恶归咎于历史，心神专注于为'历史规律'做出更多的注释，而不知如何将研究历史规律与建立未来发展规律相结合，以扼制一切罪恶再度发生，则也有宣扬历史虚无主义之嫌。日本军国主义研究必须避免这种历史虚无主义，要辨清历史事物，总结历史教训，努力为现实服务，为创造和平未来服务"。^③ 可以看出，他对历史的深入研究，有着极强的现实问题意识，试图解决当代的一些重大问题，"溯人类历史之长河，开世界未来之胜境"，因而呈现出勃勃生机。

当然，学术研究形形色色，甚至有人以所谓的"学术中立性""学术客观性"为幌子发表一些奇谈怪论。对此，汤重南先生坚定地认为，"我们作为中国的学者，绝对不能因为我们的某些所谓的'研究'和'成果'影响、损害我们国家、民族的利益、尊严和安全。我们坚持和确信：科学真理是与我们国家、民族的利益、尊严和安全相一致的，是统一的！"^④ 在这里，汤重南先生特意将这些所谓的"研究""成果"加上引号，流露出对于此类文字哗众取宠、博人眼球、目的不纯的不屑，也表明了他对此类文字的学术价值的强烈质疑。

新世纪以来，中日关系依然处于深刻的结构性调整时期。近几年，中日关系面临非常严峻的局面。随着国际形势的持续演变，在更加复杂、更加尖锐的国际政治斗争中，日本史研究者能够发挥什么样的作用，应该发挥什么样的作用，如何更好地发挥自身的作用，以及如何将研究和中日关

---

① 汤重南：《东北抗联的历史地位和作用》，《北华大学学报》（社会科学版）2019 年第 3 期。

② 汤重南：《世界视角下的"南京大屠杀死难者国家公祭日"和"中国人民抗日战争胜利纪念日"》，《日本侵华南京大屠杀研究》2018 年第 1 期。

③ 万峰、蒋立峰、汤重南：《警惕日本军国主义死灰复燃》，《社会科学论坛》2005 年第 8 期。

④ 《汤重南自选集·论道篇》，线装书局，2019，第 307 页。

系的现实紧密结合起来，都是不得不深入思考的重大问题。在巨变的现实面前，如何从历史中汲取智慧和力量，是时代赋予日本史研究者的重大使命，需要以前辈为榜样，孜孜以求，有所创新，有所发展。

二

新世纪以来，国内区域史、整体史研究方兴未艾，出现了一大批相关的研究机构。以东亚为例，1995 年，中国人民大学成立东亚研究中心；2004 年，东北师范大学成立东亚研究所，2017 年改称东亚研究院；2011 年，浙江工商大学日本文化研究所扩名为东亚研究院；2018 年，湘潭大学成立东亚研究中心；2020 年，首都师范大学成立东亚历史研究中心；等等。

汤重南先生早早意识到这股学术潮流，并且身体力行，进行了有益的探索。他在自选集的后记中说，自己"力倡从世界（或者全球）视角观察、认识、研究日本和日本问题，并践行、撰写了近十篇论文"。[①]他也指出，"我们看中日关系，如果能把它放到东北亚、东亚和亚洲来看，放到世界来看，就能够看得更清楚、更准确"。[②]

汤重南先生在这一视角下的研究内容主要有两个。其一是关于抗日战争研究，强调中国人民抗日战争在世界历史上的伟大意义，也倡导超越国内范围，以更加广阔的视角研究抗日战争。他指出，研究抗日战争，"视角非常重要，我们不仅要有中国、东亚，而且应该有世界的视角"，"日本侵略者是世界的敌人，中国的抗战是世界性的抗战。我们却长期重视不够。所以，扩大视角很有意义"。[③] 正是在这样的视角之下，他撰写了多篇论文或文章，论述抗日战争的世界性。这些论述，拓展了抗日战争研究的视野，意义重大。其二，将中日关系放在东亚乃至世界的背景下进行思考，认为在新世纪"两国均负有为东亚、亚太地区乃至世界的和平与稳定

---

① 《汤重南自选集·品读篇》，线装书局，2019，第 434 页。
② 《汤重南自选集·论道篇》，第 334 页。
③ 《对如何深化、拓展抗战史研究的思考与建议》，《汤重南自选集·论道篇》，第 308 页。

彼此合作的历史使命"，① 也认为"未来'世界中的中日关系'，其追求的只能是健康稳定的中日关系，而只有健康稳定的中日关系才能对世界的和平与发展作出贡献。倘能如此，也才不愧称为世界中的中日关系"。② 而针对中日关系可能出现的问题，他非常具有前瞻性地强调："企图把一方的意识形态、价值观念和社会制度强加于另一方，甚至为此使用政治、经济压力，则只会恶化两国关系。可以说，没有任何建设性的国家关系能够建立在这种基础之上，世界中的中日关系亦是如此。"③ 他的这些认识，都是在长期研究的基础之上得出的结论，见微知著，洞察未来。

2019 年，世界历史研究所成立日本和东亚史研究室，这是党中央的决定。开始的时候，有人甚至对研究室名称的逻辑提出疑问，但仔细琢磨，其中的含义非常深刻，值得认真领会。第一，强调日本史研究在东亚史研究中的重要性。就近代以来的东亚历史而言，日本的重要性——不管是正面的还是负面的——不言而喻。第二，强调从东亚史的视角研究日本史。以整体的视角来看问题，才能对一些重要的问题予以准确的定位，也才能看清趋势性的、潮流性的东西。第三，强调研究日本和东亚其他国家的关系。以联系的、互动的视角进行研究，可以避免一些误解和偏见。例如，在特定的历史时期，"日本式现代化"一词也曾经在学界出现。现在看来，日本的现代化显然担当不起这个名号，即便日本的现代化有一些自己的特色。

目前，世界历史研究所日本和东亚史研究室正在从事名为"近代以来的东亚政治史研究"的课题。该课题希望能够突出东亚视野，突出中国角度，突出当下的时代背景，进行一些探索和尝试。

三

还有几方面的工作值得介绍。

其一，智库的工作。

---

① 汤重南：《全球视野下的中日关系》，《江海学刊》2018 年第 5 期。
② 汤重南：《世界视角下的中日关系》，《日本研究》2006 年第 3 期。
③ 汤重南：《全球视野下的中日关系》，《江海学刊》2018 年第 5 期。

中国历史研究院成立之后，非常强调智库工作的重要性，其在学术研究中的比重显著提升。汤先生对智库的工作一直非常重视，他的相关工作也是智库工作的典范。在这方面，杨栋梁先生对汤先生的工作进行过总结和评价。本人不揣冒昧，引用如下：

> 汤先生的史学报国情怀，还出色地体现在史学咨政的服务方面，他所承担的重要演讲、授课、咨询和调研任务包括：为中央首长讲课一个月，内容为"大国兴衰史"的"亚洲历史"部分，为中办领导讲授《日本百年维新的经验与启示》，完成外交部委托专项《日本右翼教科书问题的错误观点和史实》和《对日本右翼教科书的分析和对策》，完成中国社科院委托专项《日本简史》、《中日关系简史》、《日本概貌》的撰写任务等。2014—2017 年，三次陪同国家领导人参加在中国人民抗日战争纪念馆举行的重要活动。在其提交的若干咨政报告中，《日本对我举办抗战胜利 70 周年纪念活动的态度与我之对策》和《应强调中国抗战对世界反法西斯战争的伟大贡献》，均获得中国社会科学院优秀对策信息研究奖。此外，2006—2010 年，汤先生作为中日共同历史研究中国方面的 10 名委员之一，参加了古代史部分的研究、讨论与写作，为"共同历史研究报告书"的完成做出应有贡献，扩大了国际学术影响。①

中国历史研究院成立之后，智库工作成了一项常规性工作。经过这几年持续不断的努力，研究室相关人员在这方面取得了一些成绩。例如针对新冠疫情期间的相关问题，针对日本发生的突发性事件，针对日本学界的动向、政界的动向等，都进行了一些跟踪和分析，提出了一些问题和对策。

当然，基础研究工作和智库工作是相辅相成的。只有基础研究足够扎实，对策建议才有价值；只有联系实际，才能将基础研究推向深入。

---

① 见杨栋梁《力主献身社会，方能问心无愧——汤重南印象》，《中国社会科学报》2023 年 5 月 5 日。

其二，研究综述。

汤重南先生一直重视追踪国内学者的研究动态，撰写了大量的有关日本史研究状况和进展的文章。他与其他学者共同主编了《中国的日本史研究》《中国的中日关系史研究》（均为世界知识出版社，2000）两部著作，对中国的相关研究进行了全景式扫描。此后亦有相关成果发表。"这些综述和评论性文章，涉及日本史研究的理论、方法、特色、成果、动态、课题等方方面面，从不同角度总结了各时期我国日本史研究的进展，可谓总览全局、洞察细微、评论有度，对深化日本史研究具有重要指导作用。"①

作为一项常规性工作，世界历史研究所每年都要对上一年的相关学科研究进展进行梳理、分析和评价。曾经有一个时期，这些综述会以年鉴的形式公开出版。近些年来，不知道什么原因，相关的工作只是按部就班地做着，但没有出版发行。目前，世界历史研究所正在筹划《世界历史年鉴》的工作，希望每年都能与读者见面。当然，仅靠世界历史研究所自身来做这项工作，恐怕力有未逮，这方面还需要兄弟单位大力支持。

其三，资料整理。

汤重南先生晚年愈加认识到史料之于历史研究的重要性。在与线装书局合作整理、编辑档案材料的时候，他甚至将之视为自己一生最有意义的学术工作。他带领团队主编的大型资料集主要有《日本侵华密电·九一八事变》（线装书局，2015）、《日本史籍善本合刊两种　大日本史·日本野史》（线装书局，2016）、《日俄战争史料》（线装书局，2016），《日本侵华密电·七七事变》（线装书局，2017）、《日本侵华军事密档·侵占台湾》（线装书局，2019）、《日本侵华战争军事密档·最高决策》（线装书局，2020）等。

历史研究是需要材料来支撑的。日本和东亚史研究室成立之后，一直在思考如何编辑、整理、翻译一些与研究室定位相匹配的基础史料，从而为相关研究提供支撑，促进学科建设。随着各种条件的逐步成熟，这项工作会逐渐走向正轨。

———————————

① 杨栋梁：《力主献身社会，方能问心无愧——汤重南印象》，《中国社会科学报》2023年5月5日。

结　语

汤先生非常谦逊，这就是他不断进步的原因。在二十多年前，他反复强调要"诚心诚意地向日本学者、向各兄弟单位、向本单位前辈们学习"。作为世界历史研究所的后辈学人，我们愿意牢牢记住这句话，继承其中体现的好学精神，将日本史研究推进一步。由于新冠疫情的影响，我们的许多学术交流工作被迫停顿，非常遗憾。今后，我们热切盼望加强和兄弟单位的交流，也热切盼望各位专家学者莅临世界历史研究所指导工作。

（张跃斌，中国社会科学院世界历史研究所日本历史
与文化研究中心研究员）

新世纪以来中国社会科学院日本研究所的日本研究：回顾与展望

唐永亮

中国社会科学院日本研究所经国务院批准于 1981 年 5 月成立，是中国社会科学院下属专事当代日本问题研究的学术机构和智库单位。全所人员编制为 58 人，是全球规模最大的日本问题专门研究机构。1981—2000 年，在何方、骆为龙、赵自瑞、张蕴岭等历任所领导的带领下，在全所人员的共同努力下，基本形成了当代日本研究的学科布局和成建制研究队伍，重点研究当代日本政治、经济、社会、文化和对外关系等问题。进入 21 世纪后的 20 余年，日本研究所学科覆盖范围更加全面，人才梯队进一步优化，研究水平进一步提高，无论是在基础理论研究还是应用政策研究方面都取得了重要进步。

一　"而今迈步从头越"

——2001—2008 年

经过 7 年的"合所"时期，2001 年日本研究所与亚洲太平洋研究所分离，蒋立峰研究员成为日本研究所历史上首位日本研究专业出身的所长。此后的 8 年里，研究所在蒋所长、孙新书记等所领导带领下，在全所成员共同努力下，进入一个全新发展时期。这一时期，"国际新形势、亚洲新问题、中国社会变革和经济崛起，推动了日本研究向着更加综合性、前瞻性的方向发展"。[①]

[①]　李薇主编《当代中国的日本研究（1981—2011）》，中国社会科学出版社，2012，"前言"。

（一）研究主题

这一时期日本研究所设有四个研究室：日本政治研究室，主要研究日本政治制度、政党、政局、防卫问题；日本经济研究室，主要研究日本经济体制、产业结构及经济形势等问题；日本社会文化研究室，主要研究日本社会结构、社会思潮、社会保障、企业文化、文学、思想等问题；日本对外关系研究室，主要研究日本外交政策、对外关系等问题。各领域均取得了重要进展。

在日本政治研究方面的主要著作有《日本政党制度论纲》《当代亚太政治》《21 世纪日本沉浮辨》《日本政府与政治》《近代日本的亚细亚主义》等。

日本经济研究方面的主要著作有《日本的规制改革》《日本与东亚经济合作》《中日韩经济合作与展望》《日本经济发展模式再探讨》《新时代的日本经济》《日本头脑产业——THINK TANK 研究》《日本产业结构研究》等。

日本社会文化研究方面的主要著作有《战时体制下的日本妇女团体（1931—1945）》、『茶道と茶湯——日本茶文化試論』、《强掳·诉讼·和解：花冈华工惨案始末》、《日本的社会思潮与国民情绪》、《东亚文明撞击——日本文化的历史与特征》、《日本文化史——现代卷》、《日本文化史——近古卷》、《日本文化史——古代卷》、《日本文化史》、《日本文学简史》、《日本文明》、《世界中的日本文化——摩擦与融合》、《日本企业内教育培训》、《林罗山与日本的儒学》、《中国的日本研究杂志史》等。

日本对外关系研究方面的主要著作有《冷战后日本的总体保守化》、《中日国交正常化 30 周年》、《战后中日关系史（1945—1995）》、《21 世纪中日关系发展构想》、《中国的东北亚研究》、《日本外交与中日关系》、『徹底検証：日本型 ODA』、《中日关系——复交 30 年的思考》、《21 世纪初的日本政治与外交》、《日本外交 30 年》、『大川周明と近代中国：日中関係の在り方をめぐる認識と行動』等。

这一时期，我所承担的主要研究课题有："中日间战争赔偿的研究""日本改宪及未来发展道路研究""中日建立自由贸易区的研究""世界主要发达国家的社会发展与政策选择""日本自民党研究""21 世纪初期日本国家发展战略""当代日本民族保守主义研究""中日农村剩余劳动力转移比较研究""日本的社会结构变迁与政策选择""21 世纪初期日本的东亚政策""日本现代化过程中的文化建设研究""日本克服长期萧条的经验教训""中日舆论调查""21 世纪初期日本的文化战略""中日两国事业单位改革比较研究""中国和平发展战略与日本""日本内需主导型增长在哪里出了问题——兼谈日本泡沫经济的教训"等。

（二）重点成果

这一时期我所推出了一些重要科研成果，有些是集体研究的结晶，还有些获得了院级优秀科研成果奖。

1. 《列国志：日本》（社会科学文献出版社，2005）。该书由孙叔林、韩铁英主编，全书 47.5 万字，分为七章：第一章是国土与人民；第二章是历史；第三章是政治；第四章是经济；第五章是军事；第六章是科教文卫、体育和新闻出版；第七章是战后外交。该书认为，日本是与中国一衣带水的邻邦。中日两国既有两千年的友好交往史，也有近代以来日本侵略和掠夺中国、给中国造成深重灾难的历史。当今，日本凭借雄厚的经济实力已成为世界经济大国，并向着实施政治大国战略和增强军事实力的方向迈进。为将中日关系在"以史为鉴、面向未来"的前提下推向前进，有必要加深对日本的了解。

2. 《日本军国主义论》（上下卷，河北人民出版社，2005）。该书由中日两国日本军国主义问题研究领域的著名学者万峰和井上清为学术顾问，蒋立峰、汤重南任主编，共 99 万字。该书系国家社会科学"十五"重点规划项目——"日本军国主义问题研究丛书"之一，是我国第一部对日本军国主义问题做理论性、体系性研究的专著。全书通过地理环境对日本民族性格的塑造、尚武传统与武士道精神、神国观念与天皇崇拜思想等方面的论述，探讨了日本军国主义思想产生的源流、形成过程和体制结构等，剖析了日本军国主义对外侵略扩张的历史根源。从国际大背景及日本政治、经济、思想文化、右翼思想、对外侵略战争等方面，全方位、多层次地剖析了日本军国主义这一历史现象产生的深刻根源。

3.《21 世纪的日本：战略的贫困》（中国城市出版社，2002）。该书由冯昭奎撰写，全书 35.5 万字。该书抓住当代日本国家战略的主要问题，以泡沫经济、向信息化过渡、中日关系等三个问题为切入点，有重点地对日本的国家战略问题进行分析。该书得出如下结论：日本的国家战略是贫困和模糊的，其未能显示国家发展的明确目标；面对迅速变化的时代，未能表现出必要的适应能力；面对堆积如山的经济与社会发展的难题总也给不出正确有效的答案，总也解决不好短期问题与长期问题的矛盾，经济政策多为应付眼前的权宜之计，得过且过，延误改革。日本缺乏以开放的精神把本国问题放在世界中特别是放到亚洲中考虑并加以解决的气魄和勇气。该书荣获中国社会科学院第五届优秀科研成果奖二等奖。

4.《美日关系（1791—2001）》（世界知识出版社，2003）。该书由刘世龙撰写，全书约 60 万字。该书是国内第一部关于美日关系的通史性著作。作者在阅读大量档案、报刊资料和专著的基础上，叙述从 1791 年到 2001 年美日关系的历史；运用历史研究与现状研究相结合的方法，论述美日关系的发展规律。作者提出如下观点。第一，美日关系以 1911 年为界，经历了摇摆于平等与不平等之间的两个周期。作者认为，迄今为止的美日关系史可概括为平等（竞争）—不平等（合作）—平等（竞争）这一公式。第二，21 世纪初的美日关系具有不平衡性：经济上已成为平等关系，政治上是准平等关系，而军事上仍是不平等关系。该书荣获中国社会科学院第七届优秀科研成果奖三等奖。

5.《纪念中国社会科学院建院三十周年学术论文集　日本研究所卷》（经济管理出版社，2007）。该书由中国社会科学院日本研究所编撰。为庆祝中国社会科学院建院 30 周年，日本研究所选编了这部论文集，在编和非在编研究人员及已故研究人员每人至少收录一篇论文，可谓日本研究所 26 年来的集大成之作。该书由论文和少量的研究报告构成，分为政治安全篇、外交关系篇、经济科技篇、社会文化篇、文学历史篇、研究报告篇，共 42 万字。

（三）主要特点

这一时期我所的科研活动主要呈现以下特点。

第一，通过建立学术会议平台，推动国内日本研究学科发展。这一时期我所继续每年与日本日中技术留学交流协会联合主办"中日青年论坛"，并基于会议成果每年出版论文集，[①] 川岛真、北冈伸一等很多现今知名学者都是论坛"常客"。2000 年开始与国际友联联合创办"日本研究青年论坛"，就当代日本社会思潮、日本 21 世纪政治外交发展趋势、中日两国相互认识等主题展开了深入研讨，并在会议成果基础上出版论文集。[②]

第二，积极开展对外学术交流，强化对外影响力。这一时期我所与名古屋市立大学经济学部、日本青年能力开发协会、松下政经塾、韩国东北亚共同体研究院、日本和平安全保障研究所、韩国世宗研究所、日本未来工学研究所、日本立命馆大学国际地域研究所、日本冈崎研究所、日本一桥大学、日本国际亚洲共同体学会、日本岛根县立大学、日本立教大学等国外智库和大学建立机制化交流关系，有的签署了交流协议。

第三，编撰日本研究报告，分析展望日本年度形势。我所从 2001 年开始每年出版日本研究报告，[③] 总结上年度日本在经济发展、国内政治、对外关系、社会文化等方面的表现，并根据当年特点设立专题研究，且附有上年度中国的日本问题研究概况、日本大事记、世界各国对华直接投资数据等材料，成为彼时学界了解日本年度状况的重要窗口。

---

① 蒋立峰主编《第四次中日青年论坛：转型中的中国与日本》，世界知识出版社，2000；蒋立峰主编《第五次中日青年论坛：我心中的中国与日本》，世界知识出版社，2002；蒋立峰主编《第六次中日青年论坛：中日邦交正常化 30 周年的思考》，世界知识出版社，2003；等等。

② 蒋立峰主编《21 世纪的日本——政治外交发展趋势（第一届日本研究青年论坛论文集）》，世界知识出版社，2000；蒋立峰主编《当代日本社会思潮（第二届日本研究青年论坛论文集）》，世界知识出版社，2001；蒋立峰主编《中日两国的相互认识——第四届日本研究青年论坛论文集》，世界知识出版社，2003；等等。

③ 例如，高增杰主编《日本：2001》，世界知识出版社，2002；蒋立峰主编《日本：2002》，世界知识出版社，2003；蒋立峰主编《日本：2004》，世界知识出版社，2005；蒋立峰主编《日本：2005》，世界知识出版社，2006；等等。

二　"跬步江山即寥廓"

——2008—2018 年

2008—2018 年，是日本研究所蓬勃发展的十年。这一时期在李薇所长、高洪书记（代所长）等所领导带领下，在全体成员共同努力下，我所在科学研究、学科建设等方面取得了重要成绩。

（一）研究主题

这一时期伴随现实研究需要，日本对外关系研究室改称日本外交研究室，显示出理论研究和现实研究共同促进的发展方向。日本社会文化研究室拆分为日本社会研究室和日本文化研究室，两个学科的人员进一步充实，研究水平进一步提高。在此基础上，我所形成了五个研究方向，即日本政治研究、经济研究、外交研究、社会研究和文化研究，各学科均取得令人瞩目的成果。

日本政治研究方面的主要著作有《日本政党制度政治生态分析》《日本选举制度与政党政治》《日美政治经济摩擦与日本大国化：以 20 世纪 80 年代为中心》《中日热点问题研究》等。

日本经济研究方面的主要著作有《日本　世界　时代：值得我们关注的若干问题》《能源安全与科技发展——以日本为案例》《日本经济》《科技革命与世界》《中日友好交流 30 年 经济卷》《日本经济概论》《日本国土综合开发论》《日本能源形势与能源战略转型》《日本经济结构转型：经验、教训与启示》《日本能源文献选编》等。

日本外交研究方面的主要著作有《中国和平发展与日本外交战略》《日本对华经济外交研究》《日本能源外交研究》《"阴谋"与野心》《21 世纪初期日本的东亚政策》《不忘初心，走向未来》等。

日本社会研究方面的主要著作有《社会发展与现代田园主义：发达国家社会发展得失谈》《日本社会保障制度》《中日韩人口老龄化与老年人问题》《性别视角下的日本妇女问题》《东亚社会发展与女性参与》《战后日

韩、日朝关系》《密室与剧场——现当代日本政治社会结构变迁》《日本"核"去"核"从》《日本人口老龄化与老年人力资源开发》《日本人口老龄化问题研究》《日本明治时期的右翼研究》等。

日本文化研究方面的主要著作有《日本现代化过程中的文化变革与文化建设研究》《文化、文学与中日关系》《日本的自画像与他画像》《艺道与日本国民性》《中江兆民的国际政治思想》《中江兆民》等。

这一时期，我所承担的主要研究课题有"日本自民党体制转型研究""日本'军事崛起'与我国对策研究""美国对琉球政策历史演变的研究（1945—1969）""战后日本供给侧结构性改革经验与教训研究""'一带一路'建设下日本对华政策调整及中国的应对研究""日本非政府组织的发展及其社会功能""冷战后日本政治改革的走向及其影响""民主党政权下的日本国家发展战略研究""二战后日本社会发展与社会阶层变动""日本应对和化解对外经贸摩擦的经验与教训""日本对华产业转移趋势考察国情调研重大项目""日本泡沫经济再考"等。

（二）重点成果

这一时期我所推出一些重要科研成果，有些是集体研究的结晶，有些获得了院级优秀科研成果奖。

1. 《当代日本报告》（社会科学文献出版社，2011）。该书由冯昭奎、林昶著，全书29.2万字。该书以技术进步、人口问题、中日关系、移民问题、气候变化、低碳经济、粮食安全、土地问题、农协组织、政局变化等10个问题为切入点，通过适当的中日比较和与世界情况的对照，阐述值得人们关注的日本发展过程中的经验教训。其中指出，业已成为"世界老三"的日本会不会重蹈数百年来历代"世界老三"的覆辙，与当今"世界老大"美国联合起来共同对付"世界老二"中国？答案是：日本肯定会这样做。因为其不会不重视西方大国关系的历史经验，何况日本自冷战开始以来就很快同美国结成军事同盟关系，这种关系在冷战以后不仅没有解除，反而逐步得到加强。但是，不管中日关系会怎样发展，我们仍要继续认真吸取战后日本发展中积累的有益经验。该书荣获中国社会科学院离退休人员第三届优秀科研成果奖二等奖。

2. 《日本现代化过程中的文化变革与文化建设研究》（河北人民出版社，2009）。该书由崔世广主编，全书 28.7 万字。该书借鉴和运用历史学、社会学、文化学等理论，采用定性研究和定量研究相结合、宏观研究与实证研究相结合的研究方法，导入系统论和周期论的分析视角，尝试对日本现代化过程中的文化变迁和文化建设进行多层次、多角度研究。该书从现代国家意识的建构、伦理价值观念的变容、生活方式的重新塑造、传统文化的保护与振兴、对日本现代化过程中文化建设问题的思考等五个角度，分析总结日本文化建设的经验教训，为我国当前的社会主义现代文化建设提供参考。该书荣获中国社会科学院第八届优秀科研成果奖三等奖。

3. 《日本国土综合开发论》（中国社会科学出版社，2013）。该书由张季风撰写，全书 37.8 万字。该书分为上下两篇。上篇以战后初期资源开发以及日本第一次至第五次全国综合开发规划为线索，突出日本国土开发"规划性"的特点，勾勒出战后日本国土综合开发的基本轮廓；下篇以中国国土综合开发过程中可能遇到和正在遇到的问题为着眼点，结合日本国土开发自身的发展规律和体系特色，对日本国土综合开发过程中的法制、规划体系建设、资金筹措与运用、高速交通体系建设、城市体系与东京问题、国土开发与环境保护、北海道开发等七个专题进行具体分析。该书荣获中国社会科学院第六届优秀科研成果奖三等奖。

4. 《金融危机下的日本金融政策：困境与挑战》（世界知识出版社，2010）。该书由刘瑞撰写，全书 28 万字。该书以 20 世纪 90 年代日本国内金融危机和该次金融危机为区间，揭示危机对日本经济与金融的冲击，重点分析金融危机下日本金融政策的运营特点及效果。研究视角既包括两次金融危机下日本金融政策的历史性回顾与动态性分析，又包括对金融政策两大支柱——货币政策和审慎监管政策的专题性研究，力图通过总结日本应对金融危机的宝贵经验和教训，对今后的金融政策运营提供借鉴和参考。该书荣获中国社会科学院优秀科研成果奖三等奖。

5. 《日本战后 70 年：轨迹与走向》（中国社会科学出版社，2015）。该书由日本战后 70 年编委会编纂，全书 66 万字。为纪念中国人民抗日战争暨世界反法西斯战争胜利 70 周年，我所先后举办了七场专题学术研讨会，深入剖析"战后 70 年的日本"，在此基础上形成了一本厚重的研究成果。该书由政治、外交、经济、社会、文化、思想、中日关系等多个领域的 30 余篇论文组成，通过对日本战后 70 年不同领域发展轨迹的系统梳理、深入分析，试图从中发掘出决定、影响日本发展变化的规律与要素。该书作者除我所专家外，孙歌、韩东育、王新生、李卓、刘岳兵、周维宏、徐万胜、归泳涛、张玉来、冯文猛、田香兰、周建高、董炳月、刘少东、吴光辉、邱静、王萌等所外专家也参与其中。

6.《当代中国的日本研究（1981—2011）》（中国社会科学出版社，2012）。该书由李薇主编，全书 54.5 万字。为纪念我所成立 30 周年，我所牵头梳理 1981—2011 年 30 年间中国大陆学者对日本政治、经济、外交、社会文化、哲学、宗教、历史的研究，以期达到夯实日本研究学科基础，训练学术规范，提升学术意识，发现学术人才的目的。该书作者除了我所学者外，还包括卞崇道、徐建新等院内其他研究所以及宋成有、王新生、牛建科、刘岳兵、崔金柱等大专院校的日本研究学者。

7.《风云际会话扶桑》（全三卷，世界知识出版社，2018）。该书由高洪主编，全书 130 余万字，是把我所科研人员建所 38 年来在《世界知识》杂志上刊载的作品结集成册，形成"中国社会科学院日本研究所《世界知识》刊文荟萃"。三卷本以中日两国制定的第三个和第四个政治文件为区隔，在一定意义上展示了中国的日本研究者对日本和中日关系认知的迭代、提升过程。

（三）主要特点

这一时期我所科研活动主要呈现以下特点。

1. 学术交流体制升级，强化对外影响。譬如，2013 年我所与日本东京财团联合创办"中日东海论坛"，对于推进中国东海问题研究发挥了积极作用。从 2011 年开始每年承办"中国社科论坛"，邀请中日两国政要和专家学者参加，有效提升了中国学界的国际影响力。我所与日本政治家、官僚、研究者建立了广泛的学术交流关系，武部勤（自民党前干事长）、青木保（日本前文化厅长官）、大江健三郎、猪口邦子（前内阁府特命担当大臣）、宫崎勇（日本前经济企划厅长官）、小仓和夫（时任日本国际交流基金理事长）、林芳正（日本前防卫大臣）、前原诚司（时任日本首相）、傅高义、山口广秀（日本银行前副总裁）、伊藤元重、木原晋一、山口那津男（公明党代表）等都曾来所交流访问。

2. 改善科研环境，强化学科建设。在院领导支持下，在所领导的努力下，我所科研人员从东院东平房搬至南楼一层两侧，科研办公环境大为改善；通过编写《当代中国的日本研究（1981—2011）》《日本战后 70 年：轨迹与走向》等强化日本研究学科建设，所里鼓励并帮助年轻学者，强化学习一级学科理论知识，提高理论研究水平。以 2017 年院里批准为期六年的创新工程"登峰计划"日本政治优势学科、日本经济重点学科为契机，研究所学科建设取得了重要进展。

3. 重视基础研究和智库研究相互促进发展。从 2008 年开始，我所每年与社会科学文献出版社合作出版《日本经济蓝皮书》，2009 年开始将"日本发展报告"升级为《日本蓝皮书》，有效促进了学术研究成果的社会性转化，扩大了社会影响力；我所多次召开智库建设会议，如"日本智库研究"学术报告会（2012 年）、"对日战略报告"内部研讨会（2013 年）、"国际问题研究与智库建设"学术报告会（2015 年），且我所由一名科研副所长专门负责智库建设工作，大大提高了智库研究水平。

三　"大鹏一日同风起"

——2018 年至今

2018 年以来，在杨伯江所长、刘玉宏书记、闫坤书记等所领导带领下，在全体成员共同努力下，我所研究视野进一步扩大，学科布局进一步完善，研究水平进一步提高。继 20 世纪末一度成立科研组织处后，时隔 20 余年我所成立了有独立编制的科研处，负责统筹全所科研、外事和社团中心管理，科研管理机制进一步优化。新成立综合战略研究室、日本历史研究室，日本社会研究室和日本文化研究室合并为日本社会文化研究室，创办《日本文论》，同时申请成立院级非实体研究中心"东海问题研究中心"，由此形成了政治、经济、外交、综合战略、社会文化、战后历史等多个方向纵横交叉的网络化学科布局。

（一）研究主题

这一时期的日本政治研究室主要关注政党、选举、安全防卫、海洋政策、法制等方面的研究，日本经济研究室主要关注金融、财政、对外经济关系、产业、科技等方面的研究，日本外交研究室主要关注对外关系、外交决策、经济外交、对华政策与中日关系等方面的研究，日本社会文化研究室主要关注社会保障、人口问题、社会治理、文化战略、国民性、传统文化、宗教、思想史等方面的研究，综合战略研究室主要关注日本国家宏观战略、国际战略、安全战略、能源战略等方面的研究，日本历史研究室主要关注日本战后核问题、政治思想、社会思潮等方面的研究。各领域均推出了一系列重要成果。

日本政治外交方面的主要著作有《战后日本选举与政治资金问题》《新中国对日政策（1949—1972）》《摆脱战败：日本外交战略转型的国内政治根源》《平成时期日本的东亚区域经济合作》《"全球变局下的中日关系：务实合作与前景展望"国际学术研讨会文集》《弘扬条约精神，深化友好合作：纪念〈中日和平友好条约〉缔结40周年国际学术研讨会文集》《日本国际战略及政策研究》《中国对日外交战略思想与实践》等。

日本经济研究方面的主要著作有《日本消费税改革研究》《日本全要素生产率研究》《日本泡沫经济再考》《分配制度、收入差距与共同富裕——基于日本经验的考察》《大变局下的中国与世界经济》《日本科技创新——第四次产业革命中的进展》《战后日本供给侧结构性改革研究》《房地产市场调控政策国际比较研究》等。

日本社会文化历史方面的主要著作有《少子老龄化社会：中国日本共同应对的路径与未来》、《平成日本社会问题解析》、《日本"积极老龄化"的经验及启示》、《日本文明——摇曳在东西方之间》、《21世纪初期日本的文化战略》、《明治时期日本人的对外认识》、《知识与权力：明治民法立法过程研究》、*Pornography，Ideology，and the Internet：A Japanese Adult Video Actress in Mainland China* 等。

这一时期，我所承担的主要研究课题有"未来十五年大国关系演化视域下的中日关系""'一带一路'建设中的日本因素""中国与周边视域下的中日关系""战后日本历史进程与国际影响力研究""日本印太战略研究""日本海洋战略及政策研究""日本养老护理制度建设：理论、政策与实践""中日关系对上海打造国际大都市的影响""长三角地区日资企业状况及发展研究""日本'多元协作'的社会治理模式及借鉴意义""非洲国家数字经济发展与中非合作研究""平成以来日本国家战略的发展演变：观念、架构与路径设计""战后日本走向共同富裕的社会政策路径研究""全球史视野下日本的国际秩序认知模式演变研究（1853—1952）""日本收入分配制度及对中国推动共同富裕的借鉴启示研究""疫情背景下日本自民党对华战略转变研究"等。

（二）重点成果

这一时期我所推出一系列重要科研成果，其中不少是集体研究的结晶，有些获得了院级奖项。

1.《"一带一路"推进过程中日本的角色分析》（中国社会科学出版社，2023）。该书是在中国领导人提出共建"丝绸之路经济带"、"21 世纪海上丝绸之路"国际倡议十周年之际推出的关于日本在"一带一路"倡议中的战略布局的一部专门论著，由杨伯江、刘瑞等著，全书 40 万字。该书一是系统梳理了日本对"一带一路"的认知变化及战略反应过程，包括"印太战略"的设计、展开及其与"一带一路"的竞合关系。二是分析评估日本在"一带一路"沿线地区的政经布局，包括日本对"丝绸之路经济带"、"海上丝绸之路"和"冰上丝绸之路"重点地区的关注和投入，在这些地区的政治、经济影响及未来趋势。三是基于现实路径选择的视角，结合当前全球形势发展，分析日本推进"高质量基础设施合作伙伴关系"与我国高质量共建"一带一路"的竞合关系，同时密切关注全球经济形势与地缘政治格局演变下，日本产业链供应链调整对"一带一路"建设的影响。

2.《中国日本研究年鉴（2022）》（中国社会科学出版社，2023）。该书由中国社会科学院日本研究所主持编撰，秉承学术性、权威性、客观性、前沿性的宗旨，力求反映日本研究学科取得的年度主要成绩和科研进展，是我所推进日本研究学科建设的重要举措，全书106.4万字。该书设有学科综述、2021年度主要论文、国内涉日学术机构与学术动态、日本研究杂志目录、著作目录、大事记、日本经济与中日经贸关系主要数据七个栏目。其中，2021年度主要论文由中国社会科学院日本研究所牵头，联合中国知网、中华日本学会、全国日本经济学会、中华日本哲学会、中国日本文学研究会、中国日本史学会、中国中日关系史学会、中国抗日战争史学会，对2021年度1568篇日本研究论文进行海选、评审委员会评选、日本研究所学术委员会审议，从投票产生的前100名候选文章中选出"优秀论文30篇""主要论文73篇"。

3.《平成时代：日本三十年发展轨迹与前瞻》（世界知识出版社，2022）。该书由杨伯江主编，全书62.4万字。该书是中国学界首部关于平成日本的全学科学术出版物，是代表当代中国日本研究最高水平的一部专著，目前国内尚无同类成果。该书采用历史纵向与学科横向二元交织的设计框架与写作逻辑，既把平成30年作为一个独立的发展阶段进行集中专门研究，又秉持"复眼"视角，从战略、政治、经济、外交、社会、文化、思潮等多个学科角度展开综合分析，对日本研究学科建设与发展具有较高学术价值。同时，该成果是中国学界从中国的国家利益和立场出发对日本平成30年进行的系统深入研究，对于研判日本未来总体走势，具有极其重要的现实政策意义。该书出版后，在学术界特别是日本研究界获得较高评价，成功入选中国社会科学院创新工程2022年度重大科研成果。

4.《日本研究文选（1981—2020）》（上下卷，社会科学文献出版社，2021）。该书由杨伯江主编，全书80.1万字。为纪念我所成立40周年，将我所科研人员公开发表的论文和研究报告，每人选出一篇代表作，共收录59篇文章，分为政治安全篇、外交关系篇、经济科技篇、社会文化篇、历史研究篇。由于技术原因，部分退休人员的论文未能收录其中，这一点比较遗憾。

5.《当代中国的日本研究（1981—2020）》（中国社会科学出版社，2021）。该书由杨伯江主编，全书 33.8 万字，是我所在成立 40 周年之际，系统全面梳理过去 40 年来中国国内有关日本政治、经济、外交、中日关系、安全、社会、文化、历史、思想研究的相关成果和学科发展历程，认真总结成绩与不足。该书作者除我所各学科带头人，还适当吸收宋成有等所外专家参与。该书认为中国的日本研究 40 年来取得了长足发展和丰硕成果。一是随着现实国际关系的演进、中国自身需求的多元化以及国际关系、国际政治理论的发展，日本研究的内涵日趋全面、综合、立体，推动学科建设向纵深发展。二是研究范式更加丰富完善，开始注重理论分析和方法论应用，方法论创新、创新性释析趋于明显，长期以来对理论规范和方法论介入重视不足的状况逐步改观。三是越来越注重将日本以及中日关系置于国际格局变动、中国战略全局之中加以定位和分析，战略性、前瞻性研究日益活跃。四是研究主体自身出现重要变化，学科队伍结构趋向合理与高阶化，部分学者尝试脱离"即事研究"的传统套路，侧重基础性、理论性研究，高质量研究成果随之增多。

6.《新冠肺炎疫情冲击下的日本与东亚：变局与深化合作的可能性》（中国社会科学出版社，2020）。该书由杨伯江主编，全书 35.8 万字。该书是在 2020 年 4 月 11 日，新冠疫情刚暴发不久，我所联合南开大学日本研究院、复旦大学日本研究中心、天津社会科学院日本研究所、河北大学日本研究中心、辽宁大学日本研究所、东北师范大学日本研究所等国内专事日本研究的多家机构共同举办"新冠肺炎疫情冲击与新时代中日关系"视频学术会议，在此基础上，进一步吸收会议外高质量论文，形成的一部体系完整的研究专著。该书围绕新冠疫情给日本与东亚带来的现实及潜在影响，从"疫情与全球及区域形势""疫情对日本经济的影响及其未来走向""疫情对日本政治外交的影响及其未来走向""疫情对中日及区域合作的影响""疫情对中日关系的影响及其未来走向""疫情与公共卫生管理体制"等多个角度进行深入分析，为疫情以来的重要研究成果。

7.《全球变局下的中日关系：务实合作与前景展望国际学术研讨会论文集》（世界知识出版社，2020）。该书是在由中国社会科学院主办、中国社会科学院日本研究所承办的中国社会科学论坛"全球变局下的中日关系：务实合作与前景展望"国际学术研讨会基础上编纂而成的一部文集，由杨伯江主编，全书35.3万字。全书共收录了基调报告及学术演讲15篇，会议论文15篇，其中包括中国前国务委员戴秉国、中国社会科学院时任院长谢伏瞻、日本前首相福田康夫、时任驻华大使横井裕，张宇燕、田中明彦、北冈伸一、高原明生等中日著名学者以及田中均、山口壮等日本前外务官僚的基调演讲、学术报告等重要内容。该文集集中讨论了2012年日本所谓"国有化"钓鱼岛、中日关系陷入低谷，经2018年实现总理互访、重回正常发展轨道后，两国如何借助"一带一路"倡议下第三方市场等平台深化务实合作，推动中日关系实现可持续健康稳定发展。

8.《美国对琉球政策历史演变的研究（1945—1969）》（社会科学文献出版社，2022）。该书为国家社科基金后期资助项目最终成果，37.9万字，作者为陈静静。该书将琉球问题置于军事同盟的框架下进行审视，从美日同盟不断变化的视角考察美国对琉球政策的变化，揭示美日同盟关系由互疑到互信的转变过程，并探讨美国对军事同盟的经营经验。该书最大特点是运用大量美国原始档案详细阐释美国对琉球政策的决策过程，实现对外决策理论与历史的有机结合。从普遍意义的角度来看琉球问题对美国来说是一个常规外交问题，也可说是一个非危机形势下非重大外交议题，美国官僚组织机构在这一类问题上的组织模式具有典型意义。

（三）主要特点

这一时期我所科研活动主要呈现以下特点。

1. 统筹协调，全面推进日本研究三大体系建设。2019年创办《日本文论》，与《日本学刊》形成姊妹刊效应，丰富了日本研究发文平台。该刊已被收入 AMI 核心集刊名录、CSSCI 核心集刊名录。2022年创办《中国日本研究年鉴》，力求反映日本研究学科取得的年度主要成绩和科研进展。编撰《当代中国的日本研究（1981—2020）》，回顾当代中国的日本研究历程，积极探索未来日本研究的学科发展方向。以2023年院里批准为期三年的创新工程"登峰战略"日本国家战略与中日关系优势学科、日本海洋战略研究交叉新兴学科为抓手，我所将进一步加强学科规划、人才建设，深化学科建设。

2. 合力攻关，学术社团工作进步明显。我所与日本经产研究所、南京国际关系学院、天津社会科学院以及其他国内日本研究机构建立年度研讨机制，强化学术交流；打造《新冠肺炎疫情冲击下的日本与东亚：变局与深化合作的可能性》《平成时代：日本三十年发展轨迹与前瞻》等跨单位集体攻关成果，提升国内日本研究水平；学术社团工作进步明显，我所代管的两个全国性学术社团中华日本学会和全国日本经济学会，均获国家社科基金学术社团主题学术活动资助，同时进一步加强了学会制度化、规范化管理；2021 年申请成立中国社会科学院东海问题研究中心，对于团结学界力量、深化东海问题及中日海洋关系研究产生了重大推动作用。

3. 开拓创新，推动研究融合创新式发展。积极探索制度化创新，通过创新工程"登峰战略"子课题制度设计，由来自不同研究方向的人员共同组成专项课题组，丰富学科工具，集体合力攻关，同步促进多学科、跨学科融创发展，基础理论研究与应用政策研究融创发展；针对社会文化研究领域应用研究选题发掘难的问题，鼓励应用政策课题研究吸收基础理论研究力量，在联合攻关中实现深度融合，在科研实践中锤炼队伍、提高整体能力水平；鼓励年轻科研人员守好各自"独门绝技"，在诸如琉球研究、气变研究、环境研究、社保研究、人口研究等领域做到专、精、深、透。

4. 强化对外交流，同步提升学术及政策影响力。与日本等多个国家的学术机构、知名高校、政府部门、立法机构（国会）、基金会（财团）、新闻界等建立、保持密切的交流关系；通过多种形式派出多批次团组出国调研、访学和参会；举办大型国际学术研讨会，继"中国社科论坛"后打造"东海问题研究论坛"等品牌项目，邀请日本等国知名专家学者及政要出席。加强与中宣部、外交部、中联部、商务部等党政领导机构、部委联系沟通，着眼国之大者，提升服务决策能力水平。

5. 注重理论升华，扩宽研究视野。提出了一系列易于为国内外学术界理解和接受的标识性学术概念，努力产出拥有鲜明中国源发知识产权的学术成果，构建具有中国特色的当代日本研究自主知识体系、理论范式和话语体系，譬如"综合战略活跃度"、中美日"三角论"、中日关系中的"精神互融"、"安倍国防学"、"战略自主"、"国际战略论"等。提倡将日本问题、中日关系放在全球视野下、国际体系中、中国安全与发展大棋局上展开研究。

四　未来展望

展望未来，以建设日本研究三大体系为目标，我所将着力做好以下工作。其一，伴随国别区域研究一级学科的建立，进一步加强跨单位联合、多学科融创。这是建立具有中国特色当代日本研究学科体系、学术体系和话语体系的必然要求。其二，进一步加强对外学术交流，持续提升交流效果，发挥其对促进中国学界当代日本、中日关系研究的独特作用。其三，作为推动日本研究学科发展的重要路径，将持续深化基础理论研究与应用政策研究的融创发展，应用研究以学科积淀为基础，基础研究以现实需求为导向，两者相互促进、同步发展，在此基础上多出前瞻性、战略性、储备性优质成果。

（唐永亮，中国社会科学院日本研究所研究员、科研处处长）

新世纪北京日本学研究中心
研究回顾与展望

郭连友

首先祝贺南开大学日本研究院成立 20 周年！

祝贺本次高端学术论坛的成功举办！

衷心感谢刘岳兵院长以及主办方的盛情邀请！

一 北京日本学研究中心简介

北京日本学研究中心是 1985 年国家教育委员会（现教育部）与日本国际交流基金在北京外国语大学共同设立的一所旨在培养高端日本研究人才的教学、科研机构。中心设有日本语言、文学、教育、社会、文化、经济等六个学科方向，具有硕士、博士学位授予资格。北京日本学研究中心为全国日语语言文学专业重点（培育）学科、北京市重点学科，2012 年教育部首批公布的区域国别研究培育基地。教育部首批公布的高校培育中心共有 37 家，日本研究方面只有南开大学日本研究院和我们北京外国语大学北京日本学研究中心。

2019—2022 年，本中心的学术刊物《日本学研究》连续四年获得社会科学文献出版社 CNI 名录集刊和优秀集刊称号；2021 年、2023 年《日本学研究》两次入选中文社会科学引文索引（CSSCI）收录集刊（南京大学中国社会科学研究评价中心）；2023 年 3 月，南京大学中国智库与评价中心和 CCTI 根据 CTTI 数据，授予教育部区域国别研究（培育）基地——北京外国语大学日本研究中心 2022 年度中国 CTTI 高校百强智库称号，成为我国高校百强智库中唯一的一家日本研究智库。

二　北京日本学研究中心在人才培养和日本学研究方面的特色

北京日本学研究中心是在中日两国政府长达五年的教育交流合作，即在北京语言学院（现北京语言大学）成功建立"中国日语教师培训班"（俗称"大平班"）的基础上经多次协商成立的。其成立伊始，便有着十分鲜明的办学特色，即中日联合培养现代化所需的日本研究高端人才。

20 世纪 80 年代，我国的日本研究人才严重短缺，难以满足国家对外开放，建设社会主义现代化国家的迫切需要，为此，国家教委向日方提出希望继续支持中国高端日本研究人才的培养，日本政府做出了积极响应，日本国际交流基金作为实施机构，派遣了大量日本一流专家来中心任教，与中心教师一道为培养我国的高端日本研究人才倾注了心血，付出了努力。

建立初期，中心只招收两个硕士研究生班，一个是日本语言文学班，一个是日本社会文化班。这样设置的目的是希望即将步入学术领域的学员们不要过早地把自己限定在一个狭小的专业领域，要有一个更加广阔的学术视野，如研究语言学的学员不仅要学习语言学方面的专业课，还必须选择文学方面的专业课，研究日本文化的学员不仅要选文化方向的专业课，还要学习社会学方面的专业课，而且这些都是必修课程。

当年，由于中方师资力量严重不足，难以满足培养高端日本研究人才的需求，除了政治、历史、英语等课程由中方教师承担外，其他专业课程均由日方教授担任。每年大约有 20 位日本专家来本中心从事教学和科研活动，他们在本中心的任教时间长短不一，最长的甚至长达三年，一般为一年，短期的也不少于半年。这些专家学者的研究领域十分宽广，不仅有日本语言学（语法、音韵、语汇等）、文学（文学概论、古典文学、近现代文学）、文化（思想史、文化史、美术史、戏剧史等）、社会学、教育学，甚至还有哲学、法学、经济学、中国学等学科领域。授课方式不仅有专家的课堂讲授，还引进了国外比较流行的课堂讨论方式，学员们在这样的教学模式中开阔了自己的学术视野，养成了独立科研能力。

还有一点值得一提，为了让学员了解中国学者的研究立场、视角和方法及研究成果，本中心在 20 世纪 90 年代初建立了客座研究员制度，聘请国内著名的日本学研究学者来中心从事科研活动，还通过公开讲座的方式向学员们讲授中国学者的研究视角和成果，弥补了学员们在研究中不可或缺的"中国立场"。后来，这项制度以"客座教授"的方式延续至今，在座的各位专家学者有不少都曾作为客座教授来本中心从事教学科研活动，为本中心的科研和人才培养付出了心血，做出了贡献。

在人文交流和学术平台建设方面，本中心也有一些值得关注的举措。如每周四定期举办的公开讲座。这项制度建立之初，正值中国改革开放初期，中国学者急于了解国外日本研究的最新动向和研究成果。日研中心紧跟时代和社会需求，及时推出了每周四的公开讲座，由在本中心任教的日本专家担任讲座嘉宾，来自各个专业领域的专家们在讲座中分享自己以及日本该领域最新的研究成果及相关学术信息，令隔绝已久、学术信息闭塞的中国日本研究者耳目一新，当时场场爆满，来自北京及周边地区的日本研究者以及学生听讲者向讲演者踊跃提问，双方热情互动的场景至今令人记忆犹新。

由著名日本思想史研究者、中国社会科学院研究员孙歌老师和著名学者、东京大学教授、时任本中心日方主任教授的沟口雄三先生共同发起的"中日知识共同体"的学术对话活动也是本中心人文交流和学术平台建设的亮点之一。在这一交流活动中，中日双方学者首次就中日两国的历史认识问题进行了热烈讨论，该活动引起了中日两国媒体的广泛关注，为两国学者深层次思考阻碍两国关系的历史认识问题提供了有益启示，在增进两国的相互理解方面学者们提供了诸多学识和智慧，发挥了独特作用。

三　本中心在日本研究人才培养、区域国别研究方面取得的成绩

进入新世纪，本中心在日本研究人才培养、科研、智库建设等方面进入了一个新的发展阶段，也取得了一些进步和成绩。

随着社会的发展，我国对日本研究人才的需要也呈现出多元化和不断细化的特点，为此，本中心在原有的日本语言、文学、文化、社会四个研究方向的基础上又增加了日本经济和日语教育两个专业方向，使本中心的研究方向增加到六个。随着中方学者逐渐成熟起来，本中心的教师队伍结构也从过去的以日方专家为主逐渐转向了以中方教师为主，但每年仍然能够保证各个研究方向至少有一名（全年共六名）日方专家以集中授课的方式参与中心的教学活动，此外日方派遣主任教授指导中心的教学并参与中心的运营管理工作也一直没有中断，践行着中日合作办学的模式。

2012 年，本中心成为教育部首批公布的区域国别研究培育基地，2013年国务院学位委员会第六届学科评议组在《学位授予和人才培养一级学科简介》中明确将"国别与区域研究"列入外国语言文学学科的研究对象，即在外国语言文学一级学科下面设立二级学科。为此，我们认真分析了中心在师资、人才培养、科研等方面具有的优势，及时制定了利用国家希望大力发展区域国别研究的机遇进一步将我们的人才培养、科研、咨政服务、平台建设等提上新台阶的中长期发展战略。

众所周知，"通才 + 专才"（我们称其为"外语 + 专业"）是培养区域国别研究人才的目标。自 20 世纪 80 年代中期中心设立伊始直到现在，我们的招生对象就是大学本科日语专业毕业生，即精通日语的学生，进入日研中心后再根据个人志愿将他们分配到不同专业，接受诸如语言学、文学、历史学、社会学、经济学等专业训练。我们还经过多方努力，争取到了日本国际交流基金、国家留学基金委、三菱商事、伦理研究所、阿含宗、茶道里千家、东芝财团、积水化学等团体和机构的奖学金，保证了本中心几乎所有硕士、博士生在学期间赴日本进行 4 个月（硕士）至 1 年（博士）的留学费用。学生们利用这些奖学金实地考察日本社会、搜集论文资料、进行田野调查并接受日方导师指导。此外，我们还分别与日本的神户大学（经济学院）、广岛大学（教育学）、冈山大学（人文）等建立了双学位制度，有近 30 余名硕士生利用这一制度获得了中日双学位。此外，我中心的博士生除了赴日研修一年以外，还利用日本国际交流基金提供的资助积极参加在欧美等英语圈国家举办的国际学术会议并用英语发表研究成果。他们通过这种形式，感受高端学术氛围，同时将自己的研究放在国际化的大环境中去比对，找出与国外学者之间在问题意识、研究方法等方面的不同和差距。这一举措对博士生研究视野的拓展、研究水平的提升发挥了重要作用。从上述的各种举措中不难看出，我中心在人才培养模式上始终走在时代前列，完全契合了当今区域国别研究的人才培养方向。

除了人才培养，我们还努力搭建人文交流和学术交流平台，如我们针对中日关系中的热点问题，不定期地及时举办各种类型的研讨会、讲演会以及区域国别、日本学研究系列大讲堂活动，邀请著名学者、智库专家来中心参加研讨、讲演、讲学，这些成果日后都不同程度反映到教学、科研、咨政服务等方面以及学术集刊《日本学研究》上。

近年来，本中心教师承担了多项国家及地方政府的有关区域国别研究项目，在国内外重要期刊（CSSCI 期刊、核心期刊等）上发表了大量科研成果，出版了多部专著、译著，同时还有 10 余篇咨政报告被《人民日报》内参、中央党史和文献研究院、教育部国际司、财政部、生态环境部等机构采纳，其中部分报告还得到了中央领导的批示。教师的咨政成果还在《人民日报》、《新民晚报》、澎湃新闻等媒体与各年度日本研究相关蓝皮书发布。2021 年本学科还成功加入"一带一路"工业通信业智库联盟，数名教师受聘"一带一路"工业通信业智库联盟专家委员会委员、生态环境部、财政部项目组专家等，在服务国家政策需求方面也做出了不小贡献。

四　学术集刊《日本学研究》助力区域国别研究

创刊于 1991 年的《日本学研究》是一本综合研究日本的学术集刊，至今已经出版了 34 期。作为日本学研究的综合学术平台，办刊 30 多年来，在日本学研究领域发挥着十分重要的作用。2018 年，为了满足我国日本学研究以及区域国别研究的需要，我们对《日本学研究》进行了大幅改版，即由原来的年刊改为半年刊，由过去的中日文混排全部改为中文排版，全文被中国知网系统收录，可全文检索下载。2019 年以来多次荣获社科文献出版社 CNI 名录集刊、优秀集刊等称号，并两次入选中文社会科学引文索引（CSSCI）收录集刊（南京大学中国社会科学研究评价中心）。

办集刊的过程中，我们努力做到反映基础研究和课题导向的应用研究的最新成果。集刊约稿投稿并重，不仅刊登日本学基础研究方面的优秀论文，还密切关注日本研究的热点问题，及时组织学术研讨会并请专家撰写稿件（约稿），刊登最新的学术研究成果。

例如，日本天皇制问题是日本研究的核心问题。天皇制问题不仅关系到日本国家的起源以及从古到今的日本历史、政治的发展演变，还与现代日本的政治、社会有着密不可分的关系，是理解日本、研究日本的关键问题。然而由于该问题的复杂性、多元性，此前虽然有中国社会科学院日本研究所主办的《日本学刊》刊登了不少有关日本天皇制的优秀研究成果，但是缺乏中日学者互动，尤其是日方的最新学术观点和研究成果。

2019 年 4 月 30 日平成天皇退位，同年 5 月 1 日新天皇即位，日本正式进入“令和”时代。对于几十年一遇的这一重大历史事件，本中心利用这次难得的机遇，邀请国内外著名专家学者，于 2019 年 9 月 28—29 日举办了一场题为“天皇制与日本——与历史、政治、社会、文化之关联”的国际学术研讨会。这次国际学术会议由北京日本学研究中心、教育部国别和区域研究基地——北京外国语大学日本研究中心主办，国际日本文化研究中心、中国社会科学院日本研究所协办。与会者从历史学、思想史学、政治学、宗教学以及神话学等不同角度，对古代天皇、近代天皇以及与天皇制关系密切的现代神话信仰进行了深入剖析，对天皇制为日本社会、政治及文化带来的弊端以及负面因素给予了深入批判。

这次国际学术研讨会的议题和成果均具有很高的学术价值和现实意义，发表的研究成果不少属国内外首创，具有填补国内该研究领域学术空白的意义。为了反映这次学术研讨会的研究成果，我们选取了中日学者撰写的、具有代表性的 9 篇学术论文外加投稿中与该主题密切相关的学术论文以《日本学研究》（第 32 辑）“天皇制与日本特辑”的形式出版发行，受到了学界的关注和好评。

此外，《日本学研究》第 33 辑刊登了一篇园田茂人（日本著名中国问题专家、东京大学东洋研究所教授、北京日本学研究中心日方主任教授）

撰写的《夹在日本与中国之间的在日华人移民第二代对"中国崛起"的评价及其特征》原创论文。园田先生根据自己对考入东京大学的 30 名华人二代做了"如何看待中国崛起""如何看待其与自身人生的结合"等问题的问卷调查，通过分析问卷调查结果以及与以中国和日本学生为主的亚洲学生问卷调查的结果进行比较，指出了华人二代对"中国崛起"的认识特点以及他们对中国经济和政治的不同评价。该论文一经发表便有不少刊物转载，论文对理解业已融入日本社会的华人二代如何看待和认识中国的发展提供了不可多得的一手资料和原创成果。

同一辑还刊登了李雪涛教授（北京外国语大学全球史学院院长、德国科学院院士）为集刊提供的题为《"柿柿如意"与"涩味"之别——中日有关柿子的不同艺术审美取径》的论文。论文围绕中国和日本对柿子的不同感受，从哲学的深度，由小见大，分析了中日两国审美意识和审美差异。论文对于我们理解中日之间的审美差异有着十分重要的学术价值和现实意义。

作为国内区域国别研究的代表性集刊，《日本学研究》始终关注域外的区域国别研究，尤其是日本学研究的发展。近年来，在国家大力提倡区域国别研究的指导下，我国高校的区域国别研究方兴未艾，也取得了不少可喜的成果，然而，不可否认由于我国大规模开展区域国别研究起步较晚，积累还不丰厚，尚存在不少短板和课题。为此，我们有必要放眼世界，了解和把握其他国家在区域国别研究，尤其是在日本学研究方面的最新动态、研究成果、发展趋势乃至所面临的课题。

出于上述动机，日前刚刚出版的《日本学研究》（第 34 辑）特别设置了"海外日本学研究专栏"，目的就是希望能将国外关于区域国别研究，尤其是日本学研究的最新动态以及研究成果介绍到我国，为我国相关领域的研究人员提供参考和借鉴。该辑"海外日本学研究专栏"刊登了 9 篇学术论文，论文作者分别来自中国、日本、韩国（2 人）、加拿大、澳大利亚、法国、荷兰、俄罗斯等。论文分别从不同侧面介绍、阐述和分析了包括日本在内的各国关于日本学研究的学科建设、教学、科研、取得的研究成果、未来的发展趋势以及面临的课题。这些论文内容丰富，视角独特，为我们展现了当下海外多姿多彩的日本学研究图景。为了配合该栏目，我们在该辑的附录部分还整理刊登了根据日本国际交流基金会历经数年对亚洲、大洋洲、美洲、欧洲的日本研究机构、学会组织、学术刊物等做的调查信息。这些信息和资讯对于我们了解海外的区域国别研究以及日本学研究弥足珍贵，并与"海外日本学研究专栏"前后呼应、补充，也是值得关注的亮点之一。组织多名海内外日本学研究者对本国（包括他国）的日本学研究的历史、现状、成果及课题做如此全面、系统的介绍和分析，这在我国日本学研究领域尚不多见，希望能对我国开展区域国别研究尤其是日本学研究有所启发和帮助。

五　今后日本研究（区域国别研究）的课题和面临的挑战

一些学者指出，区域国别研究是对域外地区或国家做全方位的研究，是一个跨学科的研究领域。区域国别研究的任务，是打通原来分属于各独立学科的知识领域，系统探究区域国别的历史与现状，揭示其规律和走向，形成交叉与统合的知识体系，为我国深刻了解世界提供学术指引。

作为交叉学科，区域国别研究的对象有别于任何一个现有学科，它要对区域、国别进行整体性、宏观性的研究，因此需要多学科的参与，需要研究者有多学科的知识积累。通过区域国别研究，形成对区域、国别的全面观察，达到对该国、该地区的完整了解，目的是为国家决策、社会思考、企业发展提供智力支持。也就是说，区域国别研究既要考虑对上，也要考虑对下。

人们有时还会把区域国别研究等同于国际关系、国际政治研究，甚至有些人一提到搞区域国别研究，就会考虑设置国际关系、国际政治等课程。其实，这是一种误解，当然区域国别研究包含国际关系、国际政治研究，但不是全部，人文社会学科都可以参与区域国别研究。美国的鲁斯·本尼迪克特的日本研究就是一个典型案例。本尼迪克特原本是研究文化人类学的，她尤其注重研究人的行为模式，在二战将要结束时受美国情报部门委托开始研究日本，为美国占领日本以及利用天皇实现战后复苏提供了有力的理论支撑，诠释了基础理论和政策制定的完美结合，战后其研究报告以《菊与刀》为书名出版。

过去，本中心在区域国别研究方面做了一些事情，取得了点滴成绩，然而，今后我们将面对如下诸多挑战。

第一，师资、研究力量逐渐减弱。本中心的几个支柱专业，如语言、文化、社会等专业方向的教授、博导先后退休，后继无人，只剩下文学和经济学专业四名博导，其中一名博导近年即将迎来退休年龄。专业方向没有了博导，就无法再招收博士生，这将大大削弱本中心在培养区域国别研究人才方面的能力和对外影响力。

第二，本中心不少教师对区域国别研究缺乏深入了解，对其他学科的研究也缺乏关心，很难形成交叉研究的氛围。由于行政管理的问题，校际人员流动和交叉研究也不活跃，这对动员一切资源开展区域国别研究十分不利，应该通过师资培训、创新人才聘用机制等方式纠正这一现象。

第三，教师咨政服务能力（如调研能力、撰写咨政报告能力等）明显不足，希望通过讲座培训的方式加以改善。

第四，评价机制亟待改善。有的教师撰写了多篇咨政报告，在评职称等方面却得不到应有的评价。这也大大挫伤了人们从事区域国别研究的积极性，阻碍了区域国别研究的发展。

第五，在与域外智库建立合作网络，开展合作研究方面存在明显不足，需要想办法改善。

第六，我国的区域国别研究成果被介绍到国外，在国外产生重大影响的还不多见，这不利于在国际社会构建我国的区域国别研究话语体系，这一点应该引起我们的重视和反思。

总之，区域国别研究的好坏不仅关系到我国能否在国际社会顺利得到发展，能否建成社会主义现代化强国，甚至关系到中华民族能否实现伟大复兴乃至成功构建人类命运共同体，其事业之宏伟，意义之重大、深远不容置疑，我们唯有加倍努力，方不辱使命。

（郭连友，北京日本学研究中心教授）

新世纪以来天津社会科学院的日本研究[*]

程永明

天津社会科学院的日本研究起步较早，日本研究所也是我国地方社科院中为数不多专门从事日本研究的机构之一。现将我院日本研究的历史回顾，新世纪以来我院的日本研究、东北亚研究等方面予以总结如下。

一 我院日本研究的历史回顾

天津社会科学院的日本研究起步较早，原日本研究所也是我国比较早地从事日本问题研究的机构之一。天津社会科学院的日本研究历史大致可以划分为四个阶段。

第一个阶段是 1958—1979 年。天津社会科学院的日本研究最早源于1958 年 5 月成立的中国科学院河北省分院历史研究所，初期筹建了地方史研究室、现代史研究室，1960 年成立了亚非史研究室，1962 年改为日本史研究室。1962 年 11 月，该历史研究所改归天津市领导，南开大学历史系的郑天挺、吴廷璆为兼职副所长。1963 年 2 月改名为天津市历史研究所，并形成了以天津地方史和日本史为重点的研究特色。这一时期日本史研究室主要开展日本史和日本侵华史研究，吴廷璆先生兼职副所长并兼研究室主任。1964 年毛泽东发出要加强对外国问题研究的指示后，日本史研究室得到了国务院外办的重视与支持，从 1965 年起，专门拨给外汇（每年

* 本文为天津社会科学院重点课题"天津市与日本的友好交往研究（1949—1978）"（项目号：23YZD‐06）阶段性成果。

2000 美元）用于购置日文图书和报刊，"文革"期间也未曾中断，有日文图书近 2 万册、报刊近 60 种。另外，1965 年根据形势需要，市委同意在日本史研究室的基础上扩建为日本问题研究所，后因"文革"未能实现。1972 年中日邦交正常化后，日本史研究室加强了对中日关系、日本现状的研究，编写和翻译了一批著作。如出版了《中日两国人民的友谊源远流长》，翻译出版了《战后日本史》《日本历史》《战后日本钢铁工业》《日本外交史》《日本政治史》《日本军国主义》等著作。此外，还出刊《日本情况参考资料》，刊登有关日本现状和历史的研究成果，受到大专院校、研究机构和外交部门的普遍好评。

第二个阶段是 1979—1998 年。1979 年 3 月天津社会科学院成立，天津市历史研究所下属研究机构同时并入并改为研究所（建院时并入的有文学研究所、历史研究所、经济研究所、哲学研究所、日本问题研究所）。随后，日本问题研究所于 1983 年改名为日本研究所。这一时期，天津社会科学院的日本研究，下设日本历史、日本经济、日本教育三个研究室。在 20 世纪 80 年代上半期，日本研究所研究人员最多时近 30 人，其中一半以上的研究人员从事当代日本的研究工作，这在国内是少见的。院图书馆和日本研究所资料室日文藏书近 5 万册，其中绝大部分属于当代日本研究的图书和资料。

从研究领域来看，着重介绍日本现代化的经验，主要研究战后日本经济的发展、企业经营管理、国家垄断资本主义等，日本史的研究则着重中日关系史和明治维新以来的日本近百年史。同时注重对日本政治、文化教育及军事等方面的专题研究。比较有代表性的成果有：盛继勤的《技术进步是战后日本出口贸易高速发展的决定因素——论日本是怎样打入世界市场的》（论文）、《战后日本国民经济基础结构》（专著），盛继勤、由其民的《第一劝银财团概貌》（译著），吕万和、罗澍伟的《西学在封建末期的中国与日本》（论文），吕万和的《明治维新与日本》（专著）、《简明日本近代史》（专著），王金林的《简明日本古代史》（专著）、《古代的日本——以邪马台国为中心》（专著）、《奈良文化与唐文化》（专著），刘剑乔的《战后日本教育思想的演变及其发展趋势》（论文），周启乾的《明治的经济发展与中国》（专著），张健的《战后日本经济的起飞》（专著），等等。日本研究所还出版内部不定期刊物《日本情况参考资料》，该刊物于 1980 年更名为《日本研究论丛》（季刊），以发表分析日本经济、教育、历史等方面的发展建设经验教训的研究成果为主，在国内外颇具影响，1996 年因经费问题停刊。

该时期，日本研究所的对外学术交流比较频繁，与日本学界的学术互动也比较多。如 1980 年 7 月举办的全国"日本史学术研讨会"（中国日本史学会成立大会）、1992 年 8 月举办的"中日沿海经济发展比较国际研讨会"、1993 年 8 月举办的"日本人与国际化问题"国际学术研讨会等。此外，1981 年 8 月 13 日至 9 月 11 日，依田憙家先生还在本院日本研究所举办了为期近一个月的"日本近现代史研究班"。

第三个阶段是 1998—2005 年。该阶段正处于天津社会科学院的改革发展时期，也属于日本研究所的调整时期。所谓"调整时期"具有如下几方面的特点：其一，从科研人员和科研力量来说，处于历史上的弱势期抑或低谷期，科研人员年龄结构偏大，科研成果的数量较少等；其二，由于院内设置结构大幅调整，适应当时要求，1999 年 11 月后日本研究所一度更名为"亚太研究所"，到 2004 年 6 月又再次恢复为"日本研究所"；其三，研究领域从以往的以日本历史为主，逐步向"当代日本"转型；其四，该时期由于研究力量较弱，从科研著作、项目申请等多以集体研究的形式呈现。

该时期我院的日本研究主要侧重于当代日本经济政策、日本教育、日本政治外交等，且这一时期的日本研究以集体成果和合作研究居多。主要研究成果如王金林、张健主编《日本两次跨世纪的变革》（天津社会科学院出版社，2000），张健主编《当代日本》（天津社会科学院出版社，2005），马黎明主编《当代日本与中日关系》（天津社会科学院出版社，2003），等等。

第四个阶段是 2005 年至今。该时期的日本研究具有如下几方面的特点：其一，科研人员在不断增加，目前已达 14 人，是我院人数较多的研究所之一；其二，学科建设不断加强；其三，从单纯的学术研究向理论研究、对策建议、宣传舆论逐步拓展，并取得了较好的成绩。

二 新世纪以来我院的日本研究

新世纪以来天津社会科学院的日本研究，可以从学科建设、科研成果、科研课题、资政建议、宣传舆论、学术交流等方面予以总结。

（一）学科建设及研究方向

2000 年，经过日本研究所全体科研人员的认真论证，并报院党组批准，"当代日本"正式被列为日本研究所的重点研究方向。"当代日本"学科所研究的内容通常是二战以来的日本。从时间上说，大约有 60 年。从研究范围来看，包括二战以来日本的政治、经济、社会、文化、外交等各个方面，是一种综合性的研究。从历史门类而言，是世界史学科下的国别史研究的重要组成部分，从时间断限的角度来说，主要侧重自二战以后的当代史范畴，这种属性决定了本学科更多地运用历史学的共时性和历时性相结合的分析方法。总之，当代日本作为一门综合性学科，主要从历史、政治、经济和社会层面着手，力图发挥跨学科交叉和融合的优势，对二战以来的当代日本进行全方位、立体式、多维度的综合研究。

"当代日本"学科经过五年的发展，于 2005 年被确定为院重点（扶持）学科（三年一个考核期）。根据国家和天津市经济社会发展的需要，"当代日本"学科在 2006 年确定了学科建设的两个分支方向，即中日关系研究、中日现代化进程比较研究。强调围绕学科建设，既有个人专长，又对当代日本的一些热点问题、焦点问题进行追踪研究，逐渐形成自己的研究特色。经过近七年的发展，"当代日本"于 2012 年被确定为院重点学科。2019 年后，日本研究所积极加强"当代日本"学科建设，对分支研究方向进行了调整，修改为"日本现代化进程"及"日本社会治理"两个学科子方向。并设置了两个智库服务方向，即世界级城市群（都市圈）协调发展比较、少子老龄社会发展比较。

经过多年努力，在日本现代化进程中的经验与教训（包括应对人口老龄化、企业海外发展、国家创新、公司治理、国家智库）、日本社会治理

（老年福利问题、青少年问题、皇室文化及其影响、公共文化服务等）研究方面凸显特色。

（二）科研情况

1. 科研成果

日本研究所历年科研成果（见图 1），可以分以下几个方面进行总结。其一是科研成果的多少与人员情况有关，2000—2006 年，日本研究所人员维持在 9 人左右，且多为初入院的青年科研人员，2006 年以后随着科研水平的逐步提高，无论是科研成果的数量还是质量都有所提升。其二是从科研成果涉及的具体研究方向来看，可分为如下几个方面：日本政治外交方面（如日本政治走向、日本对外关系、中日关系、国家战略等）、日本经济方面（公司治理、国家创新机制、企业经营理念、日本企业海外发展战略等）、日本社会方面（社会保障、养老产业、青少年问题、日本教育等）、日本思想文化方面（近代思想史、公共文化服务、日本软实力等）。其三是成果的类别，分专著、译著、学术论文、资政建议成果及宣传阐释类成果等多种形式，资政建议成果及宣传阐释类成果基本从 2016 年开始逐步有所增加，以往是以学术论文为主。

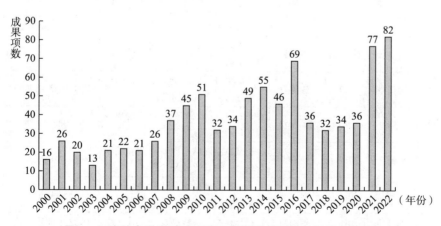

图 1　天津社会科学院日本研究所科研成果数（2000—2022）

2. 科研课题

日本研究所成员国家社科基金项目 10 年获批 12 项，此外若加上社会学所周建高研究员，历史研究所万鲁建副研究员、刘凤华副研究员，东北亚所的乌兰图雅副研究员的，共计 16 项（见表 1），全都为日本领域的研究。

表 1　近年来我院日本研究方面的国家级项目立项情况

序号	负责人	年度	类别	题目	编号	备注
1	平力群	2013	一般项目	国家创新系统支撑下日本发展新兴产业制度安排研究	13BGJ010	已结项
2	田香兰	2014	一般项目	日韩两国依托"产官学研"发展老龄服务产业机制研究	14BGJ007	已结项
3	田庆立	2015	一般项目	战后日本建构国家认同的思想资源研究	15BSS012	已结项
4	程永明	2015	一般项目	日本企业"走出去"战略的协同支持体系研究	15BGJ061	已结项
5	平力群	2017	后期资助	日本公司法制度变迁与公司治理演化研究	17FGJ008	已结项
6	刘树良	2018	一般项目	日本侵华战争机制与过程研究	18BSS034	结项中
7	龚娜	2019	一般项目	象征天皇制与战后日本政治的关系研究	19BSS052	进行中
8	程永明	2020	社团项目	日本重大突发卫生公共卫生事件应对体系的历史考察——兼论新冠肺炎疫情应对	20STA007	进行中
9	董顺擘	2021	一般项目	日本乡村振兴中的智库参与及其对我国的启示研究	21BGJ060	进行中
10	季泓旭	2021	青年项目	侵华战争时期日本在中国东北的战争动员研究	21CZS042	进行中
11	周晓霞	2022	一般项目	近代以来日本的"世界史"话语体系构建与历史认识问题	22BSS053	进行中
12	万亚萍	2019	青年项目	在华日本图书馆人的角色嬗变研究（1901—1945）	19CTQ004	进行中
13	周建高	2019	后期资助	优化城市空间结构缓解交通拥堵对策研究：中日比较及其启示	19FGLB016	
14	乌兰图雅	2021	一般项目	东北亚地缘政治视域中的战后日蒙关系研究	21BSS060	
15	万鲁建	2018	一般项目	近代在华日本警察研究	18BZS108	
16	刘凤华	2015	青年项目	近代日本对华金融政策研究	15CZS036	

此外，市社科规划项目、院重点课题、院青年课题、院委托课题、中

心课题也有数十项。另外还承担有教育部、住友财团、天津市社科联、天津自贸区等横向课题多项。

3. 咨政建言

近年来，天津社会科学院的日本研究，围绕中国及天津市委市政府的重点工作、焦点问题，积极开展资政建言工作。1 篇获国家主要领导批示；十余篇获天津市主要领导批示，主要内容涉及中日关系、文旅消费、自贸区、历史文化街区保护与利用、天津形象、企业融资等。

4. 宣传阐释

理论宣传也是社科院的主要工作之一，近年来围绕高质量发展、城市国际化、公共文化事业等方面在《中国社会科学报》《天津日本》《中国教育报》等刊发了数篇文章。

（三）学术交流

新世纪以来，天津社会科学院日本研究所与韩国高丽大学日本研究所、韩国仁川研究院、日本山梨学院大学、中国日本史学会、天津外国语大学、南开大学日本研究院等学术机构联合举办过十余次学术研讨会。2014 年，天津社会科学院与韩国仁川研究院联合召开了第一届"东亚门户城市政策论坛"，由双方轮流承办，2023 年是第七届，会议名称为"2023 中国·天津城市治理国际论坛暨第七届东亚门户城市政策论坛"，于 2023 年 6 月 28 日在天津香格里拉酒店召开，由天津社会科学院、天津市外办、天津友协、韩国仁川研究院联合主办，被纳入夏季达沃斯的系列活动之一，天津市领导、韩国仁川市市长、光州市市长、日本神户市市长、福冈市市长出席并致辞。论坛以"友城合作与城市国际化"为研讨主题，并分友城合作回顾与展望、城市形象塑造与国际化、城市外交与国际传播力建设三个分议题进行了学术研讨。

三　新世纪以来我院的东北亚研究

天津社会科学院的东北亚研究起源于 1999 年成立的东北亚研究所。该研究所长期致力于东北亚地区国际关系研究，并为各级政府、社会和企业提供咨询服务，取得了丰硕成果。目前主要从事中蒙关系、中俄关系、台湾问题等方面的研究。另外积极开展学术交流活动，新世纪初，就与俄罗斯科学院远东研究所开展积极的学术交流，并形成了定期举办"东北亚安全与合作国际学术研讨会"这一学术交流机制。

东北亚研究所的主要工作是编辑期刊——《东北亚学刊》。《东北亚学刊》（内刊）创办于 2000 年 1 月，2011 年底获准公开出版发行。2012 年正式创刊后，通过不懈努力，《东北亚学刊》于 2014 年 4 月被列入"中国社会科学院创新工程科研评价核心期刊增补名录"；2018 年 11 月 16 日入选《中国人文社会科学期刊 AMI 综合评价报告（2018 年）》扩展期刊。《东北亚学刊》已被中国社会科学院中国社会科学评价中心《中国人文社会科学期刊评价报告（AMI）》引文数据库收录为来源期刊，并成为"国家哲学社会科学学术期刊数据库"来源期刊。该杂志是国内为数不多的以"东北亚"为名称的正式期刊，也是东北亚各国专家学者集中展示成果、交流互动的重要传播平台。20 余年来，刊登了许多国际国内知名政界、学界人士的重要文章，在东北亚研究传播方面的国际国内影响力逐渐提高。其中以日本研究领域的论文居多，粗略进行统计，日本方面文章占到一半以上。

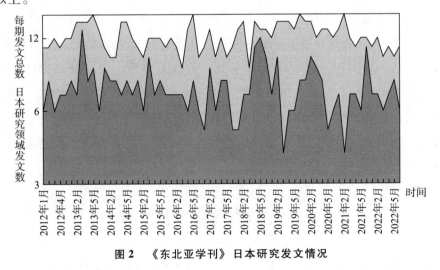

图 2　《东北亚学刊》日本研究发文情况

表 2　《东北亚学刊》日本研究各领域发文情况

年度	总发文数	日本方面	占比	外交	政治	经济贸易	社会文化	历史	科技	非传统安全	会议综述	研究综述	书评
2012	57	34	59.6%	11	6	3	5	5		2	1		1
2013	82	51	62.2%	13	7	14	4	7		1			7
2014	71	47	66.2%	10	6	9	7	9		2		1	2
2015	68	46	67.7%	12		6	7	13		3	3		2
2016	70	41	58.6%	10	6	12	6	3		1	1		2
2017	67	41	61.2%	13	9	8	4	4		1		2	
2018	76	52	68.4%	16	7	16	8	3	1	1			
2019	82	41	50.0%	13	5	6	12	3		2			
2020	78	46	59.0%	12	4	12	12	4		2			
2021	75	42	56.0%	8	4	12	10	4		2			2
2022	65	41	63.1%	12	4	9	9	3	1	3			
合计	791	482	61.0%	130	58	107	84	58	2	19	5	3	16

天津社会科学院东北亚区域合作研究中心成立于 2015 年 12 月 11 日，中心成员以天津社会科学院日本研究所、东北亚研究所科研人员为主体组成。

中心整合优势资源，通过跨国界、跨单位、跨部门的合作，组织国内外专家学者深入开展有关东北亚地区国际关系、东北亚各国的政治经济社会与文化、天津与东北亚各国的交往以及对"一带一路"的深度参与等研究课题，为中国的对外交往和天津市委市政府提供智力支持。目前，东北亚区域合作研究中心主要有两个智库服务方向：其一是天津与东北亚，旨在研究天津在东北亚区域中的定位和作用发挥、天津与东北亚各国关系以及天津在"一带一路"中的参与等；其二为东北亚区域合作，旨在研究东北亚各国经济社会发展对中国及天津发展的影响、经验借鉴以及各国间的经济合作、人文交流等。

中心拥有熟练日、韩、俄、蒙等语言的研究人员，目前与日、俄、韩等国家的多所研究机构建立了良好学术交往关系，创办了"东北亚安全与合作"学术研讨会（以中俄两国学者为主，每年定期在天津社会科学院召开，现已举办 12 届）、"东亚门户城市政策论坛"（以中日韩学者为主，由天津社科院与韩国仁川研究院轮流承办，现已举办 7 届）等稳定的国际学术交流平台。国家一级学会中国日本史学会秘书处设在日本研究所，与国内日本学界、东北亚研究学界学术交往密切，与国外相关研究人员保持长期的学术联系。

中心现已立项课题 40 余项，内容涉及环保、公共外交、城市交通、天津与日本关系、韩国在津投资企业、韩国智库研究、蒙古利用天津作为经贸出海口等问题。以东北亚区域合作研究中心核心成员为团队申报的"天津社会科学院东北亚门户城市研究创新团队"，2021 年 4 月入选"天津市 131 创新型人才团队"。除专职科研人员外，项目团队成员来自天津社科院、南开大学、天津外国语大学等研究机构，基本涵盖天津市本领域主要研究单位，为中心团队搭建了良好的建设平台和合作研究基础。2022 年与南开大学日本研究院、天津外国语大学国别和区域研究院共同成立了"天津东北亚研究智库联盟"，2023 年由天津外国语大学承办，致力于集结天津市的东北亚研究力量开展合作研究和学术交流。

中心与俄罗斯科学院远东研究所、日本环日本海经济研究所、韩国仁川研究院以及国内相关研究机构保持着密切的学术交往关系。中心还与韩国仁川研究院、韩国地方税研究院、俄罗斯科学院远东研究所以及中国社会科学院朝鲜半岛研究中心、天津外国语大学等智库研究机构签署了长期战略合作协议，开展了长期深入合作。

（程永明，天津社会科学院亚太合作与发展研究所研究员、东北亚区域合作研究中心执行主任）

历史使命、学科建设与新世纪复旦大学的日本研究

胡令远　殷九洲

一　复旦大学日本研究中心

复旦大学是一所历史悠久的国家重点大学，新中国成立以后深孚世望的两位名校长陈望道先生、苏步青先生，年轻时代皆曾赍志负笈东瀛。其后他们不仅在各自专业领域成为学术泰斗，而且陈望老借助所擅日、英两种语言，成为《共产党宣言》的第一位中文全译本首译者；苏校长则无论是在中日邦交正常化的过程中还是在其后，皆以著名科学家、教育家和社会活动家的巨大影响力，为中日友好事业做出了不懈努力和特殊贡献。

1978 年改革开放以来，中国全力以赴地进行现代化建设。为了推进这一伟大事业，在研究本国国情、制定合适的发展战略的同时，有必要假石攻玉，博采世界各国之长。其中，邻邦日本的经验和教训，尤其具有借鉴意义。

现在的复旦大学是一所拥有人文科学、社会科学、管理科学、自然科学、技术科学及生命科学等诸多学科的综合性大学，在经济学院、管理学院、人文学院、法学院、新闻学院等院系都有与日本相关的资深及新锐的教学和科研人员，开设有日本政治、日本经济、日本经营、日本历史、中日关系史、日本法律、日本传媒、日本语言文学、中日比较文化、日本教育等课程，并进行与此相关的研究。为了在全校范围内整合、集中力量，

科学地组织和协调日本研究工作，复旦大学于 1990 年 7 月正式成立了日本研究中心。

复旦大学日本研究中心设立的根本宗旨是：深入研究日本实现现代化过程中的经验和教训，为我国的现代化事业提供借鉴，并通过学术研究和交流，进一步加深对日本的了解，增进两国人民的友好关系。

复旦大学地处中国的经济中心上海，因此日本研究中心确立以中日经济关系、日本经济为主攻方向，同时以中日关系为主轴，全面开展对日本政治、经济和社会文化的综合研究和交流。

与一般大学的日本研究中心不同，复旦大学日本研究中心从成立之初即是一研究实体，直属校长领导，有精干的专职研究人员及行政工作人员计 11 人，下设日本政治、日本经济、日本社会文化三个研究室。学校专门为日研中心配置了一幢 1500 平方米的独用楼房，包括配有同声翻译的会议室、图书阅览室、研究室等硬件基础设施。

为了更好地整合复旦大学相关学科的交叉、综合研究，2000 年 11 月，日本研究中心与本校美国研究中心、朝鲜·韩国研究中心以及欧洲问题研究中心等，共同组建复旦大学国际问题研究院。在新世纪之初，日本研究中心迎来更大的发展空间，为从国别研究到区域研究提供了良好的基础条件。

复旦大学日本研究中心成立 30 多年来，经全体同仁勠力同心、开拓进取，无论是在学术研究、人文交流，还是在人才培养、智库建设等方面，都取得扎实的业绩。

（一）基础研究

日本研究中心共策划出版了以冷战结束为分际、前后相关的两套研究丛书，即"复旦大学日本研究丛书"（见图 1）与"冷战后的日本与中日关系研究丛书"（见图 2）。中心专职及兼职研究人员的代表性研究成果以及重要论文集，收录于两套丛书中。

新世纪以来出版的"冷战后的日本与中日关系研究丛书"书目如下。

（1）高兰：《冷战后日美海权同盟：内涵、特征、影响》，上海人民出版社，2018。

图 1　"复旦大学日本研究丛书"所收著作

图 2　"冷战后的日本与中日关系研究丛书"所收著作

（2）王广涛：《冷战后日本的国内政治与对外政策》，上海人民出版社，2019。

（3）贺平：《区域公共产品与日本的东亚功能性合作：冷战后的实践与启示》，上海人民出版社，2019。

（4）胡令远、袁堂军、马欣欣主编《冷战后日本社会保障制度研究》，上海人民出版社，2019。

（5）胡令远、高兰、贺平主编《人类命运共同体与新型国家关系：纪念〈中日和平友好条约〉缔结 40 周年国际学术研讨会文集》，上海人民出版社，2021。

（6）贺平：《国际日本研究述论》，上海人民出版社，2022。

（7）胡令远、臧志军、〔日〕川岛真主编《中日关系：2014—2018》（"中日关系战略报告书"五年合集），上海人民出版社，2023。

（8）寇建桥：《冷战后日本的联合国外交》（"中日关系战略报告书"五年合集），上海人民出版社，即将出版。

（二）举办国际学术会议

紧紧围绕改革开放以来中国现代化建设所面临的重大理论和现实问题，以及中日关系发展过程中所直面的战略性课题，在与国内外同行深度合作研究、进行先期现地调研的基础上，复旦大学日本研究中心自成立以来，每年举办大型国际学术研讨会，邀请日本等国家的著名专家和国内学者与会，研究比较日本的有关经验教训，并提出具体的政策建议。至今已成功举办了 32 届（日本国际交流基金资助），出版研讨会论文集 20 本，在国内外学术界、产业界和政界产生了重要影响（详见表 1）。

表 1　复旦大学日本研究中心举办的大型国际学术研讨会

届别	时间	主题
第 1 届	1991 年 3 月	战后日本的物价变动与物价政策
第 2 届	1992 年 4 月	日本企业的活力
第 3 届	1993 年 4 月	日本政府在经济现代化过程中的作用
第 4 届	1994 年 4 月	战后日本社会保障制度——兼论中国社会保障制度改革
第 5 届	1995 年 4 月	日本公有企业的民营化及其问题
第 6 届	1996 年 4 月	战后日本金融体系及其变革
第 7 届	1997 年 4 月	日本的农业、农民和农村——战后日本农业的发展与问题
第 8 届	1998 年 4 月	日本的经济发展与劳动问题
第 9 届	1999 年 4 月	近代以来中日文化关系的回顾及对 21 世纪的展望
第 10 届	2000 年 4 月	日本式经济·政治·社会体制——面向 21 世纪的课题与展望
第 11 届	2001 年 4 月	经济全球化与 21 世纪日本的对策
第 12 届	2002 年 4 月	战后日本的主要社会思潮与中日关系——纪念中日邦交正常化 30 周年

续表

届别	时间	主题
第 13 届	2003 年 11 月	东亚地区经济合作中的中国与日本
第 14 届	2004 年 11 月	东亚发展模式与地区合作
第 15 届	2005 年 11 月	世界博览会与国际大都市的发展
第 16 届	2006 年 9 月	东亚文化的继承与扬弃——东亚共同体文化基盘形成之探讨
第 17 届	2007 年 10 月	中小企业与中日经济合作
第 18 届	2008 年 10 月	投资、技术扩散与东亚自由贸易区前景
第 19 届	2009 年 10 月	中国的经济转型与中日经济关系的新课题
第 20 届	2010 年 11 月	东亚共同体构建中的中日竞争与合作
第 21 届	2011 年 10 月	环境问题与经济可持续发展
第 22 届	2012 年 12 月	全球格局变动下的中日经济关系走向
第 23 届	2013 年 11 月	冷战后日本政治·经济·社会体系的变化及其对中日关系的影响
第 24 届	2014 年 11 月	冷战后日本政治·经济·社会体系的变化及其对中日关系的影响——以经济为中心
第 25 届	2015 年 11 月	冷战后日本社会文化的变化及对中日关系的影响
第 26 届	2016 年 11 月	日本社会保障制度及关联产业的发展
第 27 届	2017 年 11 月	新形势下亚太区域经济一体化与中日合作
第 28 届	2018 年 11 月	回顾战后中日关系：课题与展望——纪念《中日和平友好条约》缔结四十周年
第 29 届	2019 年 11 月	新时代的中日经济合作
第 30 届	2020 年 11 月	新时代的中日关系：课题与展望
第 31 届	2021 年 11 月	全球变局中的中日美关系
第 32 届	2022 年 11 月	留日学人和中日关系——纪念中日邦交正常化 50 周年

　　此外，复旦大学日本研究中心还积极联合主办或承办中华日本学会、全国日本经济学会、中国日本史学会、中国中日关系史学会等中国同人社团的年会以及大型重要学术会议等（见表 2），受到同行好评。

表 2　复旦大学日本研究中心联合主办或承办的年会及大型重要学术会议

时间	主题
2010 年 5 月	承办中华日本学会第五次代表大会、全国日本经济学会年度联合年会，唐家璇原国务委员出席

续表

时间	主题
2018 年 6 月	在复旦大学和锦江饭店联合举办中华日本学会年会暨"推动构筑新型国家关系与人类命运共同体——纪念《中日和平友好条约》缔结 40 周年"国际学术研讨会，福田康夫前首相出席
2018 年 10 月	"人类命运共同体的愿景与实践——纪念中日和平友好条约缔结 40 周年暨池田倡言 50 周年"大型国际学术研讨会
2019 年 6 月	承办中国日本史学会 2019 年年会暨"建国 70 年来日本史研究成果与新时代课题"学术研讨会

（三）打造学术与交流网络

复旦大学日本研究中心创建以来，与东京大学社会科学研究所、京都大学经济学部、庆应大学东亚研究所、早稻田大学亚太研究中心、东北大学经济学部等名校，以及日本经产省、总务省、外务省等中央省厅，日本亚洲经济研究所、日中经济协会、日本国问题研究所、日本防卫研究所等建立了长期、稳定的合作关系。同时，与中国社会科学院日本研究所、北京大学现代日本研究中心、南开大学日本研究院、辽宁大学日本研究所、吉林大学东北亚研究院、东北师范大学日本研究所、南京大学、中山大学、厦门大学、深圳大学、浙江工商大学等国内高校和研究机构，以及上海交通大学日本研究中心、同济大学亚太研究中心、上海外国语大学国际问题研究院、上海国际问题研究院、上海社会科学院国际问题研究所等沪上高校和研究机构，建立和保持长期紧密的合作关系和交流互动，为推动我国的日本研究，发挥了积极作用。

复旦大学日本研究中心聘请的名誉教授、顾问教授，以及来访交流与合作的国内外学者、政要与著名企业家如下。

（1）名誉教授

伊东光晴　　日本京都大学教授、复旦大学名誉教授

棚桥祐治　　日本通产省事务次官

白井克彦　　早稻田大学校长

（2）顾问教授

安部一成　　日本山口大学名誉校长、日本东亚大学校长

依田憙家　　　早稻田大学名誉教授

桥本寿朗　　　东京大学教授、法政大学教授

堀江正弘　　　日本政策研究大学院大学副校长、日本国总务厅官房审
议官

（3）日方政要

福田康夫　　　日本内阁总理大臣

町村信孝　　　日本众议院议长、内阁官房长官

冈田克也　　　日本外务大臣

海江田万里　　日本内阁经济产业大臣

中川秀直　　　日本内阁官房长官

河村建夫　　　日本内阁官房长官

宫本雄二　　　日本国驻中国大使

谷野作太郎　　日本国驻中国大使

舛添要一　　　日本劳动厚生大臣、东京都知事

山田启二　　　日本京都府知事

堺屋太一　　　日本内阁府特命担当大臣

山崎拓　　　　日本防卫大臣、日本自民党干事长

蒲岛郁夫　　　日本熊本县知事

谷口诚　　　　日本前驻联合国大使

田中均　　　　日本外务省审议官

东乡和彦　　　日本外务省条约局局长

竹中平藏　　　日本总务大臣兼邮政民营化担当大臣

山崎达雄　　　日本财务省财务官

小手川大助　　日本驻国际货币基金组织理事

露口洋介　　　日本银行驻中国首席代表

日本驻上海总领事：吉田重信、小林二郎、桥本逸男、市桥康吉、莲见义博、杉本信行、隈丸优次、横井裕、泉裕泰、小原雅博、片山和之、矶俣秋男

藤井宏昭　　　日本国际交流基金理事长

小仓和夫　　　日本国际交流基金理事长

（4）日本著名学者

安西祐一郎　　庆应义塾大学校长

八田英二　　　同志社大学校长

白石隆　　　　政策研究大学院大学校长

滨下武志　　　东京大学教授

池田温　　　　东京大学教授

川岛真　　　　东京大学教授

大内力　　　　东京大学教授

渡边昭夫　　　东京大学名誉教授

高原明生　　　东京大学教授

五百旗头真　　神户大学教授、日本防卫大学校长

国分良成　　　庆应义塾大学教授、日本防卫大学校长

加加美光行　　爱知大学教授

井上清　　　　京都大学教授

毛里和子　　　早稻田大学教授

末木文美士　　国际日本文化研究中心教授

纳谷广美　　　明治大学校长

清成忠男　　　法政大学总长

山室信一　　　京都大学教授

石川启　　　　关西大学校长

石田一良　　　东北大学教授

矢吹晋　　　　横滨市立大学教授

寺岛实郎　　　早稻田大学教授

松田康博　　　东京大学教授

松尾清一　　　名古屋大学校长

松尾樋　　　　名古屋大学总长

藤井省三　　　东京大学教授

天儿慧　　　　早稻田大学教授

添谷芳秀　　　庆应义塾大学教授

加茂具树　　　庆应义塾大学教授

田中明彦　　　东京大学教授

北冈伸一　　　东京大学教授

尾池和夫　　　京都大学总长

长尾真　　　　京都大学总长

猪木武德　　　国际日本文化研究中心所长

竹内实　　　　京都大学教授

（5）日本著名企业家

立石信雄　　　欧姆龙株式会社董事长

内藤晴夫　　　卫材（Eisai）株式会社董事长

（四）人才培养

中心成立之初即把人才培养放在首位，因为这是关乎中日关系的百年大计。

1. 研究生培养

中心专职研究人员截至目前，共培养硕、博士研究生 98 名，专业涉及中日关系、日本政治外交、日本经济、日本社会文化等；国别除日本留学生外，还有韩国、美国、欧洲等国家和地区的学生。中心设有伊东光晴奖学金，为研究生赴日调研等提供资助。作为与上海三菱商事长期合作项目，中心与日本成蹊大学 20 年来实施互换研究生项目。

2. 开设日本相关硕博士、本科生课程20余门

中心专职研究人员为全校学生开设日本相关课程 20 余门，分别为当代中日美关系专题研究、东亚国际关系、东亚文明史、日本与东亚国际关系研究、日本概论、日本政治与行政、日本经济、公共经济学、日本经济制度解析、日本经济概论、现代日本金融、贸易与国际关系、全球化与经济外交、国际贸易概论、东亚经济概论、近代日本与中国、日本社会与文化（日语）、东亚文化概论、近现代中日文学比较论、日本现代文学作品研读、当代日本研究的理论与方法、专业外语等。

3. 三校博士生论坛

与北京大学现代日本研究中心、南开大学日本研究院联合举办三校日本研究博士生论坛，截至 2022 年已经举办 16 届，为国内日本研究领域培养了后备人才。

（五）智库建设

直面百年未有之大变局，随着中国的快速崛起，中国面临的国际环境日趋复杂。为应对这一历史性挑战，大学的智库建设日益重要。进入新世纪以来，复旦大学日本研究中心在科研和教学之外，加大了智库建设的力度。

1. 组织中日一线学者共同撰写年度"中日关系战略报告书"，建构中日智库交流机制化平台

2010 年中国 GDP 超越日本并迅速拉大距离，随着中日综合国力的逆转，两国关系进入战略博弈与磨合期。经贸合作的压舱石虽然尚稳，但在国家战略和安全保障领域的关系日趋严峻。为避免战略误判，建构契合新时代要求的中日关系，两国知识精英间的深入交流具有特别重要的意义。基于此，复旦大学日本研究中心自 2014 年起，以组织中日一线学者共同撰写年度"中日关系战略报告书"的方式，一方面为两国关系所直面的课题把脉问诊，适时建言献策；另一方面，也以此打造两国智库交流的机制化平台，开展战略性共同研究，为两国间的关键议题和中长期的中日关系发展，提供智力支撑。年次"中日关系战略报告书"系列如下（见图 3）。

（1）《中日关系：2014——多层面和中长期战略的视角》

（2）《中日关系：2015》

（3）《中日关系：2016——低位徘徊与嬗变》

（4）《中日关系：2017——战略对峙中的转机》

（5）《中日关系：2018——回归常轨　踽踽前行》

（6）《中日关系 2019：新时代的入口与阈值》

（7）《2020：新冠疫情下的中日关系——非常态与新常态》

（8）《冷暖交织：新冠疫情持续下的中日关系 2021》

（9）《中日关系2022：难局－纾困与"安保元年"》

图3　"中日关系战略报告书"各年成果

近十年来，"中日关系战略报告书"发表后，逐步在中日两国产生了积极和重大影响，达到了预期的效果。前五个年度的报告书结集后，即将出版。

2. 承担研究课题

中心专职研究人员承担各种科研项目近60项，其中国家级重大课题3项。

（1）胡令远，"战后日本政治、外交实质和未来走向研究"，教育部哲学社会科学研究重大课题攻关项目，首席专家，80万元，项目号14JZD033。

（2）徐静波，"深化中外人文交流的战略布局与运行机制的研究"，教育部哲学社会科学重大课题攻关项目，首席专家，80万元，项目号15JZD033。

（3）高兰，"四种海权发展模式互动中的周边国家和域外国家的海洋政策及其中国对策研究"，国家社科基金重大专项，首席专家，80万元，项目号17VHQ007。

3. 建言献策

中心专职研究人员近年就中日关系积极建言献策，多次获国家级批示和表彰。

（六）课题与展望

1. 研究议题的集约化、多样化、国际化

首先，将深入开展世界中的中日关系研究、世界中的日本问题研究、世界中的东亚问题研究等主要的议题。其次，深化日本问题研究的政治、经济、文化、社会等领域重点议题。最后，致力于推进与东亚、东南亚以及美国、欧洲等各国的学术交流——加盟东亚问题研究的国际学术平台。同时将组建复旦大学、东京大学、哈佛大学等三校关于中日美关系的定期交流合作平台；与英国牛津大学、法国巴黎政治学院等欧洲学术研究机构一起，组建东亚问题国际学术联盟，实现日本研究的国际化与多样化。

2. 拓展日本研究的方法论与理论体系

将进行创新探索，注重研究问题的理论化与系统化。从历史、社会等各个层面，特别是从政治思想史的角度深化日本研究，着力构建独特的理论研究思路。注重实证研究的同时，注意借助大数据等新的研究手段。

3. 探索区域与国别研究一级学科建设路径及理论建设

国家新设国别与区域研究一级学科，为日本研究及人才培养带来新的契机，也使其面临诸多挑战。如何将原来的政治学科与区域国别研究进行合理整合，借助学科平台进一步提高研究水平和培养复合型日本研究人才，是我们所直面的重大课题，应自觉、积极地进行实现路径及理论建构的探索。

4. 促进青年研究人才成长

为加快中日两国青年研究人才成长的步伐，中心连续三年获得东芝国际交流财团资助，举办中日青年学者国际研讨会，主题分别为：

2020 年，"疫情冲击与中日关系走向"；

2021 年，"世界中的日本研究"；

2022 年，"面向新时代的国际日本学研究：理论与方法"。

同时，中心成立由青年学者参与的"日本史研究工作坊"，定期进行交流。在此基础上，举办青年学者主讲的"日本研究理论与方法"系列讲座，探讨青年学者日本研究面临的诸课题。并由青年学者组织"外译日本研究读书会"，甄选"国际日本研究经典作品"系列，为活跃学术研究，及时和深入了解世界范围内日本研究的经典和最新研究成果，提供了便利。部分成果集中反映在贺平教授新近出版的《国际日本研究述论》专著中，在国际日本研究界获得好评。

5. 进一步加强智库建设

在原来的基础上，进一步致力于中日两国智库机制化交流合作平台的打造。创造资源共享的条件，强化以理论学术体系为指导的政策分析，深化对中日两国政决策过程及实施的理解。

6. 强化基础条件建设

工欲善其事，必先利其器。现在，复旦大学日本研究中心拥有独立网站（http://www.jsc.fudan.edu.cn）和公众号，及时公布科研信息、交流科研成果。同时，作为对日研究的公共平台，开设了网上图书馆（http://www.jsc.fudan.edu.cn/library.php? part = 1）和两个专项数据库。中心图书室收藏日文图书杂志 6 万余册，多为重要工具书及经典著作。通过网上图书馆平台，向校内外日本问题研究学者开放。此外，中心成立"长三角日资企业经营状况及其与中国经济结合度研究"和"日本对华决策关键人物研究"两个专项课题组，并创设相应数据库，为深入研究提供数据支撑。

中心 1991 年创办定期刊物《日本研究集林》（半年刊），为我国南方唯一一份综合性日本研究的专门学术杂志，今后将推进《日本研究集林》向集刊方向转变。

二　复旦大学的日本史研究

1949 年中华人民共和国成立以来，中国的日本史研究在曲折中不断前行，研究历程大致可分为以下三个阶段：新中国成立后的 17 年、"文革" 10 年和改革开放后。复旦大学历史系的日本史研究在上述三个发展阶段，既与中国整体的日本史研究同行，又有着自身发展的特点。

（一）"南弱北强"研究格局下的零星起步（1949—1966）

新中国成立初期，特别是 1952 年院系调整后，仅有北京大学、南开大学、复旦大学、武汉大学等少数综合性大学保留历史系。在此基础上，南开大学吴廷璆先生的大化改新研究、北京大学周一良先生的明治维新研究、东北师范大学邹有恒先生的江户时代改革研究等，为新中国的日本史研究奠定了坚实基础，也由此形成了"南弱北强"的日本史研究格局。

20 世纪五六十年代，引领复旦大学历史系日本史研究的当属张荫桐和吴杰两位先生。张荫桐先生是日本史、南亚史和南洋史方面的专家，北京大学教授杨人楩主编《世界史资料丛刊》时，便请张荫桐先生承担《1600—1914 年的日本》史料的编译工作，该书 1957 年由三联书店出版。但由于 1957 年被划为右派，张荫桐先生直到 1980 年才复出工作。

吴杰先生自 1951 年起，先后在复旦大学外文系、经济系、历史系任教，长期从事日本史、中日关系史、中国经济史的教学与研究工作，并发表了许多研究成果。吴先生最初的学术工作是从中国经济史研究开始的，"文化大革命"期间以及改革开放后，吴杰先生才将重心转向介绍和研究日本的当代政治、经济、科技等领域。

这一时期，复旦大学历史学系的日本史研究仍处于零星的起步阶段，而对于张荫桐和吴杰两位先生而言，日本史的教学和研究工作仅仅是他们众多研究领域中的一个分支。

（二）"文革"期间的复旦大学历史系日本史组（1966—1976）

1966 年"文革"爆发，全国的大学与科研机构均陷入瘫痪，日本史研究也陷于停顿。直到 1972 年中日两国邦交正常化，为日本史研究提供了有利条件。

在中日邦交正常化的背景下，复旦大学历史系在整合相关研究人员的基础上组建了日本史组。日本史组有选择性地翻译了少量的日文著作，如《日本财界集团及其人物》（1974）、《三木武夫及其政见》（1975）、《福田赳夫其人》（1975）、《佐藤政权》（1975）、《三井和三菱：日本资本主义与财阀》（1978）、《鸠山一郎回忆录》（1978）、《日本外务省研究》（1979）等。此外，日本史组还编译了《日本帝国主义对外侵略史料选编（1931—1945）》（1975）一书，成为研究日本帝国主义对外侵略的重要工具书。

从日本史组的选择来看，所译著作大多集中于同时代的日本财、政界人物。之所以如此，与"文革"期间研究课题多服从现实政治需要，研究思维基于"立足现实、追溯历史""古为今用、洋为中用"的模式有关。但日本史组展示出了高超的翻译水准和编译能力，为改革开放后复旦大学历史系的日本史研究奠定了厚实的基础。

（三）改革开放后的老中青三代结合（1978—1999）

中国的日本史研究，真正广泛而扎实的研究，是在改革开放以后开展的。特别是1978年《中日和平友好条约》的签订，两国关系再上新台阶。复旦大学历史系的日本史研究也乘着改革开放与中日"蜜月期"的东风，迈入了新的发展时期，呈现出老中青三代相结合的时代特征。

老一辈的代表当数吴杰先生。1980年，中国日本史研究会（后称"中国日本史学会"）成立，吴杰先生担任副会长及战后史分会会长，他的教学、科研工作重心也基本在中日关系史和日本战后史。就中日关系史方面，吴先生撰写过《从〈日本书纪〉看中国侨人的记载》《辛亥革命时期日帝陆军的侵华阴谋——以〈上原勇作关系文书〉为中心》等文章。作为战后史分会会长，吴先生不仅分管战后史研究的相关工作，还在复旦大学历史系开设了"日本战后史"课程，这在全国尚属首次。他为了总结教学经验，撰写了《日本战后史教学小结》一文，以供后来者参考。此外，吴先生还写过《日本战后财阀的被迫改组及其局限性》《一个日本学家看日本》等战后史的相关论文。吴杰先生的研究成果体现了其治学严谨、立论有据的学术风格，也凸显了中国学者在日本史研究过程中的特色。

吴杰先生自中日邦交正常化后，多次参与编写、编译有关日本政治、经济、科技等方面的论著和资料。这些译著和史料集不仅为当时的政府决策机构和专业研究人员提供了研究资料和背景材料，也扩大、加深了一般读者对日本历史和现状的了解。此外，吴先生还主编了中国第一部《日本史辞典》（1992）。该辞典涵盖了日本自原始时代至 1991 年 6 月为止的政治、经济、外交、文化、科技等各学科领域的条目，不仅成为日本史研究、日本研究的专业人员及学生的参考工具书，也是一般读者了解日本社会与文化的入门向导。

吴杰先生的日本史研究和教学工作，不仅提升了中国日本史研究的广度和深度，也为复旦大学历史系的日本史研究奠定了基础，培养了人才。

中坚力量则由余子道、黄美真、赵建民、曹振威、石源华等新中国成立后培养起来的研究者组成。赵建民先生自 1979 年在历史系执教以来，长期从事日本史、中日关系史、东亚地区文化交流史的教学和研究，开设日本史、中日文化关系史、中日文化交流史专题研究、日本史文献导读、日本史研究理论与方法等日本史相关课程，形成了富有个性化的教学体系，培养了一批优秀的日本史研究人才。

赵建民先生还十分重视日本史课程的教材编写工作，早在 1983 年的"日本史教学经验交流会"上，赵先生就提出要组织力量编写一部具有中国特色的日本史教材。最终 1989 年 8 月，复旦大学出版社出版了由赵建民、刘予苇主编的《日本通史》，这是新中国大陆学者撰写的第一部日本通史。

在学术研究领域，赵先生始终秉持"研究日本史，目的在于以日本为参照，从中国的现实来寻找研究日本的课题，为推进中国的社会主义现代化建设和中日关系的持久健康发展服务"的理念。通过清晰的"问题意识"，强调和践行学术研究的创新，即理论、观点、方法和挖掘资料的创新，发表了多篇视角独特、观点新颖、论证完备的学术论文，充分展现了中国学者研究日本史的特色、风格和气派。

在学术社团的建设方面，赵建民先生同样走在前列。1988 年 5 月，经赵先生等人发起筹建的"上海中日关系史研究会"成立，该研究会的成立标志着上海有了第一个中外关系史研究的学术团体。赵先生在没有经费来源和人力不足的情况下，竭尽个人之力和同人之助，成功地举办了两次颇具规模的重要国际学术会议，在中日两国都有很好的反响，对上海乃至全国的日本史研究有着重要且深远的影响力。

赵建民先生在学术研究、教学活动以及社会服务方面的成绩和贡献，大大推进了复旦大学历史系的日本史研究，在复旦大学的日本史研究发展过程中发挥了承前启后的关键作用。

余子道、黄美真、曹振威、石源华等先生主要从事抗战时期的中日人物、中日关系史的研究与教学活动。几位先生的《汪伪"七十六号"特工总部》（黄美真、姜义华、石源华，1984）、《汪伪十汉奸》（黄美真主编，1986）、《汪精卫集团叛国投敌记》（黄美真、张云，1993）、《汪伪政权全史》（余子道、曹振威、石源华、张云，上下卷，2006）等研究著作，开创了国内学界全面研究汪伪政权及日伪关系的先河。《汪伪政权全史》一书更是第一部完整论述汪伪政权历史的著作，全书史料翔实、论述深刻，有很高的学术价值和社会意义。

除汪伪研究外，余子道先生还出版了《长城风云录：从榆关事变到七七抗战》（1993）、《抵抗与妥协的两重奏——"一二八"淞沪抗战》（1994）、《八一三淞沪抗战》（2001）等关注正面战场的专著；黄美真先生的《日伪对华中沦陷区经济的掠夺与统治》（2005）则全面揭露了日本侵略者对华中沦陷区的经济侵略罪行；曹振威先生的《侵略与自卫：全面抗战时的中日关系》（1994）概况性地介绍了全面抗战时期的中日关系；石源华先生主要围绕陈公博撰写了《陈公博全传》（1999），介绍了陈公博跌宕起伏的一生。

余子道等诸位先生的研究将中日关系史放置在中国近现代史的领域进行考察，既发挥了历史系中国近现代史研究的强项，又对抗战时期的中日关系特别是日伪关系有了更加深入的研究。可见复旦大学历史系的日本史研究与中国近现代史研究之间联系紧密。

改革开放后第一个20年是日本史研究的大发展时期，短时间内大量的研究成果涌现。复旦大学历史系的日本史研究也乘着这股东风进入了最佳时期，在老中青三代的共同努力下，不仅对全国的日本史研究做出了自身的贡献，而且形成了以"日本史为基础，中国近现代史与日本史紧密合作"的日本史研究特色。

（四）新世纪以来的新面貌（2000年至今）

进入21世纪，新中国成立后的第一代日本研究学者大部分离开人世或颐养天年，"文革"期间培养的第二代研究学者本来人数就不多，也逐渐开始退休，第三、第四代乃至第五代学者逐渐崛起，成为中国日本史研究的新兴力量，在日本史研究各领域推陈出新。

新世纪以来，复旦大学历史系的日本史研究在既有传统特色的基础上不断推陈出新，开拓新的研究领域，展示出深湛的基础和强劲的张力。

三　复旦大学其他院系的日本研究

（一）国际关系与公共事务学院

复旦大学国际关系与公共事务学院的前身为复旦大学国际政治系，其政治学科和国际政治长期以来居国内高校前茅和世界前列。新世纪以来，林尚立、樊勇明、臧志军、郭定平、包霞琴、陈云、肖佳灵等教授的日本政治外交、中日关系、政治经济学研究，在依据学科优势取得高水平研究成果的同时，也为学科进一步发展提供了支撑。如樊勇明教授的政治经济学及公共产品理论，即卓有建树。

代表性学术专著如下。

（1）林尚立《政党政治与现代化——日本的历史与现实》（1998），获孙平化日本学学术奖基金优秀学术著作三等奖；《日本政党政治》（2016），获孙平化日本学学术基金著作奖。

（2）樊勇明《走向世界大国之路——日本经济国际化简论》（1990）、《日本的投资与亚洲的崛起》（1991）、《日本的大国梦》（1993）。

（3）包霞琴《战后日本亚洲外交》（2001）、《变革中的日本政治与外交》（2004）（合编）、《转型期日本的对华认知与对华政策》（2017）（合著）。

（4）郭定平《日本政治与外交转型研究》（2010）（主编）。

（5）臧志军《冷战后的财界与日本外交》（2013）（合著）。

（二）经济学院、哲学学院、法学院、管理学院、新闻学院、日语系的日本研究

复旦大学世界经济研究所日本经济研究室，是 20 世纪 60 年代我国高

校第一批成立的日本研究专门机构，郑励志教授是代表性研究人员，著有《战后日本经济》、《展望九十年代的中国》（日文）、《日本最大企业一百家》、《快速发展中的亚太地区经济》、《日本公务员制度及政治过程》等。借鉴日本的经验，为中国的改革开放服务，譬如股份制改革等，郑教授做出了独特贡献（参见《郑励志文集》，复旦大学出版社，2010）。

第二代日本经济研究者，如复旦大学世界经济研究所陈建安教授、复旦大学经济学院袁堂军教授的日本经贸、社会保障研究（《战后日本对外贸易》《面向 21 世纪的日本经济》《战后日本社会保障制度研究》），童适平教授、孙立坚教授的日本金融研究（《日本金融监管的演化》《战后日本金融体制及其变革》《战后日本财政和财政政策研究》），焦必方教授的日本现代农村建设研究、中日农业经济比较研究，等等，富有特色。

复旦大学哲学学院的吴震教授、袁闯教授，法学院的徐新林教授、何力教授，管理学院的苏勇教授，新闻学院的李双龙教授等，在日本和东亚哲学、中日法学比较、日本和东方经营管理学、日本新闻和中日舆论研究等方面，成绩卓著。

复旦大学日语语言文学系 1971 年设立本科专业，1976 年设立硕士点，培养方向为日本文学、日语语言学、中日对译及中日比较文学等。2014 年开始招收日本文学、比较文学方向的博士生。日文系底蕴深厚，苏德昌、郭华江、徐祖琼等教授在学界卓有影响。

复旦大学的日本研究和交流，自陈望道、苏步青两位老校长以还，特别是改革开放和进入新世纪之后，可以说呈现继先贤遗烈、开未来新局，服务国家，嘉惠后学，努力推动中日关系建设性发展的新格局。但"路漫漫其修远兮"，唯"朝乾夕惕"，以冀"玉汝于成"！

（胡令远，复旦大学日本研究中心主任、教授；
殷九洲，复旦大学日本研究中心博士后研究员）

史海钩沉与翻译

[译者按] 在近代日本史学史上，马克思主义史学占据着重要地位，而《历史与历史科学》的作者羽仁五郎（1901—1983），便是"讲座派"马克思主义历史学家的代表之一。他生于群马县桐生市，早年曾考入东京帝国大学法学部，后留学欧洲，接触克罗齐哲学和马克思主义学说，归国后进入东大国史学科研究日本历史。由于宣扬唯物史观，他曾于1933年和1944年两度入狱，并在狱中迎接日本的战败。1924—1945年这一时期，他的学术研究主要集中在明治维新史、意大利文艺复兴史和马克思主义史学理论等领域。而1940年发表的《历史与历史科学》一文，正是该时期羽仁在史学理论方面的集大成之作。

作为一篇论述史学理论方法的论文，《历史与历史科学》的内容略显特殊，带有浓重的启蒙色彩。该文原载于河合荣治郎主编的《学生丛书》，全文大致分为四个部分。在第一节中，羽仁没有直接论述史学理论，而是以一种略显亢奋的姿态，向青年学生呼唤对于理性和学问的信念，强调理性如何推动历史学和全社会的进步，并反对扼杀自由、抛弃理性的行为。这是羽仁在日本战时高压统治之下的呐喊，也是贯穿全文的基调。在第二节中，羽仁则论述了"什么是历史和历史学"这一看似简单却又难以回答的问题。羽仁批驳将历史视作固定事物的旧史学，强调现代的历史学必须是批判的历史学，主张批判才是历史学的原则和本质。这里希望读者们注意，羽仁所使用"历史"一词与汉语语境中的"历史"并不完全一致，需要用心甄别。在确立了批判和理性两大原则之后，羽仁在第三节中论述了研究者应当采用的研究方法，其核心内容实际上就是唯物史观。在他看来，唯物史观是历史研究的不二利器。这里值得注意的是，为了避免官宪的审查，羽仁在论述这些内容时不得不变换表述方式，避免引用马克思主义的经典文献。《历史与历史科学》一文的内容和结构至此已经完备，但全文最触及羽仁思想核心的，是第四节的内容。羽仁在第四节中论述了历史研究和他所谓"现代体验"之间的关系，并主张现代体验决定了史家的历史体验和历史书写，前述的所有理论方法都要服从于这一前提，我们在此可以窥得克罗齐"一切真历史都是当代史"的身影，同时，羽仁所谓的"现代体验"究竟有着怎样的内涵，也值得读者玩味。

对于中国读者而言，发表于 80 余年前的《历史与历史科学》至今仍有相当的价值。理论不是越新越好，文中的许多论断虽然略显陈旧，但仍然鞭辟入里、发人深省。同时，该文展现出的马克思主义和克罗齐哲学相纠葛的理论形态，有助于我们理解羽仁五郎个人以及日本马克思主义史学发展的特殊性与局限性。最后，羽仁五郎在日本法西斯的压迫下崇尚理性、不懈斗争、坚守学术的姿态，仍然能够激荡人心。

限于译者水平，译文定有诸多晦涩、不妥之处，望各位读者先学指摘、提醒。

历史与历史科学[*]

〔日〕羽仁五郎 著　陈　宇 译

一　学生与历史

诸君！学生乃是青年之花。

青年乃是时代之花，国家、社会和世界的未来完全取决于青年诸君的健在与否。而学生诸君代表着青年群体的身心能力，更是花朵中的花朵。就读于我国各类公立私立大学的学生大约有五万人，其对比全国一亿人的人口，大约是两千人中的一人，对比全国约一千万人的二十岁左右的青年群体，实乃两百人中的一人。

作为花朵中的花朵——青年之花的学生诸君，对于如何生存于当下，又如何为之学习这一问题，应当有着自己的认识和信念吧！

现在，世界各国的青年和学生都被卷入反常的事态中，他们不得不抛弃日常事务、中断学业，其余的青年和学生在目送朋友们出发之后，即使有幸留下继续自己的日常事务和学业，却也不知何时会被迫中断，所有的青年学生都在忍受这种异常且严重的事态，这便是今日的实际情况。而老人、成人和政治家们还在反复要求青年学生承受这种异常的紧张。但是，招致当下这种惨淡时局的责任，究竟在谁身上呢？不用说，主要的责任在于所谓的政治家以及老人、成人群体，学生们并不负担主要的责任。自己

*　本文据『羽仁五郎歴史論著作集　第 2 卷（歴史理論・歴史教育 b）』（青木書店、1967年、45—85 頁）载「歴史及び歴史科学」译出。

招致了暗淡的时局后无力解决难题，又不承担相应责任，反倒将之转嫁给没有责任的青年学生，这昭示着当今世界所谓的政治家和老人、成人群体已经完完全全地陷入了精神破产的状态。当今世界所谓的政治家和老人、成人群体既无能又不负责，甚至没有能力思考责任，然而青年学生们宽宏大量，青年学生与流浪路边的幼儿和母亲们共同负担这些人的责任。这些人一旦需要援助，当代青年学生会不惜一切地支援他们，并响应他们宣扬的方针。为了解决难局，如果说幼儿和母亲牺牲了自己的牛奶，那么青年学生不仅会牺牲自己的日常事务和学业，甚至连牺牲生命都在所不惜。但是，就算是幼儿也会思考，更何况青年学生？他们必然要深刻地思考这样的状态。现在大概没有时间追问责任在谁了。为了让世界不再重复今日的状态，我们要与幼儿和母亲们一同负起明天的责任，特别是青年学生，若想离开这惨淡的今天令明日更加明朗，若想令世界不再重复当下的惨淡，就不得不深刻地思考和学习这些严肃的体验。

今天，我们不去追问是哪些人造成了当下这些极端困难的条件，但是，在这种极端困难的条件之下，如果现在的学生诸君不去保卫学问，就没有人会保卫学问了。学生诸君各自代表了全国人口中的两千人和同龄青年两百人而从事学问。如果自己的孩子生病，家长们会不顾亲疏远近地叩响医生的家门。医学生在面对邻家的妻子在深夜即将分娩，或者工人负伤医院却距离遥远等情况之时，不分手法是否娴熟、是产科还是外科，都必须立刻前往救援。民众相信学生诸君是在为了民众而从事学问。世界会怎样？明天会怎样？面对民众们这些切实的问题，诸君不能以历史学不做寓言、自己的专业不是现代史而是古代中世史、自己不是历史学学生等理由逃避。民众想到学生诸君作为两千人中的一人、两百人中的一人而从事学问时，他们会相信学者无所不知。在民众的面前，以专业和熟练程度为理由而逃避，对民众而言难以接受。具体的细节的确要等待熟练的专业学者来研究，但是，从整体学问的立场出发的帮助，对于学生诸君——至少是两百人或两千人中的一员的诸君——而言，你们无时无刻不在直面民众的请求。

诸君作为两千分之一和两百分之一，必须学习历史。至少要做好准备，去了解作为通识的历史学的信念。而一旦提到历史作为学问的信念，首先就应当是所有学问共通的信念——对理性的信念。

没有对理性的信念，就没有学问，也就没有历史学。

青年们手持武器在正义的战场上毫不退却之时，如果学生诸君在战场上脱离了理性的战线，那么诸君还有何脸面面对抛弃日常和学业、在炮火中不辞辛苦的同胞朋友呢？

现在，如果有人身处学问的体制之内却不相信学问，那真是悲惨至极。学生诸君有着各自的自觉、各自的见识、各自的自由意志，如果希望做一名称职的学生，就不应当屈从于时势，而应该向着学生的本分——理性的信念——迈进。这不仅仅针对因为天分而成为学者科学家的人。学生诸君作为两千人中的一人、作为同样青春的两百人中的一人，你们不去保卫学问、保卫理性，那么还有谁去保卫学问和理性呢？世人和门外汉或许会认为学问迂远，还怀疑理性是否全能，诸君，先不要责怪他们。身处学问大门之内的诸君相信学问吗？身处理性岗位的诸君相信理性的胜利吗？如若不然，就应当离开理性和学问的战线。但是，诸君已经是两千人和两百人中的一人，又有谁能够简单地离开这条战线呢？学问和理性一旦消灭，我国国家社会的明天也会一并消失。

有人会讲，与被神秘包裹的现实相比，贯穿着理性和学问的现实缺乏积极性；也有人会说，与明确的、确定的事物相比，茫然和不确定的事物更有魅力；还有人会说，以理性来解决现实过于复杂，与合理相比，贯穿着非合理的全体乃是无限；还有人会说，现实跨越了合理并包含非合理，其是无限的。但是，诸君，这些想法都只是一种心理幻想。的确，现实总是不断地创造出新的形式，生命也确实神秘而无限。然而，现实和生命之所以无限且不断更新，不是因为学问、理性和合理无法贯彻它们，而是学问与合理同现实与生命的力量一样，常新且无限，学问与合理以常新且无限的理性之力贯穿了现实和生命，也正因此，现实和生命的不断进步才得以实现。[1]

---

① 参见羽仁五郎『クロオチエ』河出書房、1939 年。

学生诸君要以学问为阵地，守护理性、坚信理论，专注于思索和研究。这是学生诸君的最大任务，是他人无法替代的职责，是劳而少功的苦斗，但这也是为不朽做出贡献的幸福。身为学者和学生却不相信学问、不相信理性、不相信合理，面对重大的任务却不相信自己的任务，身为士兵却不相信自己的武器，身为飞行员却不相信自己的发动机，身为医生却不相信医学，这不仅会因侮辱了自己的职业而遭到社会的谴责，更是自身最大的不幸。

但是，有人会不安地问道：学问、理性和合理的理论与现实之间不是有着一定的距离吗？学问并不完美，理论不也存在谬误吗？

的确，正是如此。

此时应当怎样？答曰：要以现实为根据，修正理论的谬误，令学问不断接近完美。绝不可放弃学问和对理性的信念。

也就是说，意识到学问尚不完美、理论也有谬误之时，更应当努力令学问和理论进步，消除谬误，令其接近完美。

借口目前的学问并不完美，理论中也包含着谬误而抛弃学问，又能怎样？一旦抛弃学问和理论，学问和理论的进步便不复存在，无视学问和历史而直接拥抱现实的做法看似非常勇敢，但实际上只不过是随波逐流而已。一时之间，自己好似与现实达成一致，但现实会不断发展变化，如果失去学问理论的进步，人便会立刻落后于现实，回过神来，便会发现自己既无法确定目标，又迷失了方向。

拥有理论，才能够认识到理论和现实之间存在的距离，才能够缩短这一距离，进而促使理论和现实相一致，如此一来，以理论解决现实问题的努力和希望才成为可能。如果没有理论，我们和现实之间的距离便会消失。这并不意味着克服了理论和现实之间的距离，而是意味着问题被蒙混、掩盖。一切都被取消，留下的只有一种幻想——我们突然与现实达成了一致。但实际上，无论是缩短理论与现实之间距离的认真努力，还是达成理论与现实间的真正一致并解决现实问题的希望，一切都会化作泡影。

拥有理论才能够意识到谬误，谬误才能够变成一种刺激，从而为理论进步做出贡献，理论进步才能够不断地带来现实进步。没有理论，我们就无法知晓谬误是否存在，只留下与现实达成一致的幻觉，但实际上再也无力认识现实，人变得晕头转向，对现实束手无策，只能浮于现实的表面，最终筋疲力尽而被现实击溃。以取消理论来消灭谬误，代价便是再也无法判断谬误是否存在，理论进步不复存在，现实的进步也会消失。

"学问不完美""合理主义有谬误""理论与现实之间存在距离"，诸君面对这些骂声时，切勿因胆怯而放弃对学问、合理主义与理论的信念！无论现实中发生了怎样的新事态，它都不是令我们放弃学问、合理主义与理论的理由，这是促进学问、理论和理性走向完美的动力。[1]

学生诸君立足于对学问、理性和理论的确信，但在历史学的领域，诸君应尽的义务似乎面临特殊困难。这是因为历史解释尤其受到政治或道德等因素的制约，学生诸君非常清楚这些制约的特质。这些制约导致学生们将历史学——尤其是我国历史——作为一门学问来学习时，几乎感到绝望。这是一件好事吗？无论是好是坏，现实情况就如此，我们无能为力。当然，招致如此事态的责任，不在于现在的青年诸君。但是，若要改善事态，就只能在这本非诸君责任的困难条件之下，依靠今日青年诸君的鲜活力量。诸君应当是抱有如此信念的吧。

现在，历史学从属于政治和道德，这对历史学本身自不待言，对于政治和道德而言是一种幸福吗？还是说承认历史学作为学问的独立性，不仅对于历史学本身，对于政治和道德而言也更加幸福呢？

或许有许多人会认为："在西方，历史学也许能够不受政治和道德的支配，其作为学问的独立能够得到承认，但在日本绝无可能。"岂有此理？毋庸置疑，学生诸君立足于新时代的信念，必然坚决否认这种看法。造成如此事态的责任，在于招致了今日惨淡时局的旧政治家、道德家和教育家们。这些旧势力在今日仍然顽强，不，他们甚至展现出卷土重来的倾向。但是，诸位，这种事情并不局限于日本。即使在西方，人们也是在经历了众多的困难和过程、耗费了大量的新时代的努力之后，才明确认识到历史学的独立对于历史学本身自不待言，对于政治和道德而言也是至高的

---

① 羽仁五郎「青年の花」『文芸集団』第一集。

幸福。

在西方，承认历史学的独立遇到的最大问题，不是政治和道德，而是宗教问题。诸君一定能够想象，在基督教的西方，为一个人打上"渎神"的烙印，乃是比将之称作叛国贼、无德小人更大的威胁。即使被称作叛国贼或无德小人，这也只是现世的事情，只要抱有自己的确信，就有可能获得安慰。然而，一旦被视作渎神者，那么不仅无法得到现世的安慰，获得永恒救赎的希望也会断绝，任何形式的宽慰都无从获得。西方的历史学家面对这样的宗教，为了追求社会承认一个事实——历史学独立对与历史学自身以及宗教而言，乍一看十分不妥，实际上却是莫大的幸福——而于数百年间，在内心和社会中经历了惨痛流血的战斗。

在西方，对耶稣传的历史研究，是历史学独立的试金石。这是一个根本且深刻的问题，一旦走错一步，不仅无法再作为国民和社会人存在，希求永恒救赎的人类生命也会被断绝，历史学的存在亦会受到威胁。如果在这一根本问题上未能证明历史学的独立，那么即使在其他问题上获得胜利，也有可能随时被一举击溃。不了解基督教是什么的人，恐怕无法理解耶稣传研究究竟是怎样的大问题。特别是对于我国的一些缺乏宗教体验、信仰被形式化、不懂得内心的高层次信仰需求的群体而言或许如此。但是，在旧封建德川幕府武家专制的时代，我国国民也曾深切体验过对切支丹的迫害，以及切支丹的暗中潜伏。基督教世界立足于不惧磔刑①的内心信仰，在基督教世界中通过耶稣传研究来证明历史学的独立，着实是根本性的问题。历史学家面对的不是形式化的宗教、政治和道德，他们赌上自己心中作为人类的生命、赌上历史学在全基督教世界的生命而战斗。面对这一最大、最根本且涉及内心最深处的问题，西方的历史学证明了历史学的独立，磨炼了历史学作为学问的研究方法。在耶稣传研究史中，我们能够目睹西方历史学作为学问而独立、确立历史学研究方法的壮阔历史。实际上，在我国的所谓西洋史学家中，许多人并不理解基督教的深刻信仰是西方文明的精神。因此，他们在思考西方史学发展的历程时，完全没有意

---

① 日本的"磔刑"指将罪人缚于木板或木柱之上，再以长枪等将之处死的刑罚，不同于中国古代的磔刑。——译者注。

识到耶稣传研究史作为滴血坐标的意义。如果不满足于做一名欺骗外行的历史学教授，希望真正地代表普罗大众而献身于专业研究的话，就应当去阅读黑格尔学派的左翼先驱大卫·施特劳斯的《耶稣传》［David Strauss，Das Leben Jesus，1835（1864）］，还有最近因《生命的思索》日译本出版而为诸君所熟知的阿尔贝特·史怀哲的大著《耶稣传研究史》［Albert Schweitzer，Geschichte der Leben-Jesu-Forschung，Tübingen，1906（1921）］，了解西方历史学独立和历史批判方法的试炼的最高问题——耶稣传研究的历史进步历程。我不得不在此铭记，我于青年时代学习西方历史的最后遇到了这两部著作，我在这里接触到西方历史学独立和确立方法的核心问题，这给予我深刻的确信。对于那些所谓的历史学家而言，施特劳斯的《耶稣传》和史怀哲的《耶稣传研究史》等书，仿佛与史学方法论没有关系。也正因此，最近出版的书虽然在标题上写着"历史学""历史书"，但其内容多是教科书式的概论，或是在盲从那些所谓最新著书论文。正因如此，学界总是产出一些欺骗外行的历史学家，这只能令大众感到厌恶。也正因此，我国的历史学永远都要背负"模仿西方"的骂名。如果寄希望于倒退回我国的旧史观这种反动行为，来摆脱对西方的模仿、促进我国历史学的独立，也只能在脱离了模仿西方的同时又陷入了模仿旧日本的陷阱。模仿终究只是模仿，如果模仿是一条死路，那么不仅模仿西洋不可行，模仿日本也毫无意义。所以，如果真正希望摆脱模仿、实现我国历史学的独立，就不应当向旧日本逆行或者满足于西方史学的皮毛，而应当在深刻理解耶稣传的历史学研究——其是表现了西方近代历史学的独立以及历史学研究方法的艰难确立的最为根本也是最高的问题——之后，站在西方近代历史学进步的基础之上，才有可能将我国的现代历史学建设至世界先进水平。

西方史学在哪些问题中证明了自身的独立，并锻造出历史批判的方法？问题很多，它们或华丽，或细微，或植根于国家，或来源于时代。但在其中，耶稣传问题是最为核心的问题。即使在极端的困境之下，西方的史学生只要良心尚存，就必须在作为学者和人类的内心的最深处之中、在条件允许的情况下，最大限度地解决这一问题，而非停留在口头或笔尖。

在这个最大、最深、最为普遍、最为深刻、最为困难的试金石一般的原型问题中，西方历史学证明了自己的独立，锻造出自身的研究方法，一步一步进步至今。历史学如何解决耶稣传这一至上的神圣问题，乃是西方历史学中最佳的例题中的例题。在耶稣传研究的极度困难的进步之路中，我们可以目睹西方历史学证明自身独立、锻造历史学研究方法的深刻过程。这一事实在我国几乎被完全忽略，我特别希望诸君能够真挚地思考这一问题。

时至近代，在这一根本问题之下，西方历史学终于赢得了宗教对历史学独立的承认。西方史学明确意识到：历史学能够不从属于宗教而独立，对历史学自不待言，对于宗教而言也是莫大的幸福。这意味着人们明确意识到：宗教信仰自由对于学问独立以及清洁宗教自身的立场而言，是最为必要、最为幸福的，没有信仰自由就没有学问和宗教的健康发展。在极端困难的耶稣传研究的进步过程中，宗教信仰自由和历史学独立两大问题同时得到了幸福的解决，其意义值得深思。并且，如果在神圣问题下，宗教承认了历史学的独立，那么在此外的各种领域，政治和道德承认历史学的独立，也会相对容易。在此，承认信仰自由、政治自由以及作为道德基础而必不可少的意志自由等自由的必要性，明示了近代欧美的宗教、政治、道德、历史以及学术各方面飞跃性进步的方向，也明示了以自由独立为基础的幸福自发的协同所带来的近代国家社会充分发展的方向。

"对于宗教、政治和道德而言，历史学从属于自身一定是喜闻乐见的吧。"这种想法只不过是一种幻想。隶属性的历史学会让政治权力和普通国民变得短视，丧失由过去至现在到将来的洞察。比如说，全家人都绝对地服从家长，这对家长而言看起来或许方便，但如果对家长言听计从，一旦家长的命令有误，那么全家人也会步其后尘。如果没有家长的命令就无动于衷，那么在家长熟睡而家中起火之时，岂不是要对大火视而不见？成年女性自不待言，孩童的判断有时也优于家长，更何况广大国民和学者呢？从属于政治权力的学问，只是在外表上看似合宜，但实际上无法发挥任何作用。自古以来，东方的学问之所以几乎没有发挥任何作用，正是由于这个原因。在旧幕府封建武家专制时代，我国的学问几乎完全从属于政治权力，但这些学问完全没有发挥任何作用，这正为事实所证明。见到黑船才感到震惊，也为时已晚。德意志帝国的学问从属于政治权力，在一些方面夸耀本国学问的先进，自称本国的军事科学是世界第一，但是，正如最近的新闻报道，退位的威廉二世已经在警告希特勒。逼迫历史学从属于政治权力、不允许国民自由研究现代世界历史动向的政府，在面对复杂奇怪的事态时，无论何时都必然感到困惑。学问从属于政治，只是在一时之间看似合宜，但无法胜任长期、连续的建设。

诸君，宗教权力远比政治权力和道德更具束缚性，面对这种束缚，西方历史学通过奋斗赢得了独立，证明了承认历史学的独立不仅对于历史学而言是一种幸福，对于宗教而言也是一种至高的幸福，因为基于信仰自由原则的宗教才能够获得健全且不腐败的发展。西方的历史学徒不惧误解、勇敢战斗，不仅战胜了一时的冲突，更在悠长时代中赢得了步履维艰的战斗。我国国民在战场鼓起勇气之际，我国的历史学徒绝不应当在追求历史学独立和确立历史学研究方法的战斗中，表现得比西方人低劣且懦弱。

二　历史的概念

历史是什么？关于这一问题，诸位作为新时代的青年学生，有能力确立新的见解。

然而，关于"历史是什么"这一问题，旧时代的说教仍然支配着当下。

关于历史的概念，我们需要一次哥白尼式的方向转换。

"事实"是什么？对于旧时代的人们而言，"太阳东升西落""太阳绕着地球转动"是不需要批判乃至不允许批判的事实。即使在今天，一些人不懂得新科学的批判意义，只知道旧有的野蛮想法，他们仍然会固执己见。大概有人会说："太阳从东方升起，这不是确确实实映入眼帘的事情吗？在这严肃的事实面前，还说什么批判，这是认识不足。事实！事实！"但是，经过科学研究和批判，人们认识到太阳东升西落并非事实，这只是一种错觉、一种幻想。经过科学的、批判的研究，人们认识到地球绕着太阳转动、地球从西向东转动才是真正的事实，其作为理性事实被人们揭示。哥白尼革命的意义正在于此。

在历史学方面，亦是如此。

过去的人认为，所谓的历史就是从过去到现在的事实。他们会说："这样的事实需要批判吗？这样的事实不容批判。"这就是所谓的旧观念。

然而，这种旧观念之中，不是包含许多幼稚、野蛮的想法吗？对此，不正需要学术性的批判吗？人们常言"所谓的事实……"所谓的事实不正需要科学的批判吗？我估计，诸位也会回答"正是如此"吧。

历史和真正的历史必然需要批判，没有批判就无法到达真正的历史，没有批判就无法实现真正的历史。所谓的历史，在根本上就是批判。历史如果不是批判性的，就无法被确认。诸君也是这样认为的吧？这正是新时代的识见。

认为历史是从过去到现在的一系列事件，或者认为历史指的就是事实的想法，会令人幻觉有岿然不动的、不需要批判的乃至于不允许批判的事实存在，但这只是错觉和幻想。如果仅仅满足于盲目的和暂时的掌控感，这或许可以接受，但其对于长远的建设而言毫无价值。这种形式化的历史无论看起来有多么宏大，都无法带来真正的确信。无论有多么艰辛，只有经过了历史批判和学术批判的历史，才能完成一定的任务。历史作为学问的必要性，正在于此。

学问就是批判。没有批判就没有学问，没有批判就没有历史。

旧时代的人害怕历史批判会抹杀历史中的一些存在，这种恐惧只能展现出他们的不自信。鼓起勇气，然后相信吧！——如果没有经过批判，既无法确证历史，也无法从历史中得到收获。

批判由怀疑而生。没有自信的胆小鬼恐惧批判、厌恶怀疑。但是，不经过怀疑，就无法确证任何事物。健康的怀疑精神乃是学问之母。禁止怀疑就必然产生猜疑。怀疑，是人类希望认识事物道理的一种健康的要求，其难以抑制。如果强行抑制这一健康的要求，就会令人陷入不健康的病态。这意味着公开的、健康的怀疑不复存在，取而代之的是恶劣的、猜疑的秘密警察，这意味着人们不再可能通过议会中的讨论和批判来促进政治进步，取而代之的是流言、不满、内讧以及拒绝讨论的暴力行为，这会让人心走向萎缩、退化和破坏。怀疑能够带领人们走向幸福，而猜疑则将人们引向不幸。旧时代不允许怀疑，所以猜疑妨碍了时代的进步。"人际关系上虽有深重的猜疑嫉妒之心，但在谈论事物道理之时却没有提出疑问、质问疑点的勇气。此即名为'未开'，尚未到达文明的境地。"①

主张"历史是过去的事件，是事实"且拒绝批判，乃是野蛮未开化的旧时代的想法。这已经得到了证明——当代民众即将丧失对旧历史的兴趣。

而且，这并不局限于我国，在西方亦然。我国的旧时代不允许独立的新时代，诋毁学习西方新时代的行为是模仿。但是，我国的旧时代自身也曾模仿西方的旧时代。在当下世界，维持旧时代历史概念的倾向仍然存在，若以其代表人物来命名，可以称之为伯伦汉史学。

现代日本年轻人之所以从心底对历史不感兴趣，原因在于我国的一些史家即使未受伯伦汉的直接影响，在本质上仍与伯伦汉史学相同，他们在妨碍新时代识见的成长。从明治维新直到最近，我国大学中所讲授的史学理论、史学方法论、历史哲学和历史研究等课程，大多是伯伦汉史学或伯伦汉式的历史概念。在坪井九马三博士的名著《史学研究法》之后，坪井博士的弟子们作为博士教授，所讲授的内容的确存在可取之处，但其在基调上仍是伯伦汉式的历史概念。甚至在这些博士教授的新进门生中，许多人仍未从伯伦汉式的历史概念中跨出一步。许多从事新兴的经济史研究的教授学者，也只是以经济材料为主要史料，他们在历史概念和方法上对旧历史概念毫无批判。他们无批判地罗列所谓的史料、历史事件、历史数字和历史事实，最终只能在有意无意之间变成伯伦汉史学的追随者。因此，如果诸君对于这样的历史和日本史毫无兴趣，那也不是诸君的责任，那是自觉或不自觉的伯伦汉史学——旧时代历史概念——的责任。

伯伦汉史学，或者说旧时代的历史概念，其特色在于把历史事件当作历史本身。关于其详细内容，可以参考由岩波文库出版的《历史学导论》②日译本。

为什么说"历史是对事件的叙述"的观点是错误的？因为其没有以批

---

① 福沢諭吉『文明論之概略』岩波書店、1931 年。
② 系伯伦汉《史学方法论》的简本，日译本题为『歴史とは何ぞや』。——译者注

判为主。伯伦汉史学等旧时代的历史概念虽然也主张批判，但其批判局限于史料考证、文献批判，而没有更高层次的、更为宽广且更为根本的批判思想。以《历史学导论》为例，其在第一章"史学的本质"及其第三节"史学的概念"中思考历史的本质之时，完全没有批判的思想。其在论述"史学的价值与效用"（第 81 页起）时，也全然不知史学的职责在于批判，反倒主张史学的职责在于"讲授"。在第三章"史学的研究手段和方法论"中，"历史批判"的概念姑且出现，但其仍然局限于史料学（第 121 页起，第 131、170、174、191 页），即文献批判和史料批判，其不理解历史概念和历史学的本质在于历史批判，也不具备"批判才是历史的最高使命"的意识。并且，伯伦汉史学等旧史学对"怀疑"的理解大多十分低级，这证明其不具备批判意识。所以，伯伦汉并不承认"怀疑"的意义（第 123 页等）。伯伦汉及其同类厌恶怀疑，这不仅显示出他们的不自信，还暴露出他们对怀疑的理解非常低级，他们不懂得怀疑精神作为学问之母的重大意义，也不理解学问的真正意义。

旧史学无法理解历史概念最重要的任务是批判，只能够理解部分的文献史料批判，在这种历史学下，专家们总是通过史料批判获得事实，将之视作历史事实并"讲授"给民众。民众没有能力处理烦琐的史料批判，他们在面对只有史料批判的狭隘的历史学时，只能恭谨地拜听专家们的史料批判成果。然而如果只允许细节性的史料批判，而在大局上否认历史概念的批判，那么一旦某些风向发生转变，就连细节性的史料批判也会遭到封杀。历史就是批判，没有批判就没有历史，只有认同了这一大原则，文献批判才能够得到保障。如果说历史不一定是批判，那么文献批判和史料批判不也可有可无吗？在大局上，史家是否应当集中于细节性史料批判而忽视历史批判，这交由他们自己考虑即可。从学生和普通民众来看，只由专家操作的史料批判是秘密主义的行为，所谓专家未必是民众所选举的代表。总而言之，专家们不承认批判，且否认民众具有处理烦琐史料的能力，如此一来，民众们便只能够恭谨地拜听专家们的史料批判成果，这绝非有趣的事情。

诸君如果在小学、中学和高中时，曾感到历史比其他科目无聊，原因正在于此。

比如说数学。数学要求诸君自己来立证，没有诸君的证明就没有结果，数学问题自始至终都在要求诸君自身的思考，甚至要求诸君自己去寻找问题。在学习理科时，诸君也能自己进行分析。在学习文学时，诸君能够以自身的见识感受内容、判断真伪、做出评价，此外还有自己进行创作的乐趣。人小志气大，诸君拥有独立思考的能力，才会对数学、理科和文学抱有兴趣。然而，在学校中，历史是唯一不允许诸君的证明分析和判断、不允许自发确认和思考、不允许个人认识和努力的学科。历史学科有时背负"死记硬背"的骂名，但仅仅批评其死记硬背，无法解决任何问题。人脑的劳动必须均衡地具备三种能力：观察事物的观察能力、思考问题的推理能力和记忆事物的记忆力。一旦拘泥于记忆力，那么观察能力和推理能力就会衰退。这无论对于日本人还是西洋人来说，只要同为人类，就是一样的。切勿妄断日本人擅长模仿而缺乏独创能力，切勿认为这是日本的国民性。无论在日本还是西方，只有在封建时代，才会禁止个人的思考和发言，强迫人们牢记统治者的说教。西方已经走出封建时代，而日本却还未摆脱封建，这是日本全体国民的不幸。只会模仿的人，虽然能够记住他人观察、推理的结果，却无法主动观察、独立思考。偏重记忆力的结果，是缺乏独创力。至于死记硬背，更是抗拒观察和思考，是为了背诵被强加的内容而自我蒙蔽双眼。但是，国民变得盲目，岂不是国家的不幸吗？如果希望培养国民的独创能力，就不能只依靠记忆和背诵，要允许国民用自己的眼睛观察事物、允许人们以自己的见识思考事物、允许人们发言、允许推理、允许批判。不允许批判，就没有学问和独创。诸君在学习历史时，无法独立思考而只能够死记硬背，只要诸君不是傻瓜，就无法接受这种事情。变成傻瓜对谁而言都不愉快。正因如此，旧历史才令人感到枯燥乏味。

如果今后继续强行沿用旧的历史概念，那真是可悲。在我国，编纂历史读物的先生们明明不是伯伦汉的弟子，却在读物中禁止学生自主思考，这实际上是在要求大家无论面对怎样荒唐的事情，只要变成傻瓜去背诵即可，此乃我国国民的不幸。伯伦汉史学的故乡、俾斯麦等人的旧帝政德国曾高歌着《德意志高于一切》① 发动了欧洲大战，最终迎来了悲惨的崩溃。俄罗斯的罗曼诺夫王朝曾认为"知识就像盐一样，极少量地给予国民便足够了"，罗曼诺夫王朝后来如何？支那②古代的历史即便不知晓伯伦汉的存在，也仍在其延长线上，因此，新中国的学者梁启超指出"是中国之史，非益民智之具，而耗民智之具也"，并督促人们反省。被称作"中国的契科夫"的鲁迅也曾指出："我翻开历史一查，这历史没有年代，歪歪斜斜的每页上都写着'仁义道德'几个字。我横竖睡不着，仔细看了半夜，才从字缝里看出字来，满本都写着两个字是'吃人'！"③

但幸运的是，面对伯伦汉史学以及类似的历史概念，人们逐渐意识到其所包含的旧时代的幼稚与野蛮。与伯伦汉史学相反，新史学和新时代的历史概念正在逐渐成长发展。

伯伦汉史学在倒退，与之相对，朗格诺瓦和瑟诺博司的史学在前进！诸君在这里能够看到新时代历史学和新时代历史概念的成长吧！

这并非朗格诺瓦和瑟诺博司的专利，即使在我国，也早已出现福泽谕吉的《文明论之概略》以及其中"日本文明的由来"等在日后也极为稀有的高级的历史论，福泽的论著展现了日本历史概论的内实。该书已经由岩波文库出版，诸君可以轻松入手。另外，贝奈戴托·克罗齐在意大利法西斯的统治之下不屈不挠，他揭示了历史和历史哲学中真理的历史意义和现代意义，这也能令诸君接触到新时代的历史概念。这些新的历史概念，与依附性的伯伦汉史学大异其趣。④

在今天，我特别推荐诸君去阅读朗格诺瓦和瑟诺博司共同的名著《史学原论》［Ch. V. Langlois et Ch. Seignobos, Introduction aux études historiques, 3ᵉ edition 1905, Paris, Hachette（英译本 Lanlois and Segnobos, *Introduction to the Study of History*, 4th impression 1932, London, Duckworth）］。该书与《历史学导论》的作者伯伦汉的另一大著 Lehrbuch der historischen Methode⑤

---

① 德意志帝国国歌。——译者注
② 羽仁在此处使用了"支那"表示中国，并无蔑视之意。——译者注
③ 见『鲁迅選集』岩波书店、1935 年。
④ 详见羽仁五郎『クロオチエ』。
⑤ 即《史学方法论》。——译者注

一同在全世界范围被用作历史学教科书。在日本，伯伦汉的著书被翻译成日语并被广泛使用，但从内容的优劣，特别是对历史概念的理解水平上来讲，朗格诺瓦和瑟诺博司的《史学原论》是一部远超伯伦汉的名著。不，该书燃烧着崭新且高级的真理意识，与伯伦汉完全不同。①

朗格诺瓦和瑟诺博司在《史学原论》的序文中，阐述了对伯伦汉史学的批判：第一，伯伦汉史学在理论和实际上，欠缺最重要的本质性的思考；第二，伯伦汉史学缺乏独创性；第三，伯伦汉史学并不面向一般大众。这些批判非常正确，并显示出二人的远大抱负。在这篇序文的注释中朗格诺瓦和瑟诺博司已经明确指出，在过去的学校中，历史学科是唯一不允许独自立证、批判、分析和思考的学科，这是优秀学生认为其枯燥的主要原因。

"历史工作必须是批判性的工作。"② 朗格诺瓦和瑟诺博司的《史学原论》全书皆献给了"离开批判就没有历史"这一真理。伯伦汉的《历史学导论》全书共三章十节，其中仅有一节以"批判"为主题，且局限于史料批判。与之相对，朗格诺瓦和瑟诺博司的《史学原论》共三编十五章中，有七章以批判为主题，其中论述历史批判意义的内容占据全书总页数的一半。不仅如此，"即使在史料批判的领域是一流的专家，若无法将之提升到更高层次的批判，就无法真正地理解历史"，③ 这即是说，所有的历史理解都必须被批判贯穿，历史的根本、历史的本质、历史的目的皆在于批判，批判才是历史最为主要、最为重大的任务。

"不懂逻辑、没有明确的方法意识、不依靠理性的方法、缺乏对历史分析以及综合的深刻反省，就无法了解历史。"④ 没有批判，就无法理解历史。

历史学就是"历史批判"。⑤

---

① 羽仁五郎「現代歴史学の動向」『文化学院』第 2 卷第 2 号。
② Langlois and Segnobos, *Introduction to the Study of History*, p. 69. 下文所引页码皆为英译本页码。
③ *Ibid.*, pp. 65, 68, 113, 115, 141.
④ Langlois and Segnobos, *o. c.*, p. 8.
⑤ Langlois and Segnobos, *o. c.*, pp. 67, 69, 100, 112 – 3.

"轻信"无法带来坚实的历史确信。"面对轻信时，必须以批判的精神与之战斗。""与讨论相比，'相信'看起来更为简单。与批判相比，'承认'似乎更好。"但这是行不通的。"切勿大意，我们必须寻求确切的证明。"批判作为"理论"的重要性被广泛承认，但是，世界上总有一些原则，它们的必要性虽然得到承认，但总是无法付诸实践。历史批判的原则也不应满足于被承认，而必须付诸实践。①

"批判主义"的确立，即使在西方也属于近代事物。"无论是东方还是中世纪，都从未到达准确的批判概念。"如果今日的东方希望脱离封建中世纪，就必须承认批判的意义并将之付诸实践。现代世界历史学的当下课题，是以批判的原则，将考据家、史学家、学生还有民众组织在一起。②

> 一切的批判，皆从分析开始。③
> 所谓的解释学，必须是解释性的批判。④
> 历史批判，必须批判史料中隐藏的内容。⑤

历史学"必须从怀疑出发"。怀疑并不是猜疑他人，而是为了究明事物道理而提出的疑问，怀疑乃是科学之母。实际上，史料之间存在相互矛盾的可能，蒙蔽自己的双眼绝非正确的选择。不仅如此，"与其他科学类似，历史学的出发点必须是怀疑的方法"。笛卡尔阐明了怀疑作为学术科学第一要义的意义，他认为当时的历史学停滞于重现过去的叙述和传承，没有运用怀疑的方法，因此拒绝承认历史学是一门学问，也拒绝给予历史学科学的地位。⑥ 对于作为科学的历史学、作为学问的历史学以及所有的科学而言，怀疑既是原则也是起源。所有的科学都必须以怀疑为原则，从怀疑出发。伯伦汉的《历史学导论》等著作虽然没有明确这一原则，但朗

---

① Langlois and Segnobos, *o. c.*, pp. 70, 68.
② Langlois and Segnobos, *o. c.*, pp. 68, 135.
③ Langlois and Segnobos, *o. c.*, p. 142.
④ Langlois and Segnobos, *o. c.*, pp. 141, 152.
⑤ Langlois and Segnobos, *o. c.*, p. 152.
⑥ Langlois and Segnobos, *o. c.*, pp. 155, 156, 157.

格诺瓦和瑟诺博司特别强调批判的原则，从而令笛卡尔的观点重获新生。即使同在德国，鲍尔的《历史研究入门》（Wilhelm Bauer, Einführung in das Studium der Geschichte, Tübingen, 1928）在第一章"历史研究的一般方针"中，也明确承认怀疑的意义。与伯伦汉的《历史学导论》和《史学方法论》相比，这种观点更接近新时代，其明确了历史学作为近代科学的意义。

"如果说某一文献是所谓的权威文献，那也只不过是来源比较权威的文献而已，并不意味着其内容没有错误。此处便有批判的必要。"科学真理和学术真理不能由权威证书来确认，其必须经过理性批判才能够得到证明。如果某一文献经过理性的确认，发现有充分理由认定其值得信任，那么其便是真实，但是如果理性无法确认，那么任何事物都无法被当作真理。[①]

"官方文献更有批判的必要，大量的官方文献刻意隐藏了事实。"[②]

"甫斯特尔·德·库朗日把罗马皇帝颂德碑上的铭文格式视作民众拥护帝政的证据。他说：'若让我解读这些铭文的话，此处展现的感情是极多的满足和感谢。'他在列举这些歌功颂德的铭文之后，以一段奇怪的话结尾：'如果有人认为这只是单纯的阿谀奉承，那只能表现出他对人类的无知。'但实际上，那连阿谀奉承都算不上，那里除了格式和形式之外一无所有。"[③]

"当我们在叙述和表现中过于美化人物的姿态、论断过于绝对或者感情过于激烈之时，这些叙述和表现必然显得可疑。"[④]

"历史一旦从属于某国的爱国主义，那么无论是对外国还是对本国的国民而言，历史都会失去作为历史的价值"，因为如此一来，历史便可能被爱国主义扭曲，我们难以辨别其内容究竟是客观事实还是主观想法。从属于爱国主义的所谓历史，对于真正的爱国毫无帮助。"历史脱离了所谓

[①]　Langlois and Segnobos, *o. c.*, pp. 159, 160.

[②]　Langlois and Segnobos, *o. c.*, p. 166.

[③]　Langlois and Segnobos, *o. c.*, p. 170.

[④]　Langlois and Segnobos, *o. c.*, pp. 171 – 172.

的爱国主义并一心追求真实，才能够作为正确的历史，获得外国和本国国民的信赖，才能为真正的爱国发挥作用。爱国是正确的，宗教俨然存在，艺术也是必要的。但对于历史学家而言，应当追求的唯一目标是真理，否则历史便没有独立的职能。没有独立职能的历史对于爱国、宗教和艺术而言无法发挥任何作用。没有独自职能、不事生产、寄生于其他事物而生的历史，毫无价值。"①

"德国曾流行一种观念——某些民族或个人拥有特殊的历史使命。这是一种似是而非的爱国主义观念，其中包含了大量与历史无关的内容。"②

"对于我们的精神而言，通过历史的方法批判并揭示真相，是极为健康的工作。这能够从我们的精神中驱逐轻信的病毒，给予我们健康的确信。"③

最后，作为结论，朗格诺瓦和瑟诺博司阐明了历史学的目的："历史的主要意义究竟是什么？无他，对于我们的精神文化建设而言，历史是培养智力的一个重要手段。其在以下三方面发挥自身的意义。"

第一，对我们的精神而言，通过历史的方法批判并揭示真相，是极为健康的工作。这能够从我们的精神中驱逐轻信的病毒，给予我们健康的确信。历史批判能够治疗轻信、预防轻信，这对于我们精神文化的理性建设而言，具有极大的卫生价值。

第二，历史将各种各样的社会展现在我们眼前，令我们认识到不同的国家和社会之间相互理解而非相互憎恶的必要性。而且，历史向我们展现至今为止社会所经历的巨大变革，这能够疗愈恐惧变革的不健康心态。通过研究历史，人们不再对变革感到恐惧。

第三，历史阐明我们进步的历程，防止我们以生物进化来类推社会进化，防止我们把社会进化与血统、种族主义、适者生存等生物学

---

①   Langlois and Segnobos, *o. c.*, Perface by F. York Powell to the Reader of the English Edition, p. xi; Text, p. 270; Appendix Ⅰ, p. 331.

②   Langlois and Segnobos, *o. c.*, Perface by F. York Powell to the Reader of the English Edition, p. vii; Text, p. 287.

③   Langlois and Segnobos, *o. c.*, p. xi; Text, p. 321.

概念相混同。历史向我们如实展现，社会进化的意义不同于种族淘汰等动物进化，而是人类社会的社会性进步。①

对于朗格诺瓦和瑟诺博司的学说，诸君自然不会无批判地照单全收。可是，与伯伦汉史学将历史定义为对事件的叙述相比，朗格诺瓦和瑟诺博司的历史学认为历史就是批判，其以历史批判来保护民众，令民众远离轻信、相互憎恶、恐惧变革和错误的生物学类推，令民众保持对社会进步之历史的健康确信。在此，我们能够目睹新时代历史学的进步。诸君大概会同意吧，关于历史概念的问题，在朗格诺瓦和瑟诺博司的历史学中，有着许多应当学习的新识见。伯伦汉史学无批判地服从过去，是一种消极的史学，而诸君应当学习的历史学，不应该是消极且没有现代自信的历史学。诸君的历史学必须是积极的历史学。历史批判的历史学——对过去进行历史批判，对现代拥有批判性确信，并且无论何时无论何地都能够坚定向前的积极的历史学——才是诸君的历史学！

三　历史科学

历史学作为一门学问而存在的根本条件，是坚决维护历史学作为科学的独立，以独立的怀疑方法和质问来批判历史中的模糊和虚伪，以历史批判来揭示历史、到达明确的真理。这意味着历史学必须聚焦于历史学独有的职能和任务，不能被其他事物分散注意力，亦不能顾虑他人的想法，历史学必须明确自身作为学问和科学的信念。

依附性的历史批判没有意义，独立的历史批判才能够明辨历史的真伪。

历史批判即是历史学，如果历史学从属于自身之外的任何事物，无论对于历史学还是其他事物而言，都是一种不幸。

有些人认为，政治和道德乐于见到历史批判和历史学从属于自身，这

---

①　Langlois and Segnobos, *o. c.*, Appendix Ⅰ, pp. 320 – 321, 322.

乃是一种危险的幻想。历史批判和历史学不应受道德和政治的掣肘，其应当独立自主地批判历史真伪、揭示历史真实。这对于历史批判和历史学而言是最大幸福，对于政治和道德而言也是最大的幸福。因为通过独立自主的批判，历史批判便能够确定稳固的历史事实，道德和政治如果能够立足于此，那么其便无比稳固。相反，如果道德和政治禁止独立自主的历史批判，或者对其加以限制，那么历史批判和对真伪的辨别便会半途而废，历史的真伪便会模糊不清，以此来支撑道德和政治，那么道德和政治的真假同样会变得模糊，丧失说服力。

历史中的虚假绝不是善，历史真实是道德和政治的前提，所以道德和政治行动必须立足于历史真实。换句话讲，如果不立足于历史真实，那么在道德和政治上便根基不稳，虚假的历史无法实现道德上的善或政治上的正义。有人认为整体优先于部分，但是，要求歪曲部分的整体，绝非真正的整体。有人认为，有时为了道德或政治，不得不稍微扭曲对历史真伪的批判，这乃是亲自承认了其道德和政治并非真正的道德和政治。虚假的历史在任何情况下都无法作为一种善，只有煽动家才敢无视这一事实。

历史批判绝无善恶之分，其乃是前道德、前政治。历史批判是道德和政治的前提，自由的历史批判阐明了历史真伪之后，道德或政治才能获得基础。历史批判位于道德和政治之前，所以不能以道德和政治来评价历史批判的善恶。有些人混同历史批判与道德和政治，以道德或政治来评判历史批判，这种想法极其粗劣，绝非新时代精密科学的观点。这种粗劣的想法会将精密的历史批判置于险境，使道德和政治也遭遇危险，因为这令人怀疑道德和政治的立足之本究竟是历史真相还是历史谎言。

历史科学的原则在于批判，批判性方法是历史科学的本质，独立的历史批判是历史科学存在的根本条件，所以具体的历史研究法也必须具备批判性。因此，具体的历史研究以两种批判——史料批判和对历史事实的批判——作为主要研究方法才能够成立。

1. 史料批判

在从事历史研究时，史料批判不可或缺。欺骗外行的历史学家或许会无批判地罗列史料来书写历史，但作为学问的历史研究，或者说学术的、科学的历史叙述，必然要充分地批判史料。虚伪的史料写出的历史必然是虚伪，在史料批判的过程中顾虑其他因素而叙述的历史是敷衍欺骗，不依据确实史料写出的历史不值得信赖。

史料批判作为当今历史研究的一种主要研究方法得到了普遍承认，但只有在承认批判是历史研究的本质和历史科学的根本原则之后，史料批判的意义才能够得到确认。承认历史批判的独立是历史科学的根本条件之后，在研究方法上便会自然表现为史料批判。

不承认历史科学的独立、不承认历史批判是历史科学的本质，那么史料批判也会变得无所谓，历史本身也会被否定。

史料批判的方法横跨了史料真伪、史料叙述和表现、史料意义等众多方面，至于其详细内容，诸君应当去阅读一些历史研究法的教科书，如前引坪井九马三博士的《史学研究法》及此后我国出版的类似著作，或伯伦汉的《历史学导论》，或更为合适的鲍尔的《历史研究入门》，以及最为合适的朗格诺瓦和瑟诺博司的《史学原论》，诸君应当以自己的新见识来阅读它们。如果诸君对根本性的历史批判之本质已经有了自己的见识，那么诸君在实际的努力实践中，便能够掌握具体的史料批判方法，因为根本性的事物才最重要。如果在根本上明确理解历史研究的本质在于历史批判，那么史料批判的道路便会自然而然地清晰明朗起来。但是，事事亲力亲为容易重复前人的劳动，而前人已经做出成果并出版了入门书，因此，为了节省精力，诸君应当去倾听史料批判课程、阅读种种教科书。但是，诸君接触实际的历史研究之时，仍然需要诸君自己的努力。

在通过教科书和讲义来学习史料批判的同时，了解史学家进行史料批判的实际情况，也有助于明确地把握史料批判的方法。

在这里，我有一个关于史料批判的绝佳实例推荐给诸君。其是我国学界完成的具体事例，所以诸君应该会有深切的兴趣吧。这便是狩野亨吉博士于昭和十一年六月在《思想》杂志特集号上发表的论文《天津教古文书之批判》。这篇论文在史料批判上，不，更为广阔地讲，其在整体的历史批判上，是展示了批判方法究竟为何物的一个卓越而典型的实例，因此，我深切盼望诸君去阅读此文并有所收获。

　　在阅读了狩野博士的论文之后，诸君是会觉得只有像狩野博士那样的硕学或长期接触史料之人才能够达到如此水平呢，还是说会获得自信，认为只要自己掌握了历史批判的原则就能做得到呢？总而言之，先去阅读狩野博士的论文吧！并且，美国史学界的代表人物之一卡尔·贝克尔在《人人都是他自己的历史学家》中指出，无论是诸君还是任何人，都在日常生活中实践着史料批判和历史批判。①

　　在这里，我想记录下我自己的一个小实验。从分析上的顺序来说，史料批判先于对历史事实的批判，但在实际的历史研究中，必须先批判历史事实，再根据需要来进行相应的史料批判。拙文《关于佐藤信渊的基础研究》便是一次历史批判的实验。其必然还存在许多的不足，但其多少实验了对全体的历史批判和个别的史料批判。《兰学大道编》历来被认为是佐藤信渊的著作，但我经过历史批判，发现该书并非信渊的著作，而是司马江汉《和兰天说》的抄本。即使是学生时代的我，在保证忠实于历史批判这一本质原则的情况下，也能够在史料批判上收获一些成功。此后，我在研究新井白石时，也是在整体性的历史批判中，成功发现《日东行程考》并非白石的著作，而该书历来被认为是白石所著，并被收入图书刊行会所校订的《新井白石全集》。我之所以能够发现这一事实，是从整体性的历史批判看来，白石的主要著作似乎皆用假名汉字混写文而非纯汉文写成，那么我们就面临一个问题，白石对这种书写方式是否有相应的自觉？但《日东行程考》作为一部重要的著述，却是用纯汉文写成的。如此看来，如果认为《日东行程考》不是白石的著作，那么刚刚的假设的确定性便显著上升；如果认为《日东行程考》是白石的著作，那么前文假设的确定性便显著下降。事实究竟如何？我开始着手对《日东行程考》进行史料批判。当然，这里存在一种假设性的怀疑，即《日东行程考》则由纯汉文写成，而白石的著作大多为假名汉字混写文，因此该书是否为白石的作品值得怀疑。但是，在一些情况下，这些假设会被否定，因此我选择自由独立地研究《日东行程考》，随后我在该书的核心叙述中发现了白石死后五十

---

①　Carl Becker, *Everyman*, *His Own Historian*, Now York: Quadrangle Paperbacks, 1935.

年的事件。就这样，一方面是整体性的历史批判，另一方面是个别性的史料批判，两者各自独立进行，最终到达了一定的结果。具体而言，在史料批判上，确定了《日东行程考》不是白石的著作；在整体性的历史批判上，"新井白石基于一定的自觉，以假名汉字混写文而非纯汉文来书写自己的主要著作"这一假设的确定性显著增强。后来，我又从事了对米开朗琪罗的研究，在整体性的历史批判中完成了史料批判，具体而言，便是考虑米开朗琪罗作为佛罗伦萨自由都市市民的意识，在这一整体性的历史批判之下，通过史料批判解明了米开朗琪罗的姓氏"博那罗蒂"的由来，以及米开朗琪罗的亲传弟子孔迪维《米开朗琪罗传》中未能明确记录此事的缘由。拙著《米开朗琪罗》不仅在本质上是科学的、历史批判的研究，更立足于严谨的史料批判之上。并不是说只有那些采用了生硬的形式、添加大量烦琐的脚注、因细枝末节而模糊论述重心的所谓论文，才算是基于史料批判的研究。整体性的历史批判和个别的史料批判本就应当统一，根据实际情况，基于必要的史料批判的历史批判研究，能够达成清晰的交响乐式的叙述，而不陷入掉书袋、枯燥无聊的单纯的史料批判式研究。我所做的工作虽然不一定能称得上成功，但拙著《米开朗琪罗》作为一次实践，其既是整体性的历史批判，也是基于个别史料批判的研究。如上所述，像我这样的人也能够不断地批判史料，并且获得了一些成果。即使是学生时代的我，也能够完成实验。诸君，切勿胆怯！Everyman, his own historian!

2. 对历史事实的批判

从史料批判出发，走向对历史事实的批判，才能完成对历史事实的批判。也可以说，历史批判包含对历史事实的批判，对历史事实的批判包含史料批判。在技术或分工上，或许可以将它们区分，但从理论和学问而言，它们处在一种综合关系中。

过去，在学校的历史课堂上，总是把 5W——when、where、who、how、what 即"何时、何地、何人、如何、何事"当作历史。这作为史料批判，就是在批判何年何处何人做了何事，但仅靠这些，只能指出一些数字年份和文字名称而已，我们需要更加深入地批判历史事实。某一历史事实处在怎样的时代、怎样的社会？在其中与民众有着怎样的关系？其前后如何？

其他方面又怎样？如此看来，对历史事实的批判，大致分为以下三个方面：（1）历史事实处在怎样的时代和社会中；（2）历史事实在特定的社会和时代中与民众有着怎样的关系；（3）历史事实与当时社会国家的种种变化方向有何关系。以往的历史教科书已经详细地叙述了史料批判的方法，但从学术角度整理出批判历史事实的方法，则属于比较近代性的事情。这其中既有伯伦汉《历史学导论》在题为"关联的把握"的章节中并不充分的整理，也有朗格诺瓦和瑟诺博司《史学原论》中所论述的更加优秀的整理（该书第二编"分析"第二部"内部批判"第六章"解释批判"及第七章和第八章"个别事实的确定"，第三编"综合"第一章"历史构成的一般条件"、第二章"诸事实的排列"、第三章"构成推理"、第四章"普遍方法整理"以及"结论"等）。

（1）历史事实处在怎样的时代和社会？这一批判，要探究的是民众究竟过着怎样的生活。其首要问题，自然是衣食住的问题。没有粮食生产，任何国家和社会都不可能存在，历史学家万万不可忘记这一问题。批判历史事实时，首先，需要明确彼时的人以怎样的形式和技术生产粮食、布料以及其他生活资料，必须弄清生产方式、农业的形态、工业的形态、人口构成以及交通流通的方式、都市等。其次，必须弄清生产关系，即彼时的人们基于当时的生产方式，结成了怎样的关系从事生产。当时绝大多数的国民和民众在从事生产时究竟处于怎样的地位，是处于原始状态还是作为奴隶？是作为农奴还是作为自由生产者？是作为雇佣劳动者，还是作为社会化民众化的生产者？这些问题必须得到解答。同时，特别需要注意的还有女性地位。在此之上，还要弄清家族、阶级以及国家制度。朗格诺瓦和瑟诺博司指出，社会制度、法律、学问、科学、思想、道德、政治、宗教、艺术、卫生以及其他的意识形态等的发达，与其所在的时代和社会相互关联（第二编"分析"第二部"内部批判"第六章"解释批判"、第七章及第八章"个别事实的确定"，第三编"综合"第二章"诸事实的排列"、第三章"构成推理"、第四章"普遍方法整理"）。究明各种意识形态之间的相互关联，以及它们与生产关系和生产方式间关系的实态，才能够弄清特定时代的社会全貌。其中，理解民众和国民的政治地位，对于认识特定时代下民众和国民的生活状况而言至关重要。从以上诸种关系出发、从社会和时代出发，能够历史地、批判地理解眼前的历史事实，才能够更加清晰地认识当时的时代和社会。

（2）民众视角。对历史事实的批判，还要进一步解释在特定的时代和社会，历史事实与国民民众之间存在何种关系。在过去，所谓的人上人即统治阶级才能学习历史，并将之教授给自己的子弟，在这一意义上，历史学被视作一种神圣的学问，他们不允许民众学习历史，历史被作为民众不可学习的学问。毋庸多言，当今已不再是那样的时代。然而，过去的余风仍然有所残存，许多历史学家还在叙述没有民众的历史和没有国民的国史。这正是现代历史学必须重视民众视角的原因。以前的历史学家"将民众的生活放置于黑暗之中"，① 但这种情况不能一直持续下去。舆论开创了新的时代，与之对应，新时代的历史学也要以民众视角来开拓。这样说来，诸君便能够理解历史批判中民众视角的重要性了。即便在史料批判的过程中，我们也需要批判史料作者对特定的集团、制度或思想是否抱有同情或者反感（参见朗格诺瓦、瑟诺博司《史学原论》第二编"分析"第二部"内部批判"第七章等）。史料的作者对民众采取怎样的态度（同上），是官僚式的态度吗？立证者和史料的作者能够直视事实吗？立证者又处在什么立场？他是否无意识地被外界所影响，或被内心的感情所驱动（同上）？他是否希望达成什么目的？他与哪些集团利益一致？只要作为人类，便一定属于某一集团，这种立场应当得到谅解。但是，特定集团的立场必然有所偏颇，他们有可能会官僚独善，也可能有失公允。毋庸置疑的是，与种种立场相对，大多数民众的立场最为公平公正。这便是为何历史学若要作为公正公平的学问，便必须立足于民众立场。在对历史事实的批判中，必须弄清历史行动、历史观点和历史事件与民众之间存在怎样的关系。哪些个人和集团制造了历史事实，又怎样持续下去（参见朗格诺瓦、瑟诺博司《史学原论》第三编"综合"第二章"诸事实的排列"）。"此外，有一些事实为当时的人们所广泛知晓，却完全不见于记录。在这当中

---

①　Ch. Segnobos, Historie, sincère de la Nation Française, p. viii.

存在当时的权力不允许将其公之于众的情形。其主要内容，大约是政府的秘密和民众的不满等。"（《史学原论》第二编"分析"第二部"内部批判"第三章"构成推理"）我曾在《国学的诞生》和《国学的局限》等研究中试验历史批判，研究特定思想与国民民众之间存在怎样的关系（《思想》昭和十一年六月）。另外，《米开朗琪罗》的读者诸君也能够亲自实践历史批判，诸君可以对比佛罗伦萨市民联合设立的育儿院和我国战国时代将军设立的金阁银阁，思考它们对于当时的民众而言处在怎样的关系中，进而知晓在建筑的构成上，前者是如何的明朗，而后者又是怎样的黯淡。

（3）最后，要批判在国家社会的各种变化中，历史事实在何种方向中居于何种位置，至此，对历史事实的批判告一段落。与整体的历史事实相联系，才能够全面理解个别的、特殊的历史事实。只了解特殊的历史事实，便无法理解历史事实的意义。研究某一时代的专家，也必须了解其时代的前后背景以及从原始到现代的普遍的历史发展。只了解某一国家的历史，实际上意味着无法了解该国历史。人们普遍使用年份来表现历史的纵轴，但年份只是数字，对于学术性、历史性的认识而言，这并不充分。我们必须考虑"时代"，但如果仅用首都地名或统治者姓名来表示时代，便只不过是名称而已，仅靠地名和姓名，无法精确表现时代的历史意义。因此，必须以社会状态来考虑时代，历史发展阶段理论的必要性正在于此。

现代历史学中最为进步的历史发展阶段理论，是以生产关系的特征为中心，按照顺序划分为原始社会、古代贵族制或奴隶制社会、中世封建或农奴制社会、近代自由社会或资本主义雇佣劳动社会、向着更高层次社会组织前进的现代，并说明各个时代的社会变革和发展的理论。过去常常为人们提起的历史循环论，其学术价值在近代被逐渐否定。现代历史学告诉我们，各种国家、社会和人类社会都在一定的历史发展阶段中完成一次性的进化。关于这一点，朗格诺瓦和瑟诺博司在《史学原论》的第三编"综合"第一章"历史构成的一般条件"、第二章"诸事实的排列"、第三章"构成推理"、第四章"普遍方法整理"以及"结论"中有所叙述。历史发展阶段理论具有普遍妥当性。如诸君所知，即使在我国，随着最近考古学和考古发掘的进步，我们发现，在我国也存在过以石器为生产工具的原始未开时代。此外，在历史的横向关系上，各国和社会处在不同状态这一历史事实的本质，便是人类社会历史发展阶段的不同表现，对于这些社会的发展、进步和停滞，应当将其相互联系并加以批判性理解，这种比较史学的方法也确证了历史发展阶段理论。旧史学对所谓外交史和战争史等历史事实的批判仍然不充分，但现代历史学认为，应当把外交和战争视作政治的延长，即将之视作各国社会状态之间的相互关系，对之加以批判性的分析理解。以民族观念来解释历史的做法曾经十分流行，但这种做法后来被认为是一种不妥的行为。类似做法看似在纳粹德国复活了，但这更像政治宣传而非历史学问的观念，纳粹历史学主动缓和了蔑视亚洲诸民族的雅利安民族优越论的行动，便是证明。民族概念中混淆了大量自然要素和生物学观念，而现代历史学的趋势，就是要除去这些混淆、把历史作为历史并联系全人类社会的普遍性，从而说明人类社会的社会发展变化及其特殊性。在对历史事实的批判中，人们逐渐明白，什么国家都不能把自己当作全世界，孤立于世界便不可能发展，一国的繁荣只有在国际的繁荣中才有可能。关于这些内容，诸君应当参考朗格诺瓦和瑟诺博司《史学原论》的第三编"综合"第二章"诸事实的排列"、第四章"普遍方法整理"以及"结论"。

　　以上三点内容，便是历史事实批判的大致框架，但我还希望诸君思考一个问题：在对现代——最新的历史事实——的批判中，历史批判会成为对现代事实的批判性理解，在此之上，对现代事实的批判性理解又会成为批判过去历史事实的基础。旧史学往往机械地联结现代和过去，或者机械地类推过去和现代，如此做法至今仍然存在，这着实让诸位感到不快吧。但是，联系过去和现代并无过错，错误的是对现代的认识极其浅薄、无理解，却要将这种现代认识机械地与历史相联结。在旧史学中，历史并非历史批判，旧史学中即使存在史料批判，也没有对历史事实的批判，在这种陈旧的理解中，对现代观也没有批判，因此才会出现落后于时代的做法。在现代历史学中，历史作为历史批判而确立，我们不仅要批判史料，还要精密地批判过去的历史事实，同时，只有细致地实践对现代的批判性理解，现代批判才能成为历史批判的基础，如此一来，深化后的历史批判也会成为现代批判的基础。关于这一问题，应当参考朗格诺瓦和瑟诺博司《史学原论》第三编"综合"第一章"历史构成的一般条件"。不了解现代的历史学家，无法写出关于过去的历史。对现代毫无批判的历史学家，只能写出对过去毫无批判的历史。只拥有浅薄的现代观的历史学家，其历史观也难逃浅薄。诸君切勿忘记！诸君现代体验的深浅，决定了诸君在学习和研究时，批判性历史理解的深浅。

四　历史体验—现代体验

现代体验也是一种历史体验，所以其是历史批判的条件。

在以前的历史研究法教科书中，史学的辅助科学主要包括以下三类：一是古文书学、考古学等，它们本身不是一门科学，而是历史批判的技术；二是语言史、语言学史、经济史、经济学史、历史地理等，它们是历史学的一部分，或是其他科学的一部分；三是社会学以及各种社会科学、哲学以及其他学科，历史学在保持独立的同时与它们相互扶持。可是，在通识水平逐渐提高的现代，与学习种种辅助科学相比，提升自己的现代通识水准，在一般性的读书和一般性的交往中学习高水平知识更为重要。

就此意义而言，我国的学界以及各学会的水平仍然幼稚。它们动辄忘却学问独立的原则、丧失纯粹，它们不知道通过相互协作为学问做出贡献，反而反目成仇，更有甚者陷害其他学者，这令人遗憾不已。为了至难的学问发展，人们希望学者们在拥护学问独立的本分之下相互团结、相互促进，提高学问的水准。特别是学生诸君，如果你们不参与提升新时代水准的活动，反倒维持旧态的话，那么即使在名义上是新进学徒，也毫无新进学徒应得的喜悦。

就同样的意义而言，我国的图书馆设施仍然十分匮乏。历史文书、历史美术品、历史遗物以及其他史料被私人和官僚藏于暗中，欠缺公开精神，令人痛恨。口中痛斥模仿西方，但对欧美的图书馆、美术馆、博物馆等设施视而不见，这是非常卑鄙的行为。要成为真正的文明国家，就必须完善图书馆、美术馆和博物馆等设施。没有相应的基础，就无法实现科学的进步。千万不要说什么让人们去读书、学习美术或者去鉴赏古玩，民众教养的普遍水准没有得到提高，便不能期待个别学科和技术更加精密。有人认为不能过于偏重知识，但是，知识没有过剩一说，知识水平低下道德便会低下，知识水平提高道德水平也会提高。想要维持低水平道德的人，才会阻止人们提高智识。日本现在连一册历史史料文献总目录都没有，如果真正希望强调日本文化和日本国史，这是万万不行的。十几年前，我在东京帝国大学文学部的史料编纂所工作，在这个我国最古老的中央史料编纂机关中，我曾提议制作并出版日本历史文献总目录，时任所长辻博士认可了这一工作的价值，但最终还是未能实现。法国有法国全国公立文库古文书总目录（Catalogue général des manuscrits des bibliothèques publiques de France，1885 –　），还有朗格诺瓦的历史文献提要（Ch. V. Langlois, Manuel de bibliographie historique）等史料文献目录；在德国，有达尔曼·魏茨的德国史料志（Dahlmann-Waitz, Quellenkunde der deutschen Geschichte）；其余文明各国也都拥有各自完备的史料古文书文献总目录。令人遗憾的是，我国却仅停留在黑板胜美博士《国史之研究》中对史料古文书文献的记述。另外，美国最近也出版了 E. M. Coulter and M. Gerstenfeled 的 *Historical Bibliography*（University of California Press，1935），其虽然有若干不足，但作为世界历史史料目录的总目录，仍对现代历史学的进步做出了不小的贡献。此外，现在在国际上，也有 Comité international des Sciences historiques 在 *International Bibliography of Historical Sciences* 上进行年报编纂出版。在史料古文书出版的领域，法国有史料集 Collection de documents inédits sur l'histoire de France，德国有 Monumenta Germaniae historica，与之相对应，我国出版了《大日本古文书》和《大日本史料》。在欧洲，各国外务省和历史学会先前也进行了史料文书的国际交换。罗马梵蒂冈教廷很久之前已经公开了自己的记录文书库。另外，1789 年法国大革命时，法国便开始公开文书记录史料和美术品，1917 年苏俄政府成立之后，为回应国民的期待而宣言，要公开导致了 1914 年世界大战惨剧的秘密外交的经过，因此公开了旧沙俄和临时政府的文书并在同年末出版（该文书在 1931 年于德国出版了德语本 Die Internationalen Beziehungen im Zeitalter des Imperiarismus, Dokumente aus der Archiven der Zarischen und der Provisorischen Regierung，herausgegeben von der KommisSion beim Z. E. K. der Sowjetregierung unter dem Vorsitz von M. N. Pokrowski，Deutsche Ausgabe，Berlin，1931 -　　)。另外，1918 年德国革命、第一次世界大战结束后，旧德意志帝国的外交文书也被公开出版（Die Grosse Politik der Europäischen Kabinette 1871- 1914，Sammlung der Diplomatischen Akten des Auswärtigen Amtes，im Auftrage des Auswärtigen Amtes，Berlin，1922 -　　)。面对苏联政府出版《帝国主义时代的国际关系》，纳粹德国的 Historische Zeitschrift 杂志表示"历史学有理由对这一伟大事业表示深挚的感谢"（H. Z. XXX，1935)。

今日诸君若要研究一些历史问题，为了阅读相关的著作论文，要么向朋友、前辈和老师借阅，要么查阅零散的文献目录，要么寻访图书馆的卡片箱，要么去书店和旧书店寻找。在阅读这些材料之后诸君会做下笔记，并依据其中的引文向上回溯更多的著作、论文和史料，再去图书馆、旧书店寻找，或者访问大学、政府以及个人的文库藏品，或者前往地方探访旅行，或者通过书信向地方的史家、学者和老人请教。在耗费了数年的努力之后，如果成功地整合出自己的研究，那的确还称得上幸运。但是，作为文明国家，绝不应满足于这种劳多功少、为接触少量史料而浪费大量时间的状况。而这种状况出现的原因，相当程度上在于学界没有彻底独立、学徒之间缺乏协作、文献目录不细致、图书馆设施的匮乏、记录文书史料和美术品的秘密非公开等。看到这样的现状，诸君大概会按捺不住地想要参加公开主义的行动吧。

比起历史体验，我们必须深化更加根本的人生体验。只拥有浅薄的人生体验的人，不可能理解深刻的历史体验，无法获得深刻的历史批判，也不可能写出有深度的历史。而人生的体验，就在诸君的身边。要将之变得深刻还是浅薄都全凭各位的内心。诸君作为人子在家庭中思考着什么问题呢？难道能够毫无思索、敷衍了事吗？诸君认为父家长制是新时代的幸福吗？对父母言听计从就叫作孝顺吗？父母应当把子女视作自己的所有物吗？即使面对幼儿，也应当承认并信赖他们的独立人格，只有这样，才能够真正地获得当下和未来的幸福。切勿成为家长式的"父亲"和"母亲"，因为只有作为独立人格的男性和女性，才能够达成幸福的协作。母亲作为妇女，会对孩子们诉说怎样的烦恼呢？诸君的兄弟姐妹幸福吗，他们健康吗？又或者婴幼儿的营养怎样？诸君会从母亲和兄弟姐妹的这些烦恼当中，得知我国女性群体的烦恼吧，也会从年幼的弟妹出发，考虑全国的婴幼儿问题吧，不，还会想到全世界的女性和幼儿的问题吧。更进一步，诸君会理解怎样将既非同胞又非亲人的陌生人视为友人并爱他们，也会明白即使在想法完全相异的人之间，也能够相互保持独立并完成优美的协作。损人利己的人真的幸福吗？懂得尊重他人的优点，便会获得对自身优点的自信，才能够摆脱模仿、发挥各自的原创能力。热心求道之人，也能够对他人之道抱以同情。因利益而聚集的同类的友情是多么脆弱，对异类的阴险憎恶又是多么丑陋。两者相争之时，公平竞争者最为强大。在战斗当中，令对手屈服便算是胜利吗？笑到最后的人才笑得最好。爱朋友，并不是让朋友做自己的奴隶，也不是变成朋友的奴隶。在独立的人格和独立的人格之间，才能够结成高贵而真诚的爱。真正的爱只有在平等的关系中才有可能。连人都不爱的人，怎么可能爱国、爱同胞、爱世界呢？这种人又怎么可能理解历史呢？就像在恋爱中，纯粹爱情的萌发最为自然。不懂得恋爱与男尊女卑水火不容、不懂得独立人格之美的人，既不可能爱上他人也无法得到爱情。只有作为独立人格的男性和女性，才能够在既非血亲又非同性的男女之间，结成既是陌生人却又高于血亲、既是异性却又在同性之上的相互的爱，才能够令双方互不背叛、让爱共同成长。青年人应当去恋爱，但不是那种随时可能遭受背叛的恋爱。令女性屈从、隶属于自己的男性不可能获得爱情，因为爱情必须是从心底萌生的爱，必须是不受强迫的爱。从真正的恋爱中，诸君能够深刻地学习人生，能够让自己改变，能够令自己脱胎换骨，能够令只知爱己的人学会爱人。不懂得恋爱崇高意义的人，才会去禁止言情小说吧。心中满是猥亵想法的人，才会禁止裸体塑像展览吧。只将女性视作性欲对象的人，无力发现非裸体不可的美。这些人心中没有艺术、没有女性，有的只是自己的低级欲望。诸君要在家庭中、在友情中，特别要在恋爱中学习如何去爱人。如果诸君的人生体验是低级且形式化的，那么诸君写出的历史也难逃低级。诸君应当从家庭、友情和恋爱出发，进一步学习对邻人的爱。要去爱民众、爱社会，为此烦闷，再重燃希望。如果深爱祖国，那么也应当知晓别国国民对祖国的深爱。对邻人的爱要成长为对全世界人类的爱。诸君应当知道《圣经》被称作"福音"的意义吧。为了深化我们的人生体验，诸君应当去阅读《圣经》以及之后的经典、古典文学和学术经典，这对你们有所裨益。在电影方面，当代美国电影有显著的进步，这也会在历史批判和现代批判上激励历史学徒。

为了历史体验—现代体验，和历史批判—现代批判，我有理由力荐诸君阅读新闻报刊。我认为历史教育在普通教育中的目的，在于让国民能够自主阅读新闻，以自主的见识思考我国当代和世界的动向。同时，我认为，能够批判性地阅读现代的新闻，才能对过去进行历史批判。不了解现代美术的人，怎能够了解自己从未生活过的时代——如文艺复兴和其他时代——的美术呢？无力批判性地阅读现代新闻报刊的人，如何能够对过去的时代进行历史批判呢？被当代俗说左右的人，不可能写出真正的历史。诸君为了历史批判而学习现代批判、阅读新闻报刊之时，需要和阅读史料时一样，不能只阅读一家新闻报刊，要对比多种新闻。在阅读《朝日新闻》、《日日新闻》和《读卖新闻》之外，阅读《都新闻》和《报知新闻》也十分有益。更进一步，在阅读日本的新闻报刊之外，还有必要去阅读外国的新闻报刊如 *The japan Advertiser* 和 *The Japan Chronicle Weekly*（Kobe）。在此之上，还有世界上代表性的新闻报刊如 *The Manchester Guardian Weekly*。同时，在 *The Japan Advertiser* 和 *The Japan Chronicle Weekly*（Kobe）上也能够阅读到当代世界上主要新闻的记事论说。通过这些阅读，诸君能够亲眼看到批判性地阅读新闻报刊、以学术的眼光直接观察现代社会的变化，对研究过去的历史而言有多么重要。朗格诺瓦和瑟诺博司在《史学原论》中，也推荐历史学家们研究现代，同时，《历史研究入门》（Einführung in das Studium der Geschichte）的作者鲍尔也著有《舆论与其历史基础》（Die öffentliche Meinung und ihre geschichtlichen Grundlagen, 1914）和《战争与舆论》（Der Krieg und die öffentliche Meinung, 1915），他重视历史与新闻之间的关系，并对之有详细的论述。我国过去的历史学家，大多将自己的研究领域局限在近代之前，对现代的关心极为浅薄，他们在关于过去的问题上是学者，而在关于现代的问题上丝毫没有学者的样子，被时势左右，他们对新闻舆论和历史之间的关系没有深入的、批判的思考。但是，诸君必须摆脱那样的旧时代，开辟新时代。"研究过去的最好方法，就是研究现代。"① 批判地阅读现代的新闻，深化现代体验，以当下和未来的自我见识来判断事物，这对于诸君的历史研究而言是至大的幸福，却也不止于此。

（译者陈宇，南开大学日本研究院博士研究生）

---

① R. W. Seton-Watson, "A Plea for the Study of Contemporary History," *History*, New Series, Vol. XIV, No. 53, April 1929, London.

Contents

    Abstract: During the Edo period in Japan, with severe financial crisis of the ruling class of the Shogunate and Feudal Domains, the financial management method of ancient Chinese GuanZi · Sang Hongyang began to be referenced as an economic guiding ideology. Based on this theoretical and policy framework, intellectuals at that time had designed a "Japanese style" monopoly circulation plan. Although these propositions had a certain element of "mercantilism" and promoted the feudal lords to engage in commercial activities to a great extent, with the development of commodity money economy, the negative side of "restraining commerce" became increasingly obvious. This process highlights the roles and difficulties of "Guan Zi-Sang Hongyang Method" as the ideological resources of eastern tradition in the economic transformation.

    Keywords: Edo Period; Theory of Monopoly; Guanzi; Sang Hongyang

    Abstract: The popularity of modern "culture" is a cultural phenomenon that emerged in Japanese society around the 1920s, and is one of the manifestations of the massification of consumer society. Koukichi Morimoto, a Japanese socio-cultural scholar, put forward the concept of "cultural life" for the middle class; scholars of the Cultural Life Research Association further supplemented and refined the content of "cultural life"; and the the urban masses ultimately promote the popularity of "culture" in the whole society. The popularization of "culture" was short-lived but significantly meaningful. It was basically consistent with the process of massification of the consumer society, demonstrated the consciousness and needs of different groups in social life, and revealed the root causes of the rapid changes in modern Japanese society.

Keywords: Cultural Life; Cultural Popularity; Koukichi Morimoto; Cultural Life Research Association; Middle Class

Sino-Japanese Agricultural Cooperation since the 1972 Diplomatic Normalization: Retrospect and Outlook

He Cheng

Abstract: Sino-Japanese agricultural cooperation started with the normalization of Sino-Japanese diplomatic relations in 1972. Political mutual trust created a favorable external environment and greatly promoted the deepening and development of agricultural cooperation between China and Japan. Over the past 50 years, relying on bilateral and multilateral frameworks, China and Japan have carried out multi-platform and multi-field agricultural cooperation. Benefiting from that, Sino-Japanese agriculture established a mutually beneficial partnership and made significant progress especially in capital, project, and technic. Japan's ODA to China brought in valuable capital for China's agricultural development, effectively alleviating the shortage of capitals in the initial stage of China's agricultural modernization. The Sino-Japanese trade dependence of agricultural products has become increasingly high. And Japan's agricultural foreign direct investment on China gradually enters a mature and stable period. The advanced agricultural technology imported from Japan has been popularized in various lands of China, which effectively speeds up the process of China's agricultural modernization. Of course, there also exists some obstacles, such as the unstable cooperation mechanism, relatively low cooperation level and uncoordinated capital cooperation. Faced with these issues, the two countries are supposed to jointly explore the ways to establish a long-term cooperation mechanism, to upgrade the cooperation model, and to enhance the international competitiveness of agriculture.

Keywords: Japanese Economy; Sino-Japanese Economic Cooperation; Agricultural Cooperation; Japan's ODA

Japanese History and Culture

The Elderly Care Issues in Medieval Japanese Society

Jiang Xinxing

Abstract: In medieval Japan, samurais were the dominant social class, yet there was no substantial formation of a unified core authority across the nation. In dealing with elderly care issues, the ruling samurai class gradually institutionalized safeguard measures centered around master-servant relationships. Whereas the commoner class relied on kinship – based local communities and adopted measures characterized by relief and temporariness. Overall, there was still no establishment of a fully secure elderly care system, and one can see the profound influence of changes in inheritance systems, as well as Buddhist and Confucian thought, on this issue.

Keywords: Medieval Japan; Samurai; Buddhism; Confucianism; Elderly Care

The View of Samurai in *Gukansho* — A New Probe into the Relationship
between Samurai Class and Sekanke in Early Middle Age of Japan

Yin Chenxi

Abstract: In Japanese modern history, researchers believe that the relationship between samurai class and Sekanke in the Middle Ages is a difficult existence to locate. This period includes various images of the emperor, the former emperor, the Sekanke, and newly rising samurai class. How the samurai class and royal family view the relationship with each other is also the focus of the theory of medieval state. In the history of research, scholars believe that the theory of kenmon taisei theory put forward by Toshio Kuroda is based on Jien's historical review book *Gukansho*, who was born in the Sekanke. Among them, the relationship between samurai class and Sekanke has become one of the main arguments. Jien began to have a crisis awareness of the existence of samurai in the rise of the Heiji and Genji. The Book of *Gukansho denies the world of samurai*, *and at the same time recognizes the existence of samurai*. If Jien's samurai view can be clarified, there may be a new breakthrough in the study of a series of issues such as "the coordination of samurai class and Sekanke" and "sword and samurai substitution theory" advocated by Jien.

Keywords: *Gukansho*; Jien; Samurai View; Relationship between Samurai Class and Sekanke

When Modern Chinese Warships Make Their First Visit to Japan—From the Perspective of News Reports

Bai Chunyan

Abstract: China's domestic first-class cruiser the Yangwu once visited Japan in 1875. The first case of sending a Chinese warship to Japan after the two countries signed the "Sino-Japanese Amendment Regulations" in 1871. It is also a national diplomacy after the two countries broke through the non-governmental exchanges in the Edo period. This article introduces the background and process of the cruiser Yangwu's visit to Japan, quotes the news reports from both China and Japan, and compares the views and evaluations of the two this visit, and reveals the different understandings and interests between them. And the article concludes by summarizing the significance and impact of the visit of the Yangwu to Japan, considering it an important milestone in the establishment of formal diplomatic relations between modern China and Japan, as well as a good start to military exchanges between the two countries.

Keywords: Yangwu Warship; News Reports; Establishment of Diplomatic Relations between China and Japan; Japan-Korea Relations

Zhou Yiliang's Study on Japanese History and Its Four Stages

Lu Juncheng

Abstract: Zhou Yiliang made a great contribution to the study on Japanese history, including ancient Japanese historiography, history of the Meiji Restoration, history of Japanese culture and history of Sino-Japanese cultural exchange. His study on Japanese history can be divided into four stages. In the first stage (1924–1952), he was engaged in studying and teaching of Japanese language, literature, and history, to lay the foundation for future research. In the second stage (1953–1966), the study on Japanese history became his main work. Under the guidance of Marxist historiography, his study had the tendency of pursuing science and proving the truth. In the third stage (1980–1989), he returned to his interests and expertises, starting his research direction on Sino-Japanese cultural exchange. In the fourth stage (1990–2001), his study of Japanese historical figures reflected his feelings of life and the spirit of humanism.

Keywords: Zhou Yiliang; Japanese History; Marxist Historiography; Concerning Reality and Applying

Retrospect and Outlook of Chinese Japan Studies in the New Century

Historical Materials and Translations

History and Historical Science

Hani Golo, trans. by Chen Yu

《南开日本研究》征稿

南开大学日本研究院学术集刊《南开日本研究》诚邀学界同仁投稿。

《南开日本研究》（集刊）1996 年创办，迄今已出版 28 辑。从 2022 年起，本集刊从年刊改为半年刊（第 1 辑和第 2 辑），敬请学界同仁多多支持，共同促进我国日本研究事业的发展。

本集刊设有日本历史、日本政治、日本经济、日本社会、日本思想及文化等专题研究栏目，以期为中国的日本学研究者提供一个公共学术平台。

本集刊稿件篇幅一般为 1 万字左右，观点新颖并有理论深度的学术论文不受字数限制。稿件一经采用，即致稿酬。

投稿时请注意以下要求（注释规范等详见《南开日本研究》论文技术处理规范）：

1. 请附 300 字左右的中、英文内容提要以及 3—5 个关键词。

2. 请使用中文简体 word 文档，A4 幅面，5 号字，固定值 18 磅行距。

3. 注释请使用脚注，格式为：作者（译著或译文还应注明译者）、书名（或论文题目）、出版社（或杂志名称）、出版时间、页码。

4. 注释中引用外文文献时请按照外文规范直接使用原文。

5. 如属课题项目成果请注明课题项目名称及项目号。

6. 本集刊实行双向匿名审稿制度，来稿请用电子邮件发送，论文请加封面，注明中文标题及作者的姓名、工作单位、职称（或职务）、通信地址、邮政编码、电话、电子信箱等。正文部分不得出现上述信息，不要出现作者署名及其他有关作者的信息（包括"拙著"等字样），以便匿名评审。

联系地址：300071，天津市南开区卫津路 94 号，南开大学日本研究院《南开日本研究》编辑部。

投稿邮箱：nkrbyj@ 126. com。

联系电话：（022）23505753。

图书在版编目(CIP)数据

南开日本研究. 2024 年. 第 1 辑:总第 30 辑 / 刘岳
兵主编. -- 北京:社会科学文献出版社,2024.3
　ISBN 978 - 7 - 5228 - 3446 - 7

　Ⅰ.①南… Ⅱ.①刘… Ⅲ.①日本 - 研究 Ⅳ.
①K313.07

　中国国家版本馆 CIP 数据核字(2024)第 066193 号

南开日本研究　2024 年第 1 辑(总第 30 辑)

主　　编／刘岳兵

出 版 人／冀祥德
责任编辑／邵璐璐
责任印制／王京美

出　　版／社会科学文献出版社·历史学分社 (010)59367256
　　　　　地址:北京市北三环中路甲 29 号院华龙大厦　邮编:100029
　　　　　网址:www.ssap.com.cn
发　　行／社会科学文献出版社 (010)59367028
印　　装／唐山玺诚印务有限公司

规　　格／开 本:787mm × 1092mm　1/16
　　　　　印 张:17.75　字 数:267 千字
版　　次／2024 年 3 月第 1 版　2024 年 3 月第 1 次印刷
书　　号／ISBN 978 - 7 - 5228 - 3446 - 7
定　　价／89.00 元

读者服务电话:4008918866